アジアの中の伊勢神宮

アニミズム系文化圏の日本

工藤　隆［著］
KUDOU Takashi

三弥井書店

目次

大嘗祭と天皇制　85

アジアの中の伊勢神宮――聖化された穀物倉庫　147

＊引用文の傍線・傍点はすべて工藤がつけたものである。
＊【 】、〔 〕、（ ）内は原則として工藤による補注。
＊『古事記・祝詞』は日本古典文学大系（岩波書店、一九五八年）、『日本書紀』（上・下、一九六七・六八年）、『風土記』（一九五八年）も日本古典文学大系、『万葉集』は中西進『万葉集・全訳注原文付』（講談社文庫、一九七八年）を参考にした。『続日本紀』は、新日本古典文学大系『続日本紀』（岩波書店、一九八九年）による。
＊『儀式』の原漢文は新訂増補故実叢書（明治図書出版、一九五二年）、『延喜式』の原漢文は新訂増補国史大系（吉川弘文館、二〇〇〇年）による。

まえがき

1

日本とは何かを源にまでさかのぼって把握しようというときには、考古学的な遺跡や遺物を手がかりにするのが普通である。しかし、日本列島の遺跡・遺物は、無文字文化時代のものなので、人々が発したであろう〈ことば〉表現に関わるものはほとんどわからない。

ただし、中国大陸との交流のなかで漢字文化が移入されるようになると、鉄剣銘や碑文などの金石文が現われる。しかしそれらは、日本列島民族（ヤマト族）が声に出して歌い、唱えたであろう、ヤマト語による神話や恋歌や呪術・儀礼の呪詞などの〈ことば〉表現までは記述していない。

中国伝来の漢字を用いて、ヤマト族の神話・歌などが本格的な書物としてまとめられたのは『古事記』が最初である。その成立の七一二年という時期は、隋・唐という大陸先進国家から、国家運営の技術・知識を積極的に導入した〈古代の近代〉にあたる。壬申《じんしん》の乱（六七二年）に勝利して即位した天武天皇（四十代）によって、国家体制の整備が進められ、〈古代なりの近代化〉が本格的に進行し始めた。天武没後は皇后（四十一代持統天皇）が天武時代の諸政策を継承し、全国的な戸籍（庚寅年籍《こういんねんじゃく》）に基づく人民支配を可能にした。六九七（文武元）年、持統天皇は孫の軽に位を譲り、文武天皇（四十二代）が即位したが、持統は太上《だいじょう》天皇として大宝律令を完成させた（七〇一年）。『古事記』の成立は、文武のさらにのちの、元明天皇（四十三代）のときである。〈古代なりの近代化〉は、先進の大陸国家の影響を受けて国家体制が整備され、政府中枢での文字（漢字）使用が普通になった段階である。中央政府、中央都市（都）、法律、官僚制度、戸籍、徴税制度、軍事組織などが整い、中央政府の指示が文書によって地方にまで伝達することができるようになった。

しかし、日本列島の〈古代〉には、六〇〇、七〇〇年代の〈古代の近代〉以前に、縄文・弥生・古墳時代という少なく見積もっても一万数千年の期間があった。この時期を、私は〈古代の古代〉と呼んで区別している。〈古代の古代〉の日本列島文化は、基本的に無文字文化であったこと、ムラ段階社会が基本であったこと、自然との共生を柱とするアニミズム系文化であったことなどに特徴を持つ。〈古代なりの近代化〉が進行して、古代国家成立に向かって突き進むときには、それまでのムラ段階社会的なアニミズム系文化は、〝遅れた文化〟だとして廃棄されてしまうこともありえた。しかし、日本古代国家は、それら前代の文化を、天皇国家の精神的主柱として手厚く扱うという方針を採った。

天武・持統政権は、思想面では道教・仏教・儒教を積極的に移入し、行政面では律令体制を導入して、〈国家〉体制を整備した。さらに、行政機構としては、行政性が太政官《だいじょうかん》（だじょうかん）によって、宗教性が神祇官《じんぎかん》によって担われる二官八省システムを採用した。この、実利重視の方向性の太政官と、神話・呪術的な反（非）実利の方向性の神祇官がセットになる統治機構の源は、邪馬台《ヤマト》国（この「台」をタイではなく「ト」と訓むべきであることについては、工藤隆『深層日本論――ヤマト少数民族という視座』新潮新書、二〇一九年、の五一～五三ページに詳述した）の卑弥呼が創始した二重構造王権システムにあったのである。

2

天武・持統政権は、律令制や道教など外来の実利的組織運営術や当時なりの科学技術などを積極的に移入する一方で、ヤマト古来の、ムラ段階社会的なアニミズム系文化の保護・育成にも積極的に取り組んだ。ヤマト伝統の歌や舞などを保護し、天語歌《あまがたりうた》・宇岐歌《うきうた》・志都歌《しづうた》ほか八千矛《やちほこ》の神の「神語《かむがたり》（かむこと）」など、『古事記』だけでも二十例近くが一漢字一ヤマト語音表記で記録された。これらの歌群は、いずれも雅《が》楽寮《がくりょう》（七〇一年設置の音楽官庁、うたまいのつかさ・うたりょう）の前身の機関に伝えられてきていた楽曲だったのだろう。

また、『古事記』の「序」によれば、天武天皇は、〝朕《われ》が聞いたところでは、諸氏族の持っている「帝紀」と「本辞」は、すでに真実のものとは違っていて、多くの虚偽が加わっている。今その誤りを改めなければ、幾年もしないうちに真実がわからなくなってしまうであろう。この帝紀と本辞は国家の根本、天皇政治の基礎なのである。そこで、「帝紀」を書物にまとめ、「旧辞」をよく調べて、偽りを削り真実を定めて、後世に伝えたいと思う〟（現代語訳）と述べたという。また「天武天皇紀」十年（六八一）にも、天武天皇が「……に詔《みことのり》して、帝紀《すめらみことのふみ》及び上古《いにしへ》の諸事《もろもろのこと》を記《しる》し定《さだ》めしめたまふ」とある。

また、「天武天皇紀」四年（六七五）には、「所部《くにのうち》の百姓《おほみたから》の能《よ》く歌《うたうた》ふ男女《をのこめのこ》、及び侏儒《ひきひと》・伎人《わざひと》を選びて貢上《たてまつ》れ」と命じたとあり、また「天武天皇紀」十四年（六八五）には、「凡《およ》そ諸《もろもろ》の歌男《うたを》・歌女《うため》・笛《ふえ》吹く者《ひと》は、即《すなは》ち己《おの》が子孫《うみのこ》に伝へて、歌笛《うたふえ》を習はしめよ」と命じている。

さらに、『太神宮諸雑事記《だいじんぐうしょぞうじき》』（八六八〜九〇五年成立、神道大系編纂会編『神道大系・神宮編1』、一九七九年）によれば、伊勢神宮の、現在の内宮《ないくう》の位置での遷宮《せんぐう》の行事（式年遷宮）が開始されたのは、持統天皇四年（六九〇）のこととされている。

この式年遷宮は、内宮・外宮《げくう》の正殿《しょうでん》ほか主要な建物を、二十年ごとに更新するものである。内宮・外宮正殿の建築様式は、高床式、茅葺《かやぶき》屋根、掘立《ほったて》柱、白木《しらき》、直線状の破風《はふ》、破風を突き出た千木《ちぎ》、堅魚木《かつおぎ》、棟持《むなもち》柱、心御柱《しんのみはしら》などに特徴を持つ。これらの多くは、中国長江（揚子江）以南の先住民族（少数民族）の集落の高床式住居・倉庫と共通するものである。この時期にはすでに、大陸国家から宮殿建築・寺院建築などの、瓦屋根、土壁、礎石の上に柱を置く（礎石建《た》ち）、柱を彩色するなどの建築技術が移入されていた。しかし、伊勢神宮の内宮・外宮正殿は、それら〈古代の近代化〉を象徴する建築技術を採用せず、あえて縄文・弥生期以来のムラ段階社会の、〈古代の近代化〉に逆行する〝原始性〟の強い建築様式への回帰を選択したのである。

また天武・持統政権は、伊勢神宮の式年遷宮と並行して、斎宮《さいぐう》（いつきのみや、さいくう）制度の本格的整備も開始した。斎宮とは、天皇の即位ごとに選ばれて伊勢神宮の祭祀に奉仕した未婚の内親王（天皇の姉妹あるいは皇女《おうじょ》〔娘〕）または女王《じょおう》（じょうおう、天皇の遠戚の女性）のことである。これも、邪馬台国の卑弥呼や、クニ段階の各地に存在した女性リーダーの、巫女《ふじょ》性の伝統を継承した制度であった。

3

〝日本文化の原郷〟という言葉が結ぶ像は、多くの人にとっては、飛鳥《あすか》時代（五九二〜七一〇年）や奈良時代（七一〇〜七九四年）であろう。しかし、それらは、〈古代なりの近代化〉が進行した、日本古代の中では最も新しい段階の時期である。それら以前にも日本列島には歴史があったのだから、〝日本文化の原郷〟という場合は、少なく見積もっても、縄文時代を経て弥生時代そして古墳時代までの約一万数千年を〈古代の古代〉として視野に入れる必要がある。

しかし、この〈古代の古代〉は基本的に無文字文化時代だったので、ヤマト語による文献史料がほとんど無い。そこで私は、モデル理論で文献史料以前に迫ろうと提案してきた。文化人類学的報告や民俗学的資料および縄文・弥生・古墳時代の考古学的資料を組み合わせて、できる範囲で客観的な推定をするのである。

このうちの文化人類学的報告は、主として、〈古代の古代〉の日本列島と地理的に交流があった地域で、かつ近代文明との接触が薄く、まるで〝生きた化石〟のように、縄文・弥生・古墳時代に近い生活を営んでいる民族の文化をモデルにする。その条件に最も近かったのが、中国の長江（揚子江）流域南・西部の諸民族の文化資料である。

私は、この地域の少数民族文化の共通性を「原型生存型文化」と呼んでいる。

〈古代の古代〉の日本列島民族（ヤマト族）の文化的特性は、簡潔には、自然界のあらゆるものに超越的・霊的なものの存在を感じ取る観念・信仰であるアニミズムと、アニミズム・神話的観念に基づく呪術体系であるシャーマニズムと、人間にかかわる現象の本質をアニミズム的な神々の作り上げた秩序の物語として把握する神話世界性との、この三つが主体であるような文化（まとめてアニミズム系文化と呼ぶ）である。このアニミズム系文化と密着しているのが「原型生存型文化」である。その生活のあり方の特徴をまとめれば、次のようになる（前出『深層日本論――ヤマト少数民族という視座』）。

ⓐ縄文・弥生期的な低生産力段階（採集あるいは粗放農耕的水準）にとどまっている。

ⓑ電気照明、ラジオ・テレビなどの電気製品、プラスチックなど化学製品、電話・インターネットなど外部との

通信手段が無く、自動車も無く、もちろん自動車用道路、水道も無いなど、いわゆる近代文明の産物が無い。
ⓒ移動手段としては自分の足が原則であり、一生涯を通して、生まれ育った地域の内側で過ごすのが普通。
ⓓ言語表現は、基本的に無文字の音声言語表現であり、歌う神話や歌を掛け合う風習などを持っている。
ⓔ宗教は、教祖・教典・教義・教団・布教活動という要素の揃った本格宗教ではなく、自然と密着した精霊信仰（アニミズム）とそれを基盤にした原始呪術（シャーマニズム）が中心になっている。
ⓕ世界観は、自然と密着したアニミズム・シャーマニズムを背景にした神話世界を中心に据えている。

本書に収録した「中国雲南省ワ（佤）族文化調査報告」の諸集落も、調査当時はこれらⓐ〜ⓕの条件のほとんどすべてを保つ「原型生存型文化」の集落であった。

三浦佑之が、私の『古事記の起源――新しい古代像をもとめて』（中公新書、二〇〇六年）の書評で次のように述べた（日本経済新聞、二〇〇七年二月四日）。

古代の文学や文化を考えていると、起源に遡《さかのぼ》りたいという誘惑に抗しきれなくなる。そこで、頭の中であれこれと構想しながら、始源の世界を幻想するのが発生論である。

ところが著者は、実際に始源の表現が露出している土地に出かけ、調査や採集を行なって貴重な資料を手に入れる。（略）

「原型生存型文化」のⓐ〜ⓕの特徴を備えている集落とは、「始源の表現が露出している土地」（三浦）のことである。

私が活発に現地調査をした一九九五年〜二〇〇〇年代初頭の時期には、このような「始源の表現が露出している」辺境の土地が、奥地に入ればまだ存在していたのである。私は、幸運にもこの時期に、多くの「始源の表現が露出している」文化を保持している集落を訪問することができた。しかも、小型のビデオカメラが登場した時期なので、神話歌いや歌垣や呪術的祭祀の現場を、そのまま映像記録化することができた。またこの時期は、中国政府の側も私のような研究スタイルに対して比較的寛大だったので、辺境の集落に、かなり自由に入らせてくれたのである。

しかし、二〇〇〇年代初頭を過ぎたころから、「原型生存型文化」のⓐ〜ⓕの特徴が大幅に消滅し始めた。中国政府の改革開放政策が高度経済成長をもたらし、その経済成長の波が急激に辺境にも及んだのである。ⓐの「低生産力段階」には、農業指導が進行して、旧来の作物にも変化が生じた（たとえば、焼き畑農耕の禁止、陸稲栽培から水田稲作への転換）。

最も大きな変化は、ⓑの「いわゆる近代文明の産物が無い」点であり、集落に電気が通じ、ラジオ・テレビなどの電気製品が当たり前になり、電話・インターネットなどで外部との通信手段が得られるようになった。自動車用道路も作られ、水道も引かれた。そして、村人の多くが携帯電話を使うようになったことで、外部から遮断された生活という〝生きた化石〟の前提条件が大きく崩れた。

自動車用道路が整備されたことで、ⓒの「移動手段」の閉鎖性も大きく失われた。ⓓの「無文字の音声言語表現」も、漢族（漢民族）文化主体の学校教育が持ち込まれ、漢字文化および中国共産党的思想の浸透が加速化している。ⓔの「自然と密着した精霊信仰（アニミズム）とそれを基盤にした原始呪術（シャーマニズム）」や、ⓕの「神話世界」を中心に据えた「世界観」も、近代化（中国語では「現代化」）からみて〝遅れた文化〟と見られているようだし、近代化に猛進している現在の中国共産党政府は、私がそれらの文化の原型性に感じているような敬意を持つ段階までには至っていない。ⓓの「歌う神話や歌を掛け合う風習」なども、民族文化村や歌舞団に観光用の芸能ショーとして吸収され、ムラの現実生活との接点は急激に失われており、第一次資料としてそれらを学問的に用いることはできない。

私は、「少数民族」を次のように定義している（前出『深層日本論——ヤマト少数民族という視座』新潮新書）。

少数民族とは、中央集権的国家が形成されている状態において、国家権力を掌握している民族の側から見て、①相対的に人口が少なく、②国家権力の中心的な担い手ではなく、③国家の側にくらべて経済や先進文化の摂取という点で遅れている傾向があるが、④国家の側の文化に対して文化的独自性を強く保持していて、⑤もともとはその地域の先住民族であったが、のちに移住して来た他民族が多数あるいは優勢民族となり、結果として劣勢民族に転化したという歴史を持っているものが多く、⑥独自の国家を形成しないか、形成しても弱小国家である。

現代中国の、国家と少数民族文化との関係を見るときに重要なのは、このうちの、「⑥独自の国家を形成しないか、形成しても弱小国家である」である。現代中国は、漢族主体の国家である。漢族は、紀元前以来国家を樹立し、領土拡大をするという強固な意志に貫かれている民族である。一方で中国少数民族は、「独自の国家を形成しないか、形成しても弱小国家」であり、いわば〝国家形成に向かわない文化〟なので、結局は漢族の国家に吸収されてしまうことになった。

日本古代国家の場合は、先に天武・持統政権について述べたように、日本列島民族（ヤマト族）の「独自の国家を形成しない」はずのアニミズム系文化の資質を、積極的に古代天皇国家と同時存在させようとした。このようなことが可能になったのは、大陸とのあいだの海の障壁が、大陸国家に日本列島への侵攻を断念・躊躇させたからである。また、新羅のように、唐との戦いに勝利して、結果的に朝鮮半島が中国国家の日本国侵攻を食い止めてくれたという面もあった。しかし、アニミズム系文化の資質を持つ中国少数民族社会は、中国国家と陸続きだったので、中国国家による征服を免れることはできなかった。そして、少数民族社会の基本的に〝国家形成に向かわない文化〟は、漢族的な、領土を拡大し、人民を支配・管理しようとするする国家原理とは相容れないということもあって、少数民族文化の最も良質な部分（原型生存型文化の部分）が、中国政府によって、天武・持統政権の日本古代国家のように自らの存在と不可分の基層文化として保護・育成されることは期待できない。

ということは、二〇〇〇年代初頭くらいまでのあいだに長江流域少数民族社会の現地調査をして、その、現に生きている人々が一つの場を共有して祭りや呪術として作り上げた〝生きて動いている文化〟をビデオ映像や録音で記録し、それに文字記録も付随させたものは、二〇二〇年代の今となっては超一級の貴重資料ということになる。この時期の、これら「始源の表現が露出している」記録資料は、消滅直前の、二度と復元不可能な、無文字文化時代の原型生存型文化の記録だったのである。

このような調査記録を持っている人たちは、私と交流のあった人たちの範囲だけでも、私を含めて以下のような人たちである（五十音順）。

飯島奨・板垣俊一・乾尚彦・遠藤耕太郎・岡部隆志・欠端實・梶丸岳・川野明正・北村皆雄・草山洋平・工藤隆・佐野賢治・繁原央・菅原壽清・鈴木正崇・辰巳正明・手塚恵子・富田美智江・廣田律子・北條勝貴・星野紘・真下厚・皆川隆一・山田直巳ほか

これらの人たちや、私とは交流がないが同じような記録作りをしていた人たちが保有しているかもしれない、あるいは故伊藤清司など故人が保有していたかもしれない「始源の表現が露出している」記録資料が、死蔵されたり、散逸・廃棄されたりしてしまうのは、あまりにもったいない。なんとか知恵を出し合って、それらの資料を一括して保存して、後世の研究者が活用できるような施設ができないものだろうか。たとえば〝アジア基層文化資料センター〟といった施設である。そのためには小規模とはいえ不動産が必要になるが、ここに名前を挙げた人たちが寄付をよせたり、非営利組織（NPOなど）の力を借りてクラウドファンディングなどで基金を募るなどして、まずは小規模で出発して、その後徐々に賛同者を増やしていけば、いずれは実現可能であろう。寄付・基金のさしあたりの受け皿としては、一般社団法人・アジア民族文化学会のような組織がその任を果たすであろう。

人類は今、資本主義的な市場経済主義の無限の欲望開発と、科学技術の過剰進展とによって地球の自然環境の劣悪化を招くとともに、核兵器による億単位の人間殺戮の危機さえ目前としている。自然環境の今以上の劣悪化と、核戦争による膨大な人間殺戮、近代文明の破滅的破壊、放射能汚染の全地球的規模での拡大を防ぐための知恵として、自然との共生と、節度ある欲望に特徴を持つアニミズム系文化から学ぶことは多いだろう。あるいは、これは想像もしたくないことではあるが、ついに核戦争が勃発してしまって、少なくとも北半球の近代文明社会がほぼ壊滅するような事態におちいった場合に、生き残った人類が文化を再建していくときにも、国家を目指さないがゆえに領土への執着が希薄で、かつ自然との共生と節度ある欲望を旨とするアニミズム系文化の知恵が、貢献するところがあるだろう。近代文明社会の壊滅を防ぐために、あるいはほぼ壊滅したあとの人類文化再建のためにも、この〝アジア基層文化資料センター〟は、根源からの視点を提示できるという点で重要な役割を果たすであろう。

アジア基層文化からみた記紀天皇系譜
――女性・女系天皇と皇位継承

1　天皇論、記紀天皇系譜論、皇位継承論の前提

天皇制、また天皇系譜、皇位継承について客観的に論じるには、まず天皇の歴史の、どの時代の、どのような性格を根拠にしているのかを明示する必要がある。まず、「時代」については、簡潔にいえば、次の①〜⑦のようになる。

①縄文・弥生時代など非常に古い段階の〈源流〉としてのあり方
②まだ「天皇」という名称はなく、〈国家〉体制の整備も進んでいなかった「大王〈族長〉」時代のあり方
③六〇〇年代後半に〈国家〉体制の整備が進み、公式に「天皇」号が用いられるようになった天武・持統天皇の時期のあり方
④藤原氏が政治的実権を握っていた時代のあり方〈平安時代〉
⑤武士政権〈鎌倉・室町・江戸〉が登場し、天皇氏族が政治的実権をほぼ完全に失った時代のあり方
⑥明治の近代国家成立時に、近代化と反する古代天皇制へ復帰したあり方
⑦敗戦後に民主主義社会に転じたあとの象徴天皇としてのあり方

①縄文・弥生時代、②大王（族長）時代（古墳時代）までの日本列島文化は、基本的に無文字文化だったので、金石文などを除いて、まとまった文字記載系譜や諸記録は無い。したがって、無文字文化時代の系譜のあり方については、考古学資料や中国古典籍の記載などを参考にしながらも、後述するように、最終的には文化人類学的資料によるモデル理論的想定に頼る以外にない。

また、③天武・持統天皇期には、『古事記』（七一二年）、『日本書紀』（七二〇年）の編纂が進み、これらが完成した後は、文字記載された記紀の天皇系譜が権威化され、かつ固定化されることになった。この権威化・固定化は、①縄文・弥生時代、②大王（族長）時代までに比べると、はるかに高まったと思われる。したがって、文字で記載されて、かつ国家事業として固定化・権威化された記紀の天皇系譜を、①縄文・弥生時代、②大王（族長）時代（古墳時代）までの無文字文化時代の系譜（初代神武から500年代の天皇までの系譜）の分析にまで適用することはできない。

次に、天皇制とはなにかを考えるにあたっては、次のA～Cのように、本質の部分とそれ以外の部分とを分けることが重要になる。

A　これを失うと天皇ではなくなるという部分（最も本質的な部分なので変わってはならない部分）
B　その時代の社会体制に合わせて変わってもかまわない部分
C　その時代の社会体制に合わせて変わらなければ天皇制が存続できなくなる部分

「A　最も本質的な部分なので変わってはならない部分」については、さまざまな考え方があるが、旧来からの代表的なものは天皇系譜が「万世一系《ばんせいいっけい》」だという点である。その根拠には、大日本帝国憲法（明治二十二年〔一八八九〕二月十一日公布）の「第一章　天皇」の第一条「大日本帝国ハ万世一系ノ天皇之ヲ統治ス」がある。

ただし、この「万世一系」は、『古事記』『日本書紀』の高天の原神話の神々の系譜までを含むとする立場や、神話段階の部分は除いて初代神武天皇からの系譜とする立場や、私のように、五〇〇年代くらいから男系継承への傾斜が強まり、その傾斜が初代神武にまで逆投射されて男系にまとめられたのが記紀天皇系譜だとする立場があり、議論の分かれるところである。

ただし、私は、天皇の最も本質的な部分は、系譜とは別の次元にあると考えている。以下に、工藤隆『女系天皇――天皇系譜の源流』(1)に述べた考えを、そのまま引用する。

私は、天皇存在は、「縄文・弥生時代以来の、アニミズム・シャーマニズム・神話世界性といった特性を、神話・祭祀・儀礼などの形で継承し続けている」すなわち「超一級の無形民俗文化財」であることに、根源的な根拠があると述べた。自然との共生と節度ある欲望に特徴を持つアニミズム系文化は、自然の生態系重視のエコロジー思想と基盤を共有しているのであり、世界的普遍性を持っている。そのようなアニミズム系文化を体現している超一級の無形民俗文化財としてこそ、天皇は存在の根拠を持つという風に、日本国民は意識を切り替えるべきなのである。

「B　変わってもかまわない部分」は、たとえば、江戸時代までは、天皇は、眉を剃り、白粉《おしろい》・お歯黒を付けていたが、明治天皇からはそれらをいっさい廃止して、服装も西洋風に改めた。しかし、これらは「A　最も本質的な部分なので変わってはならない部分」ではないので問題ないのである。

しかし、「C　変わらなければ天皇制が存続できなくなる部分」の場合は、天皇制消滅を想定しなければならない局面なので放置しておけば深刻な状況に陥る。参考までに、以下に、君塚直隆『エリザベス女王』[2]から、ヨーロッパの王室について述べた一節を引用する。

イギリスには一七〇一年に制定された王位継承法があった。そこには「男子優先の長子相続」と「カトリックとの婚姻禁止」が盛り込まれていた。

しかしヨーロッパ大陸の他の王室の趨勢を見る限り、もはや「男子優先」は時代に即しているとは言えなくなっていた。スウェーデンの王室（一九七九年）を先頭に、オランダ（八三年）、ノルウェー（九〇年）、ベルギー（九一年）、デンマーク（二〇〇九年）、ルクセンブルク（一一年）といった具合に、各国王室は男女を問わず第一子が王位継承で優先される「絶対的長子相続制」を採用するようになっていたのである。　　（（　）内原文）

その結果、イギリス王室でも、二〇一三年に、「絶対的長子相続制」と「カトリックとの婚姻容認」の新しい王位継承法が成立した。続けて君塚同書は、次のように述べている。

「ヨーロッパの君主制の多くは、その最も中核に位置する、熱心な支持者たちによってまさに滅ぼされたのである。彼らは最も反動的な人々であり、何の改革や変革も行わずに、ただただ体制を維持しようとする連中だった」

これは、本書の主人公エリザベス女王を七〇年にわたって支え続けてきた、エディンバラ老公の言葉である。

（略）

この老公の言葉の裏返しと言えようか、時代に即した改革を進める現実主義と柔軟性を備えている限り、女王と王室はこれからも国民と手を取り合っていくことができるはずだ。

日本では、二十一世紀に入って皇位継承が薄氷を踏む状況になっているにもかかわらず、政権を握っている側の行動はまことに鈍い。日本の政権側には、天皇制について、「時代に即した改革を進める現実主義と柔軟性」を欠いた「熱心な支持者たち」が多いがゆえに、近代天皇制は、皇位継承問題に限らず、全体として、これから加速度的に〝滅び〟の道を進んでいくのではないか。

このことについて私は、『大嘗祭――天皇制と日本文化の源流』(3)で次のように述べた。

贔屓《ひいき》の引き倒しという言い方があるが、戦前の右翼・国粋主義勢力は、天皇制を愛しすぎたあまりに、敗戦（一九四五年）で終わることになる軍国主義ファシズムに天皇制を巻き込み、日本国の消滅、そして天皇制消滅の一歩手前にまで行ってしまった。それと同じように、二十一世紀の現在では、皇位継承が不可能になる天皇制消滅の危機を放置している。つまり、戦前の右翼・国粋主義勢力はもちろん、現在の保守系（女系天皇反対グループ）の人たちも、「終章　日本的心性の深層」で述べた、日本文化のアニミズム・シャーマニズム・神話世界性および島国文化・ムラ社会性の伝統のうちのマイナス面、すなわち肝心なときに、願望と空想と目先の利害で重大決断をしてしまう弱点に溺れていることになる。要するに、皇位継承問題でも、今や、天皇制の、時代に合わせて変わらねば存続できなくなるという事態への目配りが求められ始めたのに、彼らの意識は戦前の指導層と同じく、

〝神国日本幻想〟の中にとどまっていて、現実を冷静に見つめることができないのであろう。

逆に、軍国主義ファシズムと結びついた天皇制を極度に忌み嫌う旧左翼系の人たち（天皇文化と政治としての天皇制を区別する視点を持たない人たち）にもまた同じような発想が存在している。つまり、かつてのように〝天皇制打倒〟と明確な形で叫ばなくても、現状の綱渡りの皇位継承状態を放置すれば、いずれ天皇制は維持できなくなって結局は打倒されたのと同じことになるという考え方である。

となれば、現在の日本では、保守系（女系天皇反対グループ）、旧左翼系のどちらもが、本音では、象徴天皇制の自然消滅を待っているということになるのではないか。


私は、先に引用したように（『女系天皇──天皇系譜の源流』）、天皇文化の価値は、「自然との共生と節度ある欲望に特徴を持つアニミズム系文化」を、「神話・祭祀・儀礼などの形で継承し続けている」点にあるのであり、それはエコロジー思想と基盤を共有しているという意味で世界的普遍性を持っていると考えている。したがって、天皇存在は、世界にも通用する「超一級の無形民俗文化財」として今後とも存続させていくことが望ましい（その消滅は、日本にとっても世界にとってもあまりにも〝もったいない〟）。すなわち、皇位継承問題は「C　変わらなければ天皇制が存続できなくなる部分」にあたるのだから、それを「時代に即した改革を進める現実主義と柔軟性」によって、乗り越えていくべきなのである。

このように、「今後とも存続させていくことが望ましい」と述べると、一九四五年の敗戦で終わった、軍国主義と結びついた天皇制ファシズムを思い出して、不快になる人もいるだろう。そこで私は、天皇制を、以下のように、政治体制の面と文化継承者の面とに分解して把握することを提案している。

甲　行政王・武力王・財政王など現実社会的威力の面

乙　神話王（神話世界的神聖性）や呪術王（アニミズム系の呪術・祭祀を主宰する）など文化・精神的威力の面

このように、天皇制を、現実社会的威力の面（甲）と文化・精神的威力の面（乙）とに分解して把握するのである。甲は、古今東西、あらゆる権力機構に備わっている要素である。しかし、乙は、古代天皇制国家以来の天皇存在に特に顕著な要素である。ヨーロッパ王室の場合、その権威の源は行政王・武力王・財政王だった過去にあるだけである。日本皇室のように、③天武・持統天皇期には、神話世界の神々から継続する天皇系譜を語り、その神話世界と結びついているアニミズム・シャーマニズム系統の呪術や祭祀と、現実社会的威力の面（甲）とがセットになる古代天皇制を成立させ、しかもそのうちの文化・精神的威力の面（乙）を継承して現代にまで実践している例はヨーロッパ王室には無い。

このように、現実社会的威力の面（甲）と文化・精神的威力の面（乙）とに分解する視点を持つと、③六〇〇年代後半に〈国家〉体制の整備が進み、公式に「天皇」号が用いられるようになった天武・持統天皇の時期に創出された天皇制のあり方は、行政王・武力王・財政王と神話王・呪術王を合体させた天皇制だったことがわかる。⑤武士政権（鎌倉・室町・江戸）が登場し、天皇氏族が政治的実権をほぼ完全に失った時代のあり方は、行政王・武力王・財政王の側面を失った時代である。そして、⑥明治維新による近代国家成立後の、近代化と反する王政復古がなされた時代のあり方は、行政王・武力王・財政王と神話王・呪術王を合体させた天皇制の復活であったことになる。

大日本帝国憲法は、「天皇ハ神聖ニシテ侵スヘカラス」（第三条）という神聖性の規定のあとに、「第四条　天皇ハ国ノ元首ニシテ統治権ヲ総攬シ」（実際の具体的な統治行為は内閣などが行なうことになっていたにしても）を加えたことによって、〈国家〉の最高統括者が、神話王・呪術王であると同時に行政王・武力王・財政王でもあることになり、ここに、天皇制ファシズム国家が近代法の裏付けを持って成立することになったのである。

最後の、⑦敗戦後に民主主義社会に転じたあとの象徴天皇としてのあり方は、行政王・武力王・財政王の面を除去されて、神話王・呪術王など文化・精神的威力の面に特化した存在である。これによって、軍国主義と結びついた過去の天皇制ファシズムの性格の部分が除去されたことになるので、私のように、天皇存在の「超一級の無形民俗文化財」としての価値を再評価して、国家次元で積極的にその存続をはかるべきだという立場が登場することになった。

これら①~⑦の、時代による違いと、A~Cの、本質からの近さ遠さ、および甲・乙の、現実社会的威力の面と文化・精神的威力の面の有る無しを見極めながら、現代の天皇論は進められなければならない。

2 〈伝統〉〈源流〉の中身の確認

天皇制について言及するときには、多くの場合、〈伝統〉や〈源流〉という言葉が用いられる。そこで、前節で指摘した、時代による違い、本質からの近さ遠さ、現実社会的威力の面と文化・精神的威力の面の有る無しという視点で、それらの中身を検証してみたい。

中国皇帝制度模倣の男系かつ男子継承絶対主義の明文化

まず、皇位継承の〝男系かつ男子絶対主義〟について見てみよう。

女性天皇あるいは女系天皇には絶対反対だと主張する人たちが明治新政府（一八六八年成立）では主導権を握った。

しかし、二十一世紀に入ってさえもこの主張の人たちが政権の側に多いために、皇位継承問題において、「時代に即した改革を進める現実主義と柔軟性」が発揮されない状況が続いている。

しかしながら、中国皇帝の男系男子絶対主義の導入（模倣）を、憲法に明文化することによって絶対的規定とまでしたのは、大日本帝国憲法（明治二十二年〔一八八九〕）の第二条「皇位ハ皇室典範ノ定ムル所ニ依リ皇男子孫之ヲ継承ス」が始まりなのである。

明治新政府は、武力で徳川幕府を崩壊に追い込んだ勢力によって構成されていたので、天皇存在に対して、その女性原理的な部分を極力排除しようとした。

小平美香《おだいらみか》『女性神職の近代――神祇儀礼・行政における祭祀者の研究』[4]によれば、明治四年（一八七一）以後、伊勢神宮・鹿島大社の「物忌《ものいみ》」ほか、諸神社の「祭祀にかかわってきた女性たちの職掌」が「次々と廃止されていった」のだという。この「女官総免職」は廃藩（明治四年七月）直後の八月一日だった。

飛鳥井《あすかい》雅道《まさみち》『明治大帝』[5]によれば、明治新政府は、「公家出身の侍従たちを次々に罷免したあとを、薩摩、熊本、長州、土佐、越前からの倒幕派士族でかためた」ことにより、明治天皇は、「弱かった身体も、明治四年以後は急速に強健になった。六年三月には断髪し、公家的な、女性的なイメージもとりはらわれた。」という。

大日本帝国憲法が、第二条で「皇位」は「皇男子孫之ヲ継承ス」としたのには、このような女性原理的部分の排除とともに、男系男子絶対主義の徳川将軍家への対抗の意識もあったのであろう。徳川幕府体制には天皇制の持つ文化・精神的威力の側面が欠落していたので、明治国家は、富国強兵精神にふさわしい武力王・行政王・財政王の側面と、アニミズム系文化に発する神話王・呪術王の側面とを合体させた天皇制を推進した。しかし、のちに触れるように、天皇存在の文化・精神的威力の側面には女性原理的な部分が濃厚に含まれていたのに、その女性原理的な部分を排除してしまったのは大きな失敗であった。

一九四五年の敗戦後には、日本国憲法が公布され（昭和二十一年〔一九四六〕）、続いて新皇室典範が施行された（昭和二十二年〔一九四七〕）。このときには、民主主義社会が到来し、武力王・行政王・財政王の側面を除去して神話王・呪術王のみになったのだから、皇位継承も、軍国主義強化時代の大日本帝国憲法の男系男子継承絶対主義を修正すべきであった。すなわち、〈古代の古代〉に存在したと思われる、大王・族長位の女系・男系併用の柔軟な継承形態に戻すべきだった。しかし、新皇室典範の第一条「皇位は、皇統に属する男系の男子が、これを継承する」は、旧皇室典範の「第一条　大日本国皇位ハ祖宗ノ皇統ニシテ男系ノ男子之ヲ継承ス」をそのまま継承してしまったのである。

女性天皇は五〇〇年代末から江戸時代までの〈伝統〉であった

女性天皇は、大宝律令（七〇一年）施行前にすでに、推古《すいこ》天皇（三十三代、在位五九二～六二八年）、皇極《こうぎょく》天皇（三十五代、在位六四二～六四五年）、斉明《さいめい》天皇（皇極天皇の再即位、三十七代、在位六五五～六六一年）、持統《じとう》天皇（四十一代、称制六八六～六八九、在位六九〇～六九七年）が存在していた。それだけではなく、大宝律令施行後も、元明《げんめい》天皇（四十三代、在位七〇七～七一五年）、元正《げんしょう》天皇（四十四代、在位七一五～七二四年）、孝謙《こうけん》天皇（四十六代、在位七四九～七五八年）、称徳《しょうとく》天皇（四十八代、孝謙天皇の再即位、在位七六四～七七〇年）が存在した。そればかりではなく、江戸時代に入ってさえも明《めい》正《しょう》天皇（一〇九代、在位一六二九～一六四三年）、後桜町《ごさくらまち》天皇（一一七代、在位一七六二～一七七〇年）が登場したのである。

したがって、明治政府は、大日本帝国憲法および旧皇室典範において、最低限でも、女性天皇を許容する規定にはするべきであった。

大宝律令ではより柔軟であった

古代天皇制国家が本格的に始動したのは、天武（四十代）・持統（四十一代）天皇政権の、六〇〇年代末のことであった。この時期の天皇位継承の理念は、大宝律令（七〇一年、原文は養老律令〔七一八年〕からの推定）のうちの継嗣《けいし》令《りょう》（皇族の継嗣や婚姻についての法令）に示されている。(6)

凡皇兄弟皇子。皆為親王。女帝子亦同。以外並為諸王。自親王五世。雖得王名。不在皇親之限。〔凡《およ》そ皇《おう》の兄弟、皇子《おうじ》をば、皆親王《しんのう》と為《せ》よ。女帝の子も亦同じ。以外は並《ならび》に諸王《おう》と為よ。親王より五世は、王の名得たりと雖《いえど》も、皇親《おうじん》の限《かぎり》に在らず。〕

（およそ天皇の兄弟と皇子を、皆親王とせよ。女帝《じょてい》の子もまた同じ【女帝の子も親王とせよ】。それ以外はすべて王とせよ。親王より五世あとの者は、王を名乗ることはできるが、皇親《おうじん》【こうしん。皇位継承有資格者】とはしない。）

大宝律令（養老律令）の注釈を集めた『令集解《りょうのしゅうげ》』(7)（八〇〇年代後半）は、「女帝の子もまた同じ」について三つの注を記録している。そのうちの「古記」の説「父雖諸王猶為親王」（父〔女帝の夫〕が諸王〔親王ではないので皇位継承資格が無い〕であっても、〔女帝とのあいだに生まれた子も〕親王〔皇位継承有資格者〕とせよ）は、女系天皇容認であることがはっきりとわかる内容である。「古記」は七三八年成立とされる（『国史大辞典』(8)）。

七〇〇年代初めには、唐の皇帝位の男系かつ男子継承の移入（模倣）が積極的に進められていたにしても、日本国では唐と違って女性天皇（「女帝」）は、すでに推古、皇極、斉明（皇極天皇の再即位）、持統天皇が存在していたのであるから、日本国では女性天皇と夫とのあいだに生まれた〝女系の子〟も親王となれることをあえて念押ししておく必要があったのであろう。

ただし、この「女帝の子もまた同じ」には、その女帝の子の父、つまり女帝の夫についての条件が書かれていない。これには、女帝の夫が男系の皇族だという共通認識があったからだという考え方がある。しかし、当時は女性天皇容認が当たり前の時代だったのだから、女帝の夫が男系の皇族でない人だった場合でも、女帝の子なら親王になれるという共通認識があったとも考えられる。

また、この注の解釈に疑義が生じるのを防ごうと考えたのなら、あえて〝女帝の夫が皇位継承有資格者（親王）の場合のみ、女帝の子もまた親王になれる〟といった文章にしたに違いない。そうなっていないということは、〝夫が一般皇族（諸王）でも、女帝の子もまた親王になれる〟という意味だったとも思われる。とすれば、大宝律令の時代には、女性天皇はもちろんのこととして、その子が女系天皇として即位する潜在的な可能性が容認されていたという結論になる（ただし、この実例は無い）。

それはそれとして、夫が皇位継承有資格者かどうかにかかわらず、その女帝の子が天皇になれば、その時点では女系継承（女性天皇の血筋が主になる継承）になるのである。

五〇〇年代くらいから族長位継承は男系優位に向かっていたとは思われる。そして、『古事記』『日本書紀』登場の七〇〇年代初頭には、唐の皇帝制度の移入（模倣）が一段と強化されていた。にもかかわらず、奈良時代には、女性天皇はもちろんのこととして、女系天皇も許容される余地を潜在的に残していたことになる。

したがって、明治政府は、大日本帝国憲法および旧皇室典範において、女性天皇はもちろん、女系天皇も許容する規定にするべきであった。

男系継承維持には側室制度が必要だった

大宝律令の後宮職員令《ごくうしきいんりょう》（後宮《こうきゅう》についての規定）には、皇后（正室、この条には「皇后」については明記されていない）一人の他に、「妃《ひ》二員（四品《しほん》以上）、夫人《ぶにん》三員（三位以上）、嬪《ひん》四員（五位以上）」の計九名を側室として置くという規定がある。これならば、「男系」を基本とした皇位継承が維持しやすかったであろう。

事実、継体天皇（二十六代）から平成期の天皇（一二五代）までの、北朝を含めての一〇三名の生母については、「皇后と中宮から生誕した嫡出子《ちゃくしゅつし》である天皇はあわせて二八人、女御、更衣、後宮の女官などの側室から生まれた天皇は七五人だった」(9)（篠田達明《しのだたつあき》）という。すなわち、側室からの天皇の誕生が約七十三パーセントを占めていた。

ただし、側室制度があったとしても万全ではなかった。『歴代天皇事典』(10)は、「明治天皇の后には子どもがなく、側室から生まれた皇子や皇女たちも次々に早世、ようやく一八七九年（明治十二）に愛子【柳原《やなぎわら》愛子《なるこ》、藤原氏系統の公《く》卿《ぎょう》柳原家の出で、明治天皇に女官として仕えていた】から第三皇子・嘉仁《よしひと》【のちの大正天皇（一二三代）】が誕生した」と述べている。ましてや、現代では、側室（第二、第三……夫人）の〈伝統〉は、「C　その時代の社会体制に合わせて変わらなければ天皇制が存続できなくなる部分」にあたるであろうから、復活は不可能であろう。

古代では近親結婚も常態であった

『古事記』『日本書紀』の天皇系譜のうちの初期天皇は特に、また五〇〇年代くらいまでの天皇については、信憑性に欠ける部分があると思われ、不正確なものや、捏造された箇所も含んでいるものと思われる。

そのような中で、『古事記』は、兄と妹との結婚について、許容されるものと、許容されないものとを明示する記述を残した。それは、「庶妹《ままいも》」（父は同じだが母は異なる妹）との結婚は許容するが、「伊呂妹《いろも》」（父が同じか異なるかを問わず母が同じである妹）との結婚は禁じる、というものである。「庶妹」との結婚については、「此《こ》の王【景行天皇の子大《おほ》江《え》王】、庶妹《ままいも》銀《しろがね》王を娶《めと》して、生める子、……」（景行記）のような事例が、計九例ある。

しかし、「伊呂妹」との結婚は禁じられていて、『古事記』には、サホビコ・サホビメ伝承（垂仁記）とカルノミコ・カルノオホイラツメ伝承（允恭記）の二例がある。のちに、母系制の問題とも関係する一節を含むので、以下にサホビコ・サホビメ伝承を現代語訳で引用しておく。

この天皇【垂仁天皇】が沙本毘売《さほびめ》を后とした時、サホヒ（ビ）メの同母の兄の沙本毘古《さほびこ》が、同母の妹のサホヒメに「夫と兄（私）とどちらが好きだ」と尋ねると、（サホヒメは）「兄（あなた）のほうが好きだ」（「兄《いろせ》ぞ愛《は》しき」）と答えた。するとサホヒ（ビ）コはたくらみを持って、「お前が本当に私のほうが好きなのなら、私とお前とで権力を握ろう」と言い、小刀《こがたな》を作って妹に渡して、「この小刀で天皇が寝ているところを刺し殺せ」と言った。天皇は、そういう謀《はか》りごとのあることを知らずに、后（サホヒメ）の膝を枕にして眠りなさった。そこで后が、小刀で天皇のお首を刺そうとして、三度振りかざしたが、悲しさに耐えられず、首を刺せずに涙を流したその涙が天皇のお顔に落ちた。

（略——サホヒメの涙が顔に落ちたことにより、天皇の目が覚め、天皇は不吉な夢を見たと話す。それを聞いてサホヒメは、兄サホヒコに促されて天皇を殺そうとしたができなかったと告白する。）

そこで天皇は、「危うく騙されるところだった」とおっしゃって、直ちに軍勢を動かしてサホヒコを攻撃したところ、サホヒコはイナギという陣地を作って戦った。この時、后（サホヒメ）はすでに妊娠していた。天皇は、后が妊娠していること、三年間にわたって寵愛《ちょうあい》したことを思うと、（すぐには攻めることが）できなかった。そこで、軍勢に包囲させただけで、すぐには攻撃しなかった。このようにして時間が過ぎていくあいだに、妊娠していた御子《みこ》が生まれた。そこで（サホヒメは）その御子をイナギの外に置いて、「この御子を自分の御子だとお思いになるなら取ればよい」と（天皇に）伝えた。すると天皇は、「兄のことは恨んでいるが、后のことは愛さずにはいられない」とおっしゃった。

（略――天皇は、屈強な兵士にサホヒメと御子の両方を捕らえさせようと図ったが、サホヒメが自分の髪や衣装にくふうをして逃れたので、御子だけしか取れなかった。）

また天皇は后に、「一般に子の名は必ず母がつけるものだ、この子の名を何にすればいいのだ」とおっしゃった。すると（サホヒメは）「今、火がイナギを焼く時に炎の中から生まれたので、御名はホムチワケとするのがよい」と答えた。

（略――サホヒメは、ホムチワケの乳母を定めるよう指示し、また新たな后としてエヒメ、オトヒメの名を挙げる。）

そして、ついにサホヒコを殺すと、その同母の妹（サホヒメ）もそれに従った。

ただし『日本書紀』は、「庶妹」と「伊呂妹」という語を用いてそれらの区別を明示することをしていない。『日本書紀』は、同母、異母にかかわらず、兄と妹の結婚や恋愛（イザナキ・イザナミに痕跡を残した兄妹《けいまい》始祖神話や、その兄妹始祖神話と世界を共有する歌垣文化）についての描写に積極的でない。

なお、古代期には、異母兄妹婚だけでなく、現代の法律（民法）では禁じられている叔父・姪婚も許容されていた。たとえば、天武天皇（四十代）は、父親・母親を同じくする実兄の天智天皇（三十八代）の娘四人（新田部皇女《にひたべのひめみこ》・大田《おほた》皇女・鸕野讃良《うののさらら》皇女＝持統天皇・大江《おほえ》皇女）を、妻としている。

なお、『延喜式』（九二七年成立）巻八収録の「六月《みなづき》の晦《つごもり》の大祓《おほはらへ》の祝詞《のりと》」の中には、「おのが母犯せる罪・おのが子犯せる罪・母と子と犯せる罪・子と母と犯せる罪」という近親相姦（その具体的内容は、明快ではないが）の罪が挙げられているが、ここでは、オジ・メイの結婚や、異母兄妹の結婚は「罪」として明示されていない。

しかし、現代では、これらオジ・メイの結婚や、異母兄妹の結婚という〈伝統〉は、やはり「C　その時代の社会体制に合わせて変わらなければ天皇制が存続できなくなる部分」にあたるであろうから、復活は不可能であろう。

近世までは幼児天皇も許容されていた

平安初期の平城《へいぜい》天皇（五十一代）から江戸時代最後の孝明天皇（一二一代）まで七十一名の天皇のうち、即位時の年齢が〈二〜九歳〉は二十五名、〈十〜十九歳〉は三十名、計七十パーセント以上である。ちなみに、初代神武天皇〜奈良時代末の桓武天皇（五十代）までの五十名のうちで即位年齢のわかるものでは、二十歳未満は文武天皇（四十二代、十五歳で即位）だけである。

・大王にふさわしい人格・資質を備えた人物はどのような基準によってえらべばいいだろうか。（略）少なくとも、大王にふさわしい執政能力には人格的・年齢的な成熟が必要・前提条件となるであろう。ということで、六世紀後半の欽明天皇の死後は、王族の範囲内で世代・年齢といった条件を重視して大王が選出されていくようになったのである。(11)（遠山《とおやま》美都男《みつお》『壬申の乱——天皇誕生の神話と史実』）

・厩戸皇子【聖徳太子】はこのとき十九歳、当時、即位は少なくとも三十歳以上というのが不文律となっていたから、厩戸皇子の擁立は不可能であった。そこで厩戸皇子を皇位継承者として位置づけるために、女帝推古が要請されたというわけである。[12]（瀧浪貞子《たきなみさだこ》『持統天皇——壬申の乱の「真の勝者」』）

しかし、平安期から江戸時代までは幼児天皇も許容されるのが〈伝統〉であった。しかも、旧皇室典範は、第二十六条で「天皇未タ成年ニ達セサルトキハ太傅《たいふ》【未成年の天皇の保育の任に当たった職】ヲ置キ保育ヲ掌ラシム」として未成年の天皇を容認していたし、実は新皇室典範でさえも第十六条で「天皇が成年に達しないときは、摂政を置く。」と未成年天皇を容認しているのである。同じく〈伝統〉といっても、奈良時代までの天皇は「即位は少なくとも三十歳以上というのが不文律となっていた」（瀧浪貞子）という〈伝統〉に従うのが、二十一世紀の現代にはふさわしいであろう。

3　記紀天皇系譜に残る女性始祖、女系継承の痕跡

『古事記』の綏靖《すいぜい》（二代）から開化（九代）までの欠史八代《けっしはちだい》といわれる天皇の系譜には、ある集団の始祖が女性であったとする事例が二例存在する。

神沼河耳命《かむぬなかはみみのみこと》、葛城《かづらき》の高岡宮に坐《ま》しまして、天《あめ》の下治《したし》らしめしき。此《こ》の天皇《すめらみこと》【綏靖天皇】、師木県主《しきのあがたぬし》の祖《おや》、河俣毘売《かはまたびめ》を娶《めと》して生みませる御子《みこ》、師木津日子玉手見命《しきつひこたまでみ》。天皇の御年《みとし》、肆拾五歳《よそぢまりいつとせ》。御陵《みささぎ》は衝田岡《つきだの》に在り。

綏靖天皇についての記述はこれだけだが、この短い記述の中に、天皇氏族ではないにしても、師木（現奈良県桜井市

金屋《かなや》あたり）の豪族（県主《あがたぬし》）の始祖が「河俣毘売《かはまたびめ》」という女性だったとする重要な情報が籠《こ》められていた。つまり、豪族の世界では、始祖が女性であることは特別のことではなかったのであろう。

その証拠として、七〇〇年前後の地方有力者層の系譜意識を示す史料である上野《こうずけ》三碑のうちの山上《やまのうえ》碑（六八一年）、金井沢《かないざわ》碑（七二六年）の系譜が、いずれも女系（母系）で記述されていることを挙げることができる（詳しくは、工藤『女系天皇――天皇系譜の源流』参照）。

また、懿徳《いとく》天皇（四代）もまた、「師木県主《しきのあがたぬし》の祖《おや》、賦登麻和訶比売命《ふとまわかひめ》」を妻としたという記述がある。

なお、『日本書紀』の欠史八代の記述には、『古事記』綏靖天皇（二代）、懿徳天皇（四代）の「〇〇県主《あがたぬし》の祖《おや》」である女性、という女性始祖形式のものは無い。すなわち、『日本書紀』の編纂者たちが、女性始祖伝承についてはその痕跡を消した可能性がある。

ところで、唐の皇帝制度の男系男子継承のうちの少なくとも「男系」の部分だけは貫徹しようとしたであろう記紀の天皇系譜の中に、男系に整えきれずに、女系（母系）の痕跡を残してしまった例がある。それは継体天皇（二十六代）の存在である（詳しくは、工藤『女系天皇――天皇系譜の源流』参照）。

『古事記』武烈天皇（二十五代）段には次のようにある。

> 天皇【武烈天皇】既に崩《かむあが》りまして、日継《ひつぎ》知らすべき王《みこ》無かりき。故《かれ》、品太《ほむだ》天皇【応神天皇（十五代）】の五世の孫《ひこ》、袁《を》本杼命《ほどのみこと》【継体天皇】を近淡海国《ちかつあふみのくに》【現滋賀県】より上《のぼ》り坐《ま》さしめて、手白髪命《たしらかのみこと》【仁賢《にんけん》天皇（二十四代）の皇女】に合《あは》せて【結婚させて】、天《あめ》の下《した》を授け奉《たてまつ》りき。

「日継知らすべき王無かりき」（天皇位を継ぐべき皇子がいなかった）を素直に読めば、天皇氏族の族長位の通常の継承は、この時点でいったん途切れたことになる。そこで、応神天皇（十五代）から五代あとの血筋の者を近江国から呼び寄せて天皇位に就けたというのだが、この「五世の孫」というのが信頼に足るものかどうかも疑念が残る。

また、「手白髪命に合せて」（手白髪命と結婚させて）という表現には違和感がある。というのは、一般に天皇の結婚記事では、「○○天皇が△△を娶る」というように天皇が主語になるのが普通だからである。したがって、応神天皇から五代あとの血筋では袁本杼命《をほどのみこと》（継体天皇）が、皇族と称するにはあまりに血が薄いので、仁賢天皇（二十四代）の皇女を妻として配して血の薄さを補ったのではないか。

『日本書紀』継体天皇段でも、『古事記』武烈天皇段と同じく、「元より男《をとこみこ》女《をみなみこ》無くして、継嗣《みつぎ》絶《た》ゆべし」（皇子・皇女が無かったので、天皇位の跡継ぎが絶えそうになった）、「方《まさ》に今絶えて継嗣《みつぎ》無し」（まさに今、跡継ぎがいなくなった）というように、天皇氏族の族長位の通常の継承は途切れたと記述している。

また、『日本書紀』継体天皇段でも、仁賢天皇（二十四代）の皇女の手白香皇女《たしらかのひめみこ》（『古事記』では手白髪命《たしらかのみこと》）を皇后として立てている。しかも、その理由を〝天皇の子息の誕生のため〟としているので、継体天皇を、仁賢天皇の娘との結婚によって天皇氏族の血筋の中に〝婿〟として組み込む必要があったからであろう。

この継体天皇の系譜については、河内祥輔《こうちしょうすけ》『古代政治史における天皇制の論理【増訂版】』[13]も次のように述べている。

継体は『日本書紀』に応神の五世孫【「五世孫彦主人王《ひこうしのおほきみ》の子《みこ》」とあるので、男大迹天皇《をほどのすめらみこと》（継体天皇）は実は応神の〝六世〟か】と記され、既に皇位継承の資格は失われていたとみられるが、武烈の死去によって仁徳系の男子が絶えてしまったため、応神の子孫として天皇に擁立されたと伝えられる。「五世孫」とはいかにも怪しげであり、新しい王朝の創始であるとみなされて少しもおかしくはないはずであろう。しかるに、古代人にはそのような受け止め方はほとんど見られない。王朝としては依然として一つのものが連続している、という観念が支配的である。何故に過去との断絶をさほど意識せずに済ませることができたのであろうか。

その理由は女系の血統にあると考えられる。

（略）女系に視点を据えるならば、雄略の血統は確かに後世に連続しており、少しの切れ目もない。

大宝律令（七〇一年）の継嗣令（前出）には、「親王より五世は、王の名得たりと雖《いえど》も、皇親《おうじん》の限《かぎり》に在らず」とあった。男《を》大迹《ほどの》天皇《すめらみこと》（継体天皇）は応神天皇の「五世の孫、彦主人《ひこうしの》王《おほきみ》の子《みこ》」すなわち〝六世孫〟になるので、「皇親」からはますます遠くなる。

このように、雄略天皇（二十一代）の娘春日《かすがの》大娘《おほいらつめの》皇女《ひめみこ》と仁賢天皇（二十四代）とのあいだの娘、手白香皇女《たしらかのひめみこ》を継体天皇（二十六代）の皇后にするなどして、雄略天皇から継体を経て欽明・敏達天皇に至る系譜は「女系の血統」によって維持されたことになる。

4　文献史料以前に迫るモデル理論

一般に、学問的研究においては、確かな証拠を提示することが前提になる。しかし、無文字文化時代の〈古代の古代〉のヤマト文化については、文献史料が無いので、考古学的資料に頼る以外にない。しかし、考古学的資料は建物・道具・人骨などの〈物〉だから、歌（神話も歌われていた）など〈ことば〉の文化についてはまったくわからない。そこで私は、『女系天皇――天皇系譜の源流』で次のように述べた。

無文字文化主流の時代の大王・族長の系譜について、文献史料的に確実なことが言えないという点に対する態度は、①史料が無いのだからこの部分については言及しない（棚上げにする）、②数少ない文献史料と文化人類学的報告（たとえばのちに紹介する母系に発する中国少数民族ワ族の系譜の調査報告など）や民俗学資料および縄文・弥生・古墳時代の考古学的資料を組み合わせて、できる範囲で客観的な推定をする、③確かな根拠を示すことなく恣意的な像を描く、という方向性の違いがある。

現在の日本古代史および日本古代文学の学界の基本的態度は、①の「棚上げにする」である。戦前の皇国史観思想では、③の「恣意的な像を描く」であった。それに対して私は、②の「できる範囲で客観的な推定をする」という立場である。

私は、この②の立場に用いる方法をモデル理論と呼んでいる。主として中国などの辺境に縄文・弥生期とほとんど変わらない状態で生活してきた民族の、無文字文化のことば表現や、呪術・祭祀などの実態を調査して得られた資料を手がかりにしてモデルを作り、そのモデルから日本最古の本格書物『古事記』（七一二年）以前の日本列島文化を、ホログラフィーのように浮かび上がらせる方法である。

文化人類学・民俗学や考古学の資料を素材として、できるかぎり正確ないくつかの情報をインプット（投入）し、それらを統合した一つの立体像をレーザー光線で浮かび上がらせるホログラフィーの手法である。立体像はそこに浮かび上がるのだが、その部分に手を差し入れても実体はない。したがって、このホログラフィー手法によって浮かび上がってくる〈古代の古代〉像は、あくまでも一種の仮想現実としての像である。しかし、立体像がまったく無い状態や、あっても歪んだ立体像を思い浮かべたり、あるいはまったく無根拠の妄想的立体像を描いているのに比べれば、まだましであろう。

ただし、モデル作りの素材としては、中国の長江（揚子江）南・西部の諸民族の文化資料が最も適している。なぜなら、この地域は日本列島と同じアジアであると同時に、かつて水田稲作そのほかさまざまなものを日本列島に伝えた源にあたる地域だからである。

長江流域諸民族の文化と日本列島民族の文化とのあいだには、かつて実態としての交流・伝播《でんぱ》関係が存在したと推定できる。その根拠の一つ目は、照葉樹林文化としての共通点である。文化人類学者の佐々木高明《こうめい》『照葉樹林文化とは何か――東アジアの森が生み出した文明』[14]は次のように述べている。

またサカキ・オガタマノキ・シキミ・ユズリハ・ヒイラギなど、古来、神事などの宗教行事に用いられてきた樹木がすべて照葉樹であることなども考え合わせると、我々日本人の伝統的な信仰（カミ信仰）が、こうした照葉樹の森と深く結びついて伝承されてきたことがよくわかる。照葉樹林ないし照葉樹林文化を考える背景には、こうした日本人の信仰の問題、心の問題が存することも無視できない。

（（ ）内原文）

この照葉樹林文化帯に属する長江流域の少数民族の多くは、共産党政権の中国が改革開放政策に転じる一九八〇年代以前には、縄文・弥生・古墳時代の日本列島民族とよく似た生産段階の生活形態を維持していたようである。

それら少数民族社会には、中尾佐助『栽培植物と農耕の起源』(15)が挙げた「茶と絹とウルシ、柑橘とシソ、それに酒」またワラビ、コンニャク、ヤマノイモ、カイコ、ムクロジ、ヤマモモ、ビワなどのほかにも、焼き畑、水田稲作、もち米、麹酒《こうじ》、納豆、なれずし、高床式建築、身体尺、鵜飼《うかい》、歌垣《うたがき》、独楽《こま》回し、闘牛、相撲、下駄など、日本とも共通の多くの文化習俗が見られる。

さらに、この地域の少数民族社会の文化の特徴は、日本古代文化と同じく自然と密着した精霊信仰（アニミズム）とそれを基盤にした原始呪術（シャーマニズム）である。

長江は上海《シャンハイ》・寧波《ニンポー》あたりで東シナ海に注ぎ、そこからさらに七〇〇キロメートル余を東に進めば奄美大島に、さらに北上すれば九州に辿り着く。黒潮に乗り、風向きも北や東に向いていれば、粗末な小型船でも、数千年という時間の中では、九州に辿り着いたこともあったのではないか。また、縄文・弥生期に、陸路を北上して朝鮮半島南部へ、さらにそこから九州へといった経路も含めて、長江流域から人の移動があり、そのときにその人たちの文化習俗が日本列島に流入して定着したという想定が可能である。したがって、改革開放が加速する以前の一九〇〇年代末までの長江流域少数民族文化は、日本の縄文・弥生期の社会形態、文化状態を推測するための大きな手がかりになるのではないか。

長江流域諸民族の文化と日本列島民族の文化とのあいだに交流・伝播関係が存在したとする根拠の二つ目は、兄妹《けいまい》始祖神話圏、歌垣文化圏としての共通点である（詳しくは、工藤隆『歌垣の世界――歌垣文化圏の中の日本』(16)参照）。兄妹始祖神話とは、なにかの災害で人類が滅び、生き残った実の兄と妹の二人が結婚して子供が生まれ、村や島が再生するという話型の神話である。また、歌垣文化とは、不特定多数の男女が配偶者や恋人を得るという実用的な目的のもとに集まり、即興的な歌詞を一定のメロディーに乗せて交わし合う、歌の掛け合いをする文化である。縄文・弥生時代にはおそらく、これらの共通の文化圏は、中国大陸長江流域から日本列島にまで及ぶ範囲で形成されていたようである。

しかし、『古事記』『日本書紀』の専門研究の学界の大勢も、文字資料以前の〈古代の古代〉についての論理化に対しては問題意識が低く、「棚上げにする」という態度である。

私は、『古事記の起源──新しい古代像をもとめて』[17]で、『古事記』には「神話の書、文学の書、神道の教典の書、天皇神格化のための政治の書という顔」があると述べた。このうちの「天皇神格化のための政治の書という顔」から推測するに、記紀の天皇系譜についても、その影響が隠されているだろう。私は、『女系天皇──天皇系譜の源流』で次のように述べた。

六〇〇年代末には、諸氏族の持っている「帝紀」と「本辞(旧辞)」には多くの「虚偽」が加わっているという認識が一般的だったのだ。ましてや、当時の最高権力者である天皇の場合には、その系譜にはさらに多くの「虚偽」が加えられた可能性がある。先の「天武天皇紀」十年の記事でわかるように、のちの『日本書紀』(七二〇年)に向けての編集委員が、川嶋皇子以下、皇族あるいは皇族と縁の深い氏族の人たちで占められていたのだから、『日本書紀』の内容が、天皇氏族に有利なものに傾斜するのは当然だったろう。川嶋皇子は、三十八代天智天皇の皇子、忍壁皇子(刑部親王など別表記あり)は四十代天武天皇の皇子である。したがって、天皇系譜の整備が天皇氏族に有利なものに傾斜するのは当然だったはずであり、男系男子継承の唐の皇帝制度を模倣するという政治方針がとられた以上、少なくとも「男系」の部分だけは貫徹しようとして、大小の創作・改変・捏造が加えられたであろうことも間違いあるまい。

現代ならば、客観性・公平性を重視する第三者委員会のようなものが設けられるところだが、六〇〇年代末の天皇国家においてはそのようなことはあり得なかったであろう。『古事記』『日本書紀』の天皇系譜については、二十一世紀の研究者としては、その信憑性をまず疑ってかかる必要がある。

そのうえでのことだが、記紀の天皇系譜は、主として前半の無文字文化時代の系譜と、主として後半の、文字で記載されるようになった文字文化時代の系譜が同居しているのである。このうちの無文字文化の系譜は、文化人類学的調査による資料以外に、参考にできる資料が無い。以下に、長江流域少数民族の、無文字文化の系譜の実例の一端を紹介する。

5　母系系譜と父系系譜の交錯

ウォルター・J・オング『声の文化と文字の文化』[18]は次のように述べている。

西アフリカの〔語り部である〕グリオ griot や、その他の口づたえの系譜伝承者は、自分の聞き手が耳をかたむけてくれるような系譜を朗誦するだろう。かれが、かりにもはや要求されない系譜を知っていたとしても、そういう系譜は、かれのレパートリーからぬけおち、結局は消えてしまう。政治的な勝者の系譜が、敗者のそれより生きのこりやすいのは当然である。（〔 〕内原文）

七〇〇年代初頭に文字で記述された記紀の天皇系譜もまた、長い期間に「口づたえの系譜伝承」から多くのものが

「ぬけおち」た末に、「政治的な勝者」である天皇氏族の系譜を柱として記述されたものと考えるのが自然であろう。このときには、天皇氏族に有利になるような創作・改変・捏造も生じたことであろう。したがって、『古事記』『日本書紀』の天皇系譜に明確な女系の記述が無いからといって、〝天皇系譜はすべて男系継承だ〟と結論するのは行き過ぎである。

ヤマト人（日本列島民族）の知識層が漢字を用いてヤマトの伝承や系譜を積極的に記述し始めるのは、六〇〇年前後のころだった。以下の『日本書紀』の記事を信じるかぎりでは、六〇〇年代初頭には、大和朝廷の中央部で系譜など文献史料の編纂事業が始まっていたようだ。

是歳《ことし》、皇太子《ひつぎのみこ》【聖徳太子】・嶋大臣《しまのおほおみ》【蘇我馬子】、共《とも》に議《はか》りて、天皇記《すめらみことのふみ》及び国記《くにつふみ》、臣連伴造国造《おみのこむらじとものみやつこくにのみやつこ》百八十《ももあまりやそ》部《とものを》并《あはせ》て公民《おほみたからども》等の本記《もとつふみ》を録《しる》す。（推古天皇二十八年〈六二〇〉）

これら「天皇記」「国記」「臣連～本記」の具体的な内容は不明だが、「録《しる》す」とあるので漢字で書かれていたものであろう。これらは、以下の「皇極天皇紀」四年（六四五）六月の記事によれば、乙巳《いつし》の変（大化の改新）の際に焼失したようだが、それらのうちの「国記」だけは焼失を免れたとあるので、その「国記」はのちに『古事記』『日本書紀』の原資料の一つになった可能性がある。

蘇我臣蝦夷《そがのおみえみし》等《ら》、誅《ころ》されむとして、悉《ふつく》に天皇記《すめらみことのふみ》・国記《くにつふみ》・珍宝《たからもの》を焼く。船史恵尺《ふねのふびとゑさか》、即《すなは》ち疾《と》く、焼かるる国記を取りて、中大兄《なかのおほえ》に奉献《たてまつ》る。

これら「天皇記」「国記」「臣連〜本記」は、もともとは無文字文化の音声表現の中でのみ伝承されていたものであろう。無文字文化時代のこれらの具体的あり方に迫るためには、文化人類学的報告や民俗学資料に頼る以外にないのである。

私が現地調査した長江流域少数民族の無文字文化系譜の実際は、すでに、『中国少数民族と日本文化――古代文学の古層を探る』(勉誠出版、二〇〇二年)、『四川省大涼山イ族創世神話調査記録』(大修館書店、二〇〇三年)、「中国雲南省ワ(佤)族文化調査報告」(『アジア民族文化研究4』二〇〇五年、本書所収)、『女系天皇――天皇系譜の源流』(朝日新書、二〇二一年)などに発表してきた。本稿では、それらの資料を詳しく引用する紙数がないので、結論だけ簡潔にまとめておくと、以下のようになる。

・無文字文化なので、系譜や神話などは暗誦で唱えられ(歌われ)ている。『古事記』『日本書紀』のように、系譜や神話のほとんどの部分が文字文章体になっているのとは違う。

・無文字の音声伝承なので、長期間の中では、句の脱落、記憶違いや場に合わせての変化など、内容の変容、流動性があったであろう。

・系譜語りは、神々の系譜から始まって、何代目からか人間の系譜になってくる。これは、高天の原の神々に始まって、神武天皇から人間の系譜になっているのと同じであり、記紀の天皇系譜が、長江流域諸民族との文化的共通圏に入っていることがわかる。

・雲南省ワ族文化の調査から得られた情報を整理すると、以下のようになる。(以下、工藤『女系天皇――天皇系譜の源流』よりの引用)

①ワ族はもともとは母系制だったと思われる。
②海東小寨《ハイドンシヤオヂヤイ》のように、現在でも入り婿制でかつ母系制を維持している地域のワ族では、まず系譜意識そのものが存在していない。系譜は、せいぜい自分の子供の世代を含めても四代分しか把握できないので、この地域のワ族には、自分の家の、これ以上に長い歴史が存在しないことになる。
③しかし、西盟《シーモン》地域のワ族のように、父系制の漢民族（漢族）と何らかの形で接触した場合には、漢民族の父子連名のような系譜意識を持つように変化したようだ。
④一般に、漢民族の父子連名を採り入れた中国少数民族の系譜は、漢民族と同じく父の名の後半部を尻取り形式で男子が受け継ぐという形式であり、また源を起点にして現在に向かって進んでくるものである。ところが、西盟地域のワ族の系譜は、父子連名という形式では同じだが、現在を起点にして源に遡って行く点に大きな違いがある。この、現在を起点にする系譜語りは、西盟地域のワ族が、現在は父系制でありながら、歴史感覚としては現在を起点にする母系の系譜感覚を色濃く残していることにあるのではないか。

このようなワ族の事例を手がかり（モデル）にして、古代日本の系譜の問題をモデル理論的に把握してみよう。

（略）、もともと系譜意識を持たない、あるいは弱い系譜意識しか持っていない母系制だった社会で、父系の系譜意識を持つ男王・男族長が優勢になっていく段階では、母系（女系）と父系（男系）が交錯する双系だった可能性が高い。

このような母系・女系と父系・男系の双系の社会に、のちに（主として六〇〇年代か）中国国家の男系男子の系譜意識が本格的に流入して、その影響のもとに編集・整理された系譜が『古事記』『日本書紀』の天皇系譜として記述されたという推定が可能になる。

また、同じく『女系天皇——天皇系譜の源流』に、次のように述べた。

中国西南部の長江流域には、現在も母系（女系）制だったり、今は父系制だが昔は母系制だったと思われる少数民族がいくつか存在する。（略）

モソ人社会では各家の戸主は女性で、しかも夫にあたる男性は外部から訪問してくる通い婚であり、女性の家に同居しない。したがって、私の現地調査の際に（一九九五年十月二十一〜三十日）、宿泊した家で女性戸主の老婆に家の系譜を尋ねたところ、漢民族の「父子連名」やナシ族の「木氏歴代宗譜」のようなしっかりとした系譜語りはしていないようだった。また、モソ人には厳密には結婚という概念が無いので、聞き書きで系譜を図にしてみると、夫にあたる部分が無いのが特徴的だった。

ここで、この調査のときに宿泊したモソ人の家の「夫にあたる部分が無い」家族図の実例を、以下に紹介する。聞き書きをして、同行の雲南大学関係者にまとめてもらった実物である。楕円形の囲みは私が付けたもので、女性を示している。

この家族図での第一の特徴は、子供の両親にあたる部分の、〝夫〟にあたる位置の人物の記述が無いという点である。これは、一夫一婦制の〝結婚〟という制度・概念を持たず、女性だけが戸主になるモソ人社会では当然のことである。

しかし、「二女【次女】瓦汝拾梗《ワルシゲン》」の息子の「大児【長男】」「二児【次男】」にまでその子供（ワルシゲンの孫）の名を書くのは、女系制のモソ人社会では異例なことである。モソ人の家族図では、普通は息子は名前だけ書いて、その息子の子供までは書かない。

そのほかにもいくつか不明の点があったのだが、追加の補充調査をする機会が無かった（この調査からの雲南省昆明《クンミン》への帰路で、乗っていたジープが土手下に転落するという事故に遭遇。同乗の工藤綾子は右肩鎖骨骨折、私は右肩亜脱臼で、いったん帰国して約一か月間の治療となったことなどもその一因）。その結果この家族図は今までは発表しないできたのだが、一般社団法人アジア民族文化学会の第四十一回春季大会（二〇二二年五月二十二日）での、曹旭東《ツァオシュードン》「現代中国政策における「セセ」関係」という発表を聞いたことによって、本論文で触れることができるようになったのである。以下、その発表資料よりの引用。

・『婚姻登記管理条例』によると、1994年2月1日以降、結婚する場合には『婚姻法』に基づいて婚姻登記をしなければならなくなった。その際、それ以前に事実的な夫婦生活がある場合には「事実婚姻証明」が発行されることになった。

・曹永琪氏の口述内容からは、2015年前後には、「事実婚姻証明」が無効になり、「結婚証」がすでに必要不可欠の証明になっている状況がうかがえる。ただし、インタビューにおいて曹永琪氏は、「結婚証」は登録したけれど、多くの人（走婚関係にある人）はこれまでと同じように、別々にそれぞれの母系大家庭で暮らしていると述べている。

・道徳的な約束に基づく婚姻制度である「セセ」関係【女の家に男が通う男女関係で、夫という位置づけは存在しない】は、モソ人の暮らす寧蒗《ニンラン》県政府には認められている。しかし、それは寧蒗県周辺の地域内における、

「セセ」関係そのものにしか有効ではない。そのため、それ以上の社会福祉サービスの根拠とはならない。そこでモソ人は、「策略的」に契約結婚を行なうこととなる。「モソ族」としての独立した民族アイデンティティに基づいて、自らの権利を主張できない状況下で、社会生活に必要な社会サービスの根拠を得るためにである。彼らはいわば「形式婚姻」という「策略」を採用し、契約結婚制度のための『結婚証』を、他民族の人々と同等の社会福祉サービスを受けるための『資格証明書』としたのである。

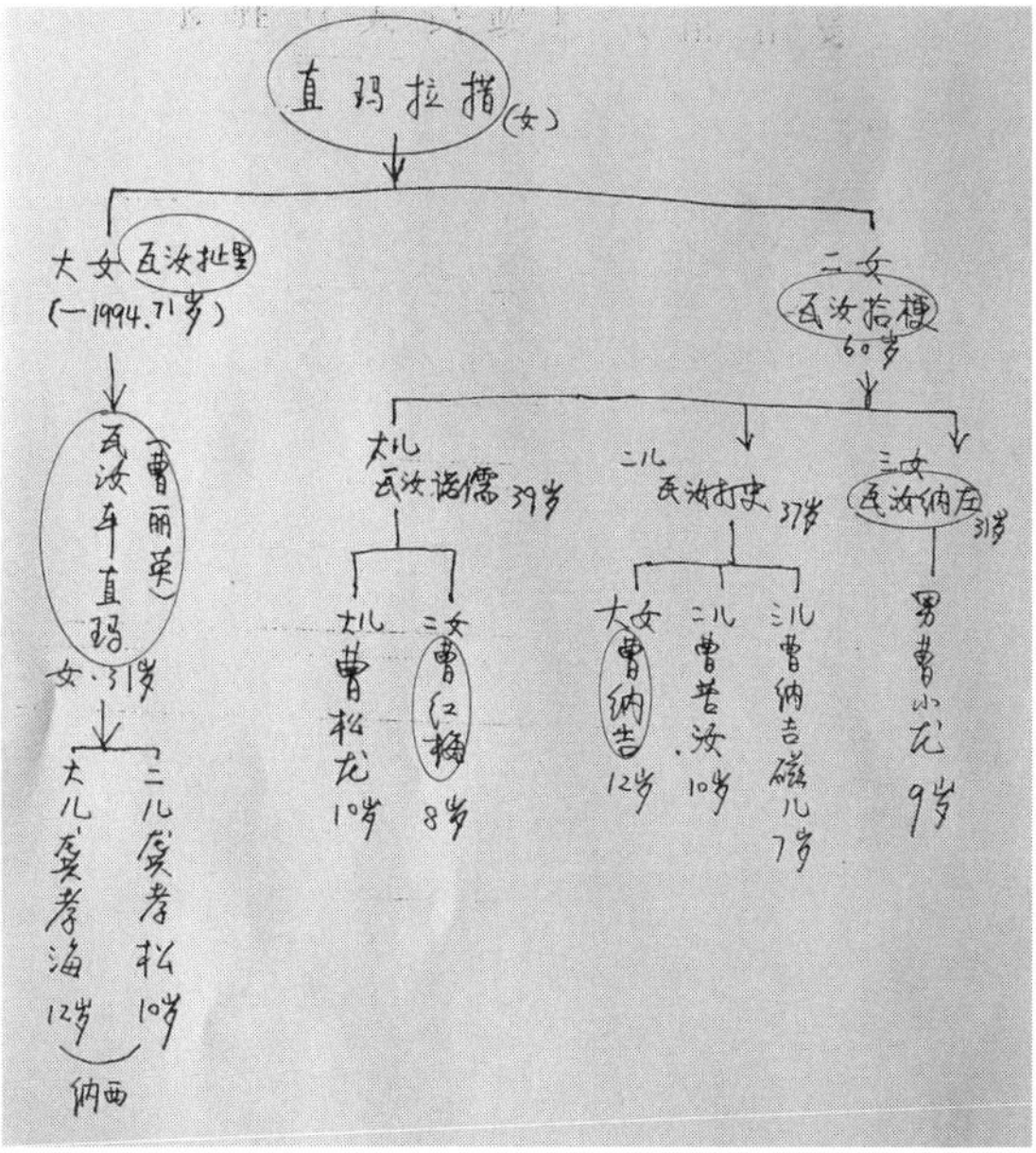

1995年10月に工藤隆が宿泊したモソ人の家の女性戸主ワルチョリ（瓦汝搚里）さんの家族図。

中国雲南省北部のロコ湖近くのモソ人の家で。右端が戸主のワルチョリさん。1995年10月25日。撮影：工藤綾子

私がこの地域で調査をした一九九五年十月は、まさに「1994年2月1日以降、結婚する場合には『婚姻法』に基づいて婚姻登記をしなければならなくなった」時期に当たる。そして、「結婚証」には漢族（漢民族）式の名前を書かなければならなくなったのだという。このような社会状況の変化を前提にして、先の家族図の分析をすれば、次のようになる。

1　配偶者の記述が無い。

2　戸主のワルチョリ（瓦汝擡里）さんの娘ワルチョヂマ（瓦汝車直瑪）さんから、漢族式の名前（曹麗英《ツァオリーイン》）が併用されている。

3　ワルチョリさんの妹の子供の代およびワルチョリさんの娘の子供の代からは、男子の子供（孫）も記述されている。

4　ワルチョリさんの妹の孫の世代および、ワルチョリさんの娘ワルチョヂマさんの子供の名前は、すべて漢族式の名前である。

5　ワルチョリ（瓦汝擡里）、ワルシゲン（瓦汝拾梗）さんの娘・息子の名前には母親の名前の「ワル（瓦汝）」が付けられているが、孫の代になると、「龔《きょう》（ゴン）」「曹《そう》（ツァオ）」という夫（「契約結婚」の）側の姓になっている。

★以上の2～5は、一九九四年二月一日からの「婚姻法」適用による変化であろう。

6　一番上の直瑪拉措（ヂマラツォ）さんは故人であり、おそらく「瓦汝」が脱落していて、正式名は瓦汝直瑪拉措（ワルヂマラツォ）だったのであろう。

ここで注目されるのは、母親の名前のうちの「瓦汝（ワル）」が、娘にも息子にも継承されている点である。

ここで思い出されるのは、プーラン（布朗）族の母系系譜では、母系制のモソ人の場合と同じく、母親の名前の一部が子供の名前の一部に継承されている事例である。プーラン族は、ワ（佤）族の「分派」であり、「現在では母系的遺制が認められる父系社会」（鳥越憲三郎・若林弘子『弥生文化の源流考』[19]）である。

先に引用したサホビコ・サホビメ伝承の中に、「天皇【垂仁天皇】は后に、『一般に子の名は必ず母がつけるものだ、この子の名を何にすればいいのだ』とおっしゃった」という一節があった。これは、モソ人、プーラン族の事例を参考にすれば、日本列島民族の、母系制だった時代の命名法の残影なのではないか。

また、鳥越・若林前出書によれば、母系制を色濃く残す海東大寨《ハイドンダーチヤイ》のワ族の村には、婿取り形式の母系制なのに「子が父の名跡を継ぐ母系制」の実例がある。日本でも、上野《こうずけ》三碑のうちの山上碑《やまのうえ》（六八一年）、金井沢碑《かないざわ》（七二六年）の系譜が、いずれも女系（母系）で記述されている。そのうえ金井沢碑では、「加那刀自《かなとじ》」の母は「他田君目頬刀自《めづらとじ》」とあるように、実家の姓「他田君《おさだのきみ》」を冠して呼ばれていた。すなわち、日本列島の古代にも母系と父系が交錯する系譜が存在していたことになる。

6　弥生・古墳時代以来の女性リーダーたち

以下、弥生・古墳時代以来の女性リーダーたちについて簡潔に見ておこう（詳しくは、工藤『女系天皇──天皇系譜の源流』参照）。

『魏志』倭人伝[20]には、次のようにある。

その国は、もと男子をもって王となし、住《とど》まること七、八十年。倭国が乱れ、たがいに攻伐すること歴年、そこで共に一女子を立てて王とした。卑弥呼（ヒミコ）という名である。鬼道を事とし、よく衆を惑わせる。年はすでに長大だが、夫婿《ふせい》（夫）はなく、男弟がおり、佐《たす》けて国を治めている。王となってから、朝見（拝謁）する者は少なく、婢《はしため》千人をみずから侍《はべ》らせる。ただ男子一人がいて、飲食を給し、辞（ことば）を伝え、居処に出入する。宮室・楼観（楼閣・たかどの・ものみ）・城柵《じょうさく》を厳重に設け、いつも人がおり、兵器を持って守衛する。

卑弥呼は、約六十年にわたる統治によって、巫術《ふじゅつ》政治の体系を創出したものと思われる。その体系は、卑弥呼の死後の、大和朝廷の王権に継承され、そのうちの祭祀の主要部分は、大宝律令の神祇令《じんぎりょう》の、新嘗祭《にいなめ》・鎮魂祭《ちんこん》・大祓《おおはらえ》へと継承されたと私は推定している。

卑弥呼は、九州南部地域の、熊襲《くまそ》とされている狗奴《くな》国との闘いの最中に死んだ。すると、卑弥呼登場以前の時代と同じく、男の族長たちが覇権を争って武力衝突を始めた。しかし今度も決着がつかなかったので、卑弥呼時代にできあがっていた、宗教的超越性を〈女〉が担い、行政の実務性を〈男〉が担うという二重構造王権システムに戻ることになり、わずか十三歳の「宗女《そうじょ》」（跡継ぎの娘）である「台与《とよ》（壱与《いよ》）」を登場させた。

これ以後の倭国では、おそらくトヨを女王とする体制は卑弥呼時代ほどの威力を持つことはなく、男の族長たちの勢力が伸びたのであろう。しかし、卑弥呼時代に形成された巫術政治の体系は、男王主体の政権にとっても有用であると判断されて、継承されたのであろう。それが、『古事記』『日本書紀』の、神武《じんむ》天皇（初代）・崇神《すじん》天皇（十代）段の神祭り記事や、仲哀《ちゅうあい》天皇（十四代）段の神功《じんぐう》皇后の巫術政治の描写として伝えられたのではないか。

なお、九州を中心とする各地に女性リーダー（女酋）の存在が記録されていて、『豊後国風土記』（現大分県の中・南

部）には、景行天皇（十二代）の時代のこととして、

「神あり、久津媛《ひさつひめ》といふ、人と化為《な》りて【景行天皇を】参迎《まゐむか》へ、国の消息《ありさま》を弁《わきま》へ申しき」（日田の郡）

「昔者《むかし》、此《こ》の山に土蜘蛛《つちぐも》【先住の在地民族】あり、名を五馬媛《いつまひめ》といひき」（同）

「此《こ》の村に女人《をみな》あり、名を速津媛《はやつひめ》といひて、其の処《ところ》の長《をさ》たりき。即ち、天皇【景行天皇】の行幸《いでまし》を聞きて、親自《みづか》ら迎《むか》へ奉りて、奏言《まを》ししく……」（速見の郡）

という記述がある。また、『肥前国風土記』（現佐賀県・長崎県）にも、

「土蜘蛛《つちぐも》、大山田女《おほやまだめ》・狭山田女《さやまだめ》といふものあり」（佐嘉《さか》の郡）

「土蜘蛛あり、名を海松橿媛《みるかしひめ》といひき」（松浦《まつら》の郡）

「土蜘蛛あり、名を浮穴沫媛《うきあなわひめ》といひき」（彼杵《そのき》の郡）

という記述がある。本州山口県には、『日本書紀』景行天皇十二年条に、

「爰《ここ》【現山口県の佐波《さば》】に女人有《をみなあ》り。神夏磯媛《かむかしひめ》と曰《い》ふ。（略）一国《ひとくに》の魁帥《ひとごのかみ》【族長】なり」

「【現大分県の】速見邑《はやみのむら》に到りたまふ。女人《をみな》有り。速津媛《はやつひめ》と曰ふ。一処《ひとところ》の長《ひとごのかみ》たり」

とある。また、本州関東圏の『常陸国風土記《ひたちのくにふどき》』行方《なめかた》の郡（現茨城県南東部）にも、

「古《いにしへ》、国栖《くず》【先住の在地民族】、名は寸津毗古《きつひこ》・寸津毗売《きつひめ》といふもの二人《ふたり》ありき」

という記述がある。ただし、これらの女族長たちは、いずれも天皇勢力によって制圧される側に属しているが、天皇氏族が、アメノイワヤト神話を伝えていることや女性神アマテラスを祖神としていることなどから判断するに、基層文化の部分ではアニミズム系文化であることや、女性原理が強いという点で共通だったと考えられる。

すなわち、邪馬台《ヤマト》（「台」は「タイ」ではなく「ト」と訓むべき）国の、宗教性（女性）と行政性（男性）がセットになった二重構造王権システムと同質のものが、弥生・古墳時代のクニ段階社会においては、九州を中心に関東圏まで、日本列島各地に広く存在していたとみてよい。それら女族長たちが宗教性の部分に深く関わっていたことは、『日本書紀』景行天皇十二年条の「神夏磯媛《かむかしひめ》」の記述から具体的に知ることができる。そこには、『古事記』神代のアメノイワヤト神話の「天の香山の五百津真賢木《いほつまさかき》を根許士爾許士《ねこじにこじ》て」と同様の表現があり、またサカキの「上枝《かみつえ》」「中枝《なかつえ》」「下枝《しもつえ》」に勾玉などの呪物を掛けている点で、『古事記』と同系統の伝承であることは間違いない。この神夏磯媛を族長とする集団は、天皇氏族に対して、文化的に同質の呪的行為を行なうことによって恭順の意を示し、天皇氏族による制圧を回避したのである。

このように天皇の勢力圏に入ることを受け入れた女族長の墳墓が、熊本県、大分県、広島県、岡山県、大阪府、奈良県、滋賀県、福井県、群馬県、千葉県、茨城県に存在する、女性首長を埋葬したと推定される約九例の前方後円墳（清家章《せいけあきら》『卑弥呼と女性首長』[21]）となって残されたのであろう。

『魏志』倭人伝に「卑弥呼が死んだ。大きな塚を作った。直径百余歩」とあるように、卑弥呼が巨大な墳墓に葬られたとある。それとは別に、女族長の墳墓と思われる古墳が、九州から関東までの地域で発見されている。このことについて、清家章『卑弥呼と女性首長』（前出）は次のように述べている。

向野田古墳《むこうのだ》【熊本県】のような地域首長墓において女性が主要埋葬施設に葬られている例はいくつも確認される。人骨が遺存していた例としては、京都府大谷《おおたに》古墳例や山口県赤妻古墳の例がある。前者は全長三二mの小規模前方後円墳であり、後円部墳頂部には箱形石棺が埋置されていた。石棺内に熟年前半の女性人骨が納められていた。（略）古墳時代中期の古墳と考えられている。後者は古くから女性人骨が検出されたことで知られる。同じく古墳時代中期の古墳で直径三〇mの円墳である。

さらに清家同書は、「石釧《いしくしろ》あるいは車輪石《しゃりんせき》が被葬者の腕部に置かれる埋葬施設には、女性が埋葬されていると考えられる」と述べ、「腕輪の配置から女性首長であると確認された事例」として、熊本県一例、大分県二例、広島県一例、岡山県二例、大阪府三例、奈良県三例、滋賀県一例、福井県一例、群馬県一例、千葉県二例、茨城県一例の計十八例を示し、このうちの九例（うち一例は「?」扱い）が前方後円墳だとしている。前方後円墳は、この地域が畿内の大和朝廷の勢力圏に入っていたことを示すとされている。

この、九州から茨城県にまで及ぶ女性首長古墳の存在は、『風土記』『日本書紀』の女族長の記述が九州を中心に関東圏（茨城県）にまで及んでいたこととも一致している。

また清家同書は、「畿内では女性首長の数値が若干低いものの、三割から五割程度の女性首長が古墳時代前期に存在したと推測されるのである」、「弥生時代中期から古墳時代前期までを通して、女性は男性とともに首長層を構成していることが明らかである」と述べている。

すなわち、邪馬台国《ヤマト》の卑弥呼（女性シャーマン）と男弟（男性族長）の二重構造王権システムは、日本列島の各地域に同質のものが存在していたものと推測される。そして、その基本構造が、六〇〇、七〇〇年代の〈古代の近代〉における日本古代国家成立期にも継承されていたと考えられる。そのうちの、女性シャーマン的部分は、天皇の娘や姉妹が斎王となる斎宮制度へと変質し、さらには大宝律令（七〇一年）以後では、行政性が太政官に、宗教性が神祇官によって担われる二官八省システムとなった。その後、武士政権が登場すると、幕府が行政性を担い、宗教性の部分は天皇存在の全体が担うようになった。明治維新（一八六八年）以後の近代日本においては行政性と宗教性を兼ね備える天皇制が復活したが、敗戦（一九四五年）以後の民主主義日本では、象徴天皇制として宗教性・文化性に特化する形で存続して二十一世紀の現在にまで至っている。

「『初代』神武から『二五代』武烈までの間には多くの実在しない天皇名が含まれている」（義江《よしえ》明子《あきこ》「女帝と女性天皇——八代六人の実像[22]」）という歴史学の結論を踏まえれば、記紀の初期天皇系譜は信用性が低いものだという前提を確認しておく必要がある。

近年の研究では、そもそも「天皇」という称号が公式に用いられるようになったのは六〇〇年代末、天武天皇、持統天皇の時代である（五〇〇年代末の推古天皇のころという説もあるが）。『古事記』や『日本書紀』で、初代・神武からすべての「大王（族長）」に「天皇」号を与えてしまったことによって、非常に古い時期から天皇氏族が存在していたかのような錯覚が生じた。と同時に、天皇系譜を男系継承に整える作業の過程で、神功《じんぐう》皇后・飯豊郎女《いひとよのいらつめ》のような女族長には「天皇」号を与えないという選別が生じたのであろう。

以上を簡潔にまとめれば、日本列島にはもともと男系（父系）と女系（母系）が併存していて、おそらく臨機応変に両者が使い分けられていたと思われる。ときには、女系と男系をない交ぜにするなどの組み合わせ型もあったであろう。母系制のワ族・プーラン族の事例や、上野三碑の金井沢碑の系譜を参考にすれば、名前は母の名の一部を継承するが、氏族としては父の姓を名乗るなどはその一例であろう。先に引用したサホビコ・サホビメ伝承にあった「一般に子の名は必ず母がつけるものだ」という垂仁天皇の言葉の背景には、このような男系・女系ない交ぜの伝統が存在していた可能性がある。

注

（1）工藤隆『女系天皇――天皇系譜の源流』（朝日新書、二〇二一年）
（2）君塚直隆『エリザベス女王』（中公新書、二〇二〇年）
（3）工藤隆『大嘗祭――天皇制と日本文化の源流』（中公新書、二〇一七年）
（4）小平美香『女性神職の近代――神祇儀礼・行政における祭祀者の研究』（ぺりかん社、二〇〇九年）
（5）飛鳥井雅道『明治大帝』（文藝春秋、一九八八年、文春学藝ライブラリー、二〇一七年）
（6）継嗣令からの原漢文および訓読文引用は、『律令』（〈日本思想大系 3〉岩波書店、一九七六年）による。ルビおよび現代語訳は、工藤。
（7）『令集解』（八〇〇年代後半、黒板勝美・国史大系編修会編〈新訂増補国史大系〉吉川弘文館、一九七二年）
（8）『国史大辞典』（国史大辞典編集委員会編、吉川弘文館、一九七九―一九九七年）
（9）篠田達明『歴代天皇のカルテ』（新潮新書、二〇〇六年）
（10）『歴代天皇事典』（高森明勅監修、ＰＨＰ文庫、二〇〇六年）
（11）遠山美都男『壬申の乱――天皇誕生の神話と史実』（中公新書、一九九六年）
（12）瀧浪貞子『持統天皇――壬申の乱の「真の勝者」』（中公新書、二〇一九年）

(13)河内祥輔『古代政治史における天皇制の論理【増訂版】』(吉川弘文館、二〇一四年)
(14)佐々木高明『照葉樹林文化とは何か——東アジアの森が生み出した文明』(中公新書、二〇〇七年)
(15)中尾佐助『栽培植物と農耕の起源』(岩波新書、一九六六年)
(16)工藤隆『歌垣の世界——歌垣文化圏の中の日本』(勉誠出版、二〇一五年)
(17)工藤隆『古事記の起源——新しい古代像をもとめて』(中公新書、二〇〇六年)
(18)ウォルター・J・オング『声の文化と文字の文化』(桜井直文・林正寛・糟谷啓介訳、藤原書店、一九九一年)
(19)鳥越憲三郎・若林弘子『弥生文化の源流考』(大修館書店、一九九八年)
(20)『魏志』倭人伝の現代語訳の引用は、石原道博編訳『新訂 魏志倭人伝・後漢書倭伝・宋書倭国伝・隋書倭国伝』(岩波文庫、一九八五年)による。
(21)清家章『卑弥呼と女性首長』(学生社、二〇一五年)
(22)義江明子「女帝と女性天皇——八代六人の実像」(歴史科学協議会編『天皇・天皇制をよむ』東京大学出版会、二〇〇八年)

*本稿は、朝日カルチャーセンター新宿教室での講座「女系天皇——天皇系譜を源流から考え直す」(二〇二一年九月二十九日)の講義内容をもとに、新たに書き下ろし論文にしたものである。

アジア基層文化と古代日本

1 過去像からのアイデンティティー

私が、日本古代文学研究に進んだ動機の一つには、〝日本人である私とはなにか〟すなわち私自身のアイデンティティーとはなにかに迫るためには、日本文化の源の把握が必要だと考えたことがある。

アイデンティティーには、〝将来に日本国をこういうふうにしたい〟と考える未来像からのアイデンティティー、〝今どういう社会になっているか〟と考える現在像からのアイデンティティーがある。しかし、それらとは違って、すでに起きてしまった過去像から考えるアイデンティティーがあり、これは古くさかのぼればさかのぼるほど不明の部分が多くなるので、ときには過剰に美化されたり、逆に過剰に悪いイメージになることがある。

この〝過去像からのアイデンティティー〟の「過去像」は、できるかぎり本質に近い原型・源にまでさかのぼって把握されたものであることが望ましい。そして、手がかりの少ない原型・源について論じるためには、それなりに客観的と見なされる証拠と、批判に耐えうる検証可能な論理形成が求められる。そうでないと、あらゆる妄想、極論が飛び交うこととなる。

日本文化の原型・源に迫る手がかりになるまとまった分量で書かれた書物としては、『古事記』（七一二年）が最古である。ところが、考古学は、少なくとも縄文時代（紀元前一万一千年?・くらい〜）や弥生時代（紀元前数百年〜紀元後三〇〇年ごろ）の日本列島にすでにかなりの水準の文化が存在していたことを示し、そのうえ五〇〇年代末ごろまでの古墳時代には各地に豪族勢力が存在していて、クニや、プレ（前）国家が存在していたことも示している。しかし、ここまでの時代（私は〈古代の古代〉と呼んでいる）の日本列島民族は、大陸国家との交流の際などを除いて、全体としては無文字文化にとどまっていたので、自前の文字史料を残せなかった。文字文献としては、大陸国家（中国）側が残した、『魏志』倭人伝ほかのいくつかの漢籍に頼る以外にない。そこで、私は、『古事記』以前の日本列島民族文化に迫るために、モデル理論の手法を採ることに踏み切ったのである。

2　原型的文化の側から〈古代〉をとらえ直す

モデル理論の概要は以下のようなものである。(1)

私は、まずは、日本国内の祭りや民俗芸能や民話（昔話）などを手がかりにして『古事記』以前を想像する試みをした。しかし、あえていえば、それら民俗学的素材は、縄文・弥生期から古墳時代までの〈古代の古代〉の実態にくらべると、さまざまな点で変質したあとの後世的なものなのではないかという疑念が生じる。

そこで私は、〈古代の古代〉の言語表現文化に辿り着くためのモデル作りのために、立体像をレーザー光線で浮かび上がらせるホログラフィーという技術を応用し、文化人類学の資料から得られた情報をインプットして、〈古代の古代〉の日本列島文化を想像することにした。もちろん、〈古代の古代〉のヤマト語（日本列島民族語）表現の現場資料は無いのだから、ホログラフィー手法によって浮かび上がってくる『古事記』などの像は、あくまでも一種の仮想現実としての像である。しかし、立体像がまったく無い状態や、恣意的に、後世的資料から推測された後世的な古代像を思い浮かべているのにくらべれば、まだましであろう。

さて、〈古代の古代〉の無文字時代の音声言語表現に迫るための素材は、原型に近い生存形態を維持していて、無文字文化でかつ神話や歌垣も保有しているような文化に求めるのが有効である。しかし、そのような文化の痕跡を残すものは、現在の日本列島には奄美・沖縄地域の文化やアイヌ民族文化（歌垣は無いが）以外にほとんど無い。したがって、さらに多くのデータを得るには、紀元前から日本列島と実態的な交流を持っていたと推測される、中国大陸の長江（揚子江）流域の先住民族（少数民族）の文化に求めることが妥当である。長江流域の現在の少数民族文化には、古代日本との実態的交流の痕跡が見られるだけでなく、原型生存型文化として縄文・弥生期のヤマト族文化との構造的な類似性の存在も想定できるのである。

〈古代の古代〉の日本列島民族の文化的特性は、自然界のあらゆるものに超越的・霊的なものの存在を感じとる観念・信仰であるアニミズムと、アニミズム・神話的観念に基づく呪術体系であるシャーマニズムと、人間にかかわる現象の本質をアニミズム的な神々の作り上げた秩序の物語として把握する神話世界観との、この三つが主体であるような文化だとすることができる。私はこれらをまとめてアニミズム系文化と呼び、あるいは原型生存型文化とも呼ぶことにしている。この原型生存型文化という用語は、一般的に〝未開社会〟や〝原始社会〟と呼ばれる段階よりも、神話や歌文化も持っているような水準に進んでいる文化を指している。要するに、日本列島の縄文・弥生段階に近い水準の文化を想定しているのである。

このような原型生存型の生活のあり方の特徴をまとめれば、次のようになる。

ⓐ縄文・弥生期的な低生産力段階（採集あるいは粗放農耕的水準）にとどまっている。

ⓑ電気照明、ラジオ・テレビなどの電気製品、プラスチックなど化学製品、電話・インターネットなど外部との通信手段が無く、自動車も無く、もちろん自動車用道路、水道も無いなど、いわゆる近代文明の産物が無い。
ⓒ移動手段としては自分の足が原則であり、一生涯を通して、生まれ育った地域の内側で過ごすのが普通。
ⓓ言語表現は、基本的に無文字の音声言語表現であり、歌う神話や歌を掛け合う風習などを持っている。
ⓔ宗教は、教祖・教典・教義・教団・布教活動という要素の揃った本格宗教ではなく、自然と密着した精霊信仰（アニミズム）とそれを基盤にした原始呪術（シャーマニズム）が中心になっている。
ⓕ世界観は、自然と密着したアニミズム・シャーマニズムを背景にした神話世界を中心に据えている。

ⓒの「一生涯を通して、生まれ育った地域の内側で過ごす」は、自分の属している生活圏の外の世界を知らないで一生を送るということである。したがって、遊牧民族のように、家畜を移動手段としてかなりの距離を移動するような生活形態は、このⓒの定義から外《はず》れる。しかしⓒの定義は、縄文時代のヤマト人のように漁労・採集が基本であったり、農耕による定住生活が一般化してくる弥生時代人にはぴったりなのである。

一般に、現在の日本列島に残存している民俗・習俗などにくらべると、文化人類学の未開社会の報告資料のほうがより原型度が高い。その中でも、中国大陸長江流域を中心とする照葉樹林帯の諸民族の文化が参考になるであろう。

照葉樹とは、濃い常緑のカシ、シイ、クスノキ、タブ、ツバキ、サザンカ、サカキ、ヒイラギなど、葉に厚みとつやがある樹木をいう。植物学者の中尾佐助は次のように述べている。(2)

照葉樹林文化の成立したのは西はヒマラヤ南面の中腹から、シナ南部、日本本州南半部にわたる地域で、そこは大部分が山岳地帯で、広大な大平野はほとんどないといってもよい地帯である。（略）茶と絹とウルシ、柑橘とシソ、それに酒などがその代表的文化遺産である。

中尾は同書で、ワラビ、コンニャク、ヤマノイモ、カイコ、ムクロジ、ヤマモモ、ビワその他の共通点も挙げている。また、文化人類学者の佐々木高明も次のように述べている。(3)

またサカキ・オガタマノキ・シキミ・ユズリハ・ヒイラギなど、古来、神事などの宗教行事に用いられてきた樹木がすべて照葉樹であることなども考え合わせると、我々日本人の伝統的な信仰（カミ信仰）が、こうした照葉樹の森と深く結びついて伝承されてきたことがよくわかる。照葉樹林ないし照葉樹林文化を考える背景には、こうした日本人の信仰の問題、心の問題が存することも無視できない。　（（　）内原文）

照葉樹林が分布している「西はヒマラヤ南面の中腹から、シナ南部、日本本州南半部にわたる地域」（中尾）のうちの中国大陸部分は、そのほとんどが長江流域と重なっている。この長江流域には、多くの少数民族が居住しており、共産党の中国政府が改革開放政策に転じる一九八〇年代以前には、彼らの多くは、先に挙げた定義ⓐ〜ⓕに当てはまるような「原型生存型」の生活形態を維持していた。

そして、それら少数民族社会には、個々の少数民族によって違いはあるが、中尾が挙げた「茶と絹とウルシ、柑橘とシソ、それに酒」またワラビ、コンニャク、ヤマノイモ、カイコ、ムクロジ、ヤマモモ、ビワなどのほかにも、焼畑、水田稲作、もち米、麹《こうじ》酒、納豆、なれずし、高床式建築、身体尺、鵜飼《うかい》、歌垣《うたがき》、独楽《こま》回し、闘牛、相撲、下駄など、日本とも共通の文化習俗が見られる。

この地域の少数民族社会には、キリスト教、イスラム教、仏教が入っていることもあるが、その場合でも、自然と密着した精霊信仰（アニミズム）とそれを基盤にした原始呪術（シャーマニズム）の側に引き寄せて変形させてしまっていることが多い。このようなあり方は、日本列島民族が五〇〇年代から仏教を移入しつつも、その仏教を、長い年月をかけて、アニミズム系文化の側に引き寄せて変形させた歴史と共通していると考えてよい。

長江は上海・寧波《ニンポー》あたりで東シナ海に注ぎ、そこからさらに七〇〇キロメートル余を東に進めば奄美大島に、さらに北上すれば屋久島・種子島そして九州に辿り着く。黒潮に乗り、風向きも北や東に向いていれば、エンジンなしの小型船でも比較的短期間で九州に辿り着くこともあったのではないか。縄文・弥生期の約一万二千年間のうちに、陸路を北上して山東半島あたりから朝鮮半島南部へ、さらにそこから九州へといった経路も含めて、長江流域からの人の移動が何回かあり、そのときにその人たちの文化習俗が日本列島に流入してその一部が定着したという想定が充分に可能だと思われる。

3　古代文学の古層の言語表現に迫る

私が本格的に長江流域や東南アジアの民俗文化の現地調査を開始したのは一九九四年八月である。このころにはまだ、アジア辺境の少数民族文化には、日本国内のものより遙かに豊かで魅力的な創世神話や歌垣、そして原始呪術が残っていた。私はそれらを「生身《なまみ》の世界遺産」と呼ぶが、この貴重な文化遺産をどのようにして『古事記』『日本書紀』『風土記』『万葉集』など日本古代文学の分析に活用できるかが、二十一世紀の古代文学研究の課題である。従来の、国境と文字史料の内側に限定して精密度を高めてきた古代文学研究の実績と、国境を超え、文化人類学的資料や考古学的資料を用いる新しい分析方法としてのモデル理論的研究とを合体させる、これが私の目指す古代文学研究である。

ただし、日本古代文学作品の研究に、アジアを中心とする世界各地域の未開社会の神話資料などを用いること自体は以前からあった。しかし、それらと一九九〇年代末からの動きの決定的な違いは、前者は比較部分を、たとえば神話の場合に「話型」や「話素」に限定していたのに対して、一九九〇年代末からの後者は、「表現態」（音声によることば表現の旋律、韻律、合唱か単独唱か、掛け合いか単独唱かその他）や「社会態」（世界観・歴史的知識・生活の知恵・ことば表現のワザなどの総合性、政治性・実用性・儀礼性・歌唱性・娯楽性を持っているかどうか）などにも注目するようになった点である。これによって、『古事記』などを「ことば表現」の視点から分析するときには、従来の「話型」や「話素」の視点からだけでは見えなかったものが見え始めた。七〇〇年代の『古事記』『日本書紀』などには、〈古代の古代〉のムラ・クニ段階でかつ無文字文化の古層、〈古代の近代〉（六〇〇、七〇〇年代）の新層、そしてそれら古層と深層のあいだの中間層とが重層的に結晶しているのである。

従来の古代文学研究が取ってきた姿勢には、大まかには二つの方向があった。一つは、文学研究はあくまでも文字で書かれた文章の内側に徹するべきだとして、『古事記』より前の時代の、特に文字記録の無い言語表現には視線を向けないというもの。これはいわば〝断念〟の思想であるが、しかし現実には、無文字文化時代の言語表現に対するいっさいの言及なしに『古事記』を論じることは不可能である。したがって、表面は断念しているように見えても、心の内では自分なりの何らかの『古事記』以前像を漠然と描いていることが多い。その結果、現在の日本古代文学研究は、文字史料内での分析は精密を極めているのに、その根拠を成す古層の言語表現へのイメージは個々の恣意的な思い込みに任されているという状況に陥っている。

もう一つは、国内の民俗事例や、未開社会など低生産力社会の事例を手がかりにして『古事記』以前の想像モデルを作ろうとする立場である。私は基本的にこの立場をとっているが、このときに問題になるのは、国内の民俗事例がどの程度の古代性を残しているかということと、未開社会の事例が日本の〈古代の古代〉とどの程度に連動するものかということである。前者は、現在私たちが触れることのできる民俗事例が、いずれも六〇〇、七〇〇年代の〈古代なりの近代化〉を経て変質をこうむったあとのものと考えられるので、変質後の事例を素材にして変質以前の像を描くことはできないはずだという弱点を抱えている。

また後者には、たとえばアフリカの狩猟民族の事例を素材にして、農耕主体の弥生のムラ社会のモデルを作ることには無理があるのではないかという問題がある。つまり、日本の〈古代の古代〉の説明モデルを作るのには、原則として、人種的に同系であること、地理的にも交流があったと思われる地域の民族であること、採集・漁業・焼畑・稲作などを主とする定住民族であること、風土・習俗などに共通性のみられる民族であること、アニミズム系文化を基盤にしている民族であることなどを、条件として設定する必要がある。

そこで私は、日本国内の民俗事例のほとんどは六〇〇、七〇〇年代の〈古代なりの近代化〉を経て変質したあとのもの、という限定付きで参照するにとどめている。また、国外の未開社会など低生産力社会の事例は、原則として、地域としては縄文・弥生期の日本列島と人的にも交流があったと思われる北方アジア、中国大陸、朝鮮半島、台湾、東南アジア全域を、人種的にはモンゴロイド系を、生産形態としては焼き畑および水田稲作を中心にした諸民族の民俗文化でモデルを作るべきだと考えている。

4　古事記・万葉集・伊勢神宮・大嘗祭・天皇系譜の古層

以上に述べてきたモデル理論を用いると、実際に古代文学の読みおよび古代日本像に変化が生じるので、〝日本人とはなにか〟の〝過去像からのアイデンティティー〟の部分にも大きな変化が生じることになる。

〝日本的なるものとはなにか〟という問いかけには、具体例として、歌舞伎・能・雅楽などや、茶道・華道、あるいは「サムライ」という語で世界中に知られている武士道などを挙げる人が多い。しかし、それらの多くの源は、江戸時代や、さらにさかのぼっても鎌倉時代や室町時代くらいまでで止まる。茶道の源は、鎌倉時代初期の禅僧栄西が、中国の天台山の華頂《ホアディン》寺を訪れ、この地域の茶を日本に持ち帰ったことにあったといわれる。雅楽はもっと古いが、これらのうちの主要部分を占める外来楽の源は、朝鮮半島の楽舞（新羅楽《しらぎがく》・百済楽《くだらがく》）、中国南部地域の楽舞（呉楽《くれがく》）、またインド・ベトナム地域やシルクロード西部から伝来した楽舞であったから、日本文化の独自性を示すものとしてはふさわしくない。

そこで、さらに源を古い時代に求め、しかも日本列島文化としての独自性を示すものを挙げるとすれば、文字史料としてはまず『古事記』（七一二年）があり、同時に『日本書紀』（七二〇年）がある。さらに七〇〇年代半ば成立の『万葉集』も挙げられる。ほかには伊勢神宮に代表される神社文化がある。また、六〇〇年代末（天武・持統天皇時代）に本格的に制度を整えた古代天皇制は、大王《おおきみ》時代以来の武力王・行政王・財政王の要素に、紀元前の縄文・弥生時代以来の、アニミズム系文化を体現する神話王・呪術王（まとめて文化王とする）の要素が合体してできあがったものである。

このうちの古代天皇制成立時の文化王の側面を継承して、二十一世紀の現代日本の、日本国憲法の象徴天皇制が存在している（武力王・行政王・財政王の側面は一九四五年の敗戦によって除かれた）。したがって、現代日本人のアイデンティティーを把握するには、少なくとも古代天皇制成立の六〇〇、七〇〇年代にまではさかのぼらなければならないし、しかも文化王としての側面は、さらにそれ以前の縄文・弥生時代以来のアニミズム系文化にまでさかのぼる必要がある。

以下、以上のような視点のもとに、特に『古事記』、歌垣文化および『万葉集』、伊勢神宮、大嘗祭、天皇系譜について簡潔にまとめておこう。

古事記の基層(4)

『古事記』はすべて漢字で書かれている（まだ、平仮名・片仮名は無かった）。ただし、その「序」（以下、「記序」とする）の文体と本文の文体とでは大きな違いがある。

「記序」の漢文体は、中国六朝期の宮廷の、漢字四句六句を多用する美文調の四六駢儷体である。当時の天皇国家の文書では正格の漢文体が公用文体だったので、『古事記』の編者太安万侶は、「記序」を書くときには正格の漢文体を選んで、役人としての技倆の高さを示したのであろう。それに対して、『古事記』本文では、正格の漢文体の側からみれば奇妙かつ稚拙な漢文になろうとも、あえて敬語体などヤマト語文脈を交えた和漢混淆文体を選んだ。そのうえで「記序」は、本文執筆にあたっては、できるかぎりヤマト語文脈やヤマト語発音を残そうと努めたという編集方針を明らかにしている。

さらに「記序」の主要テーマは、〝古《いにしえ》にこそ価値がある〟という考えの強調である。この「古」とは、無文字時代の縄文・弥生期以来のヤマト族の文化伝統のことであった。

その一つの表れが、『古事記』に一一二首、『日本書紀』に一二八首収録された一漢字一ヤマト語音表記のヤマト語歌謡群であった。これら無文字文化時代の言語表現のあり方に新たな接近の道を開きつつあるのが、先に述べた文化人類学的資料から得られた情報をもとにしたホログラフィー技術の応用である。歌垣や歌われる神話の実態については、長江流域少数民族文化の近年の現地調査の累積によって、徐々に正確度を高めつつある。

また、『古事記』で語られる神話の類型のいくつかは、その源が日本列島外のアジア全域にあることが知られている。日本神話がアジア全域の神話と共通性を持っていることについては、大林太良『日本神話の起源』(角川選書、一九七三年)、丸山顕徳編『古事記――環太平洋の日本神話』(勉誠出版、二〇一二年)、松村武雄『日本神話の研究』(第一~四巻、培風館、一九五四~五八年)ほかの著作がある。アジア起源と思われる『古事記』神話の代表的な例としては、アメノイワヤト神話、稲羽のシロウサギ神話、海幸山幸神話がある。

歌垣文化および万葉集(5)

『万葉集』の「相聞」「相聞歌」「相聞往来歌」「古今相聞往来歌」を一まとめにして「相聞」と呼ぶと、その概数は全四五〇〇余首のうちの約一七〇〇首を占めている。この「相聞」は、「雑歌」「挽歌」とともに『万葉集』の三大部立の一つであり、内容としては男女の恋愛をめぐる歌が中心になっている。それだけではなく、「相聞」以外の「雑歌」や「挽歌」などの部立の中にも、恋愛の歌や、様式が恋歌と変わらない歌が多数混じっている。

このように、『万葉集』で恋愛関係の歌の比重が非常に高い理由の一つは、〈古代の古代〉の日本列島の〝うた〟のあり方、特に歌垣の存在と関連している。直接的に「歌垣」という語を用いた記述は、『古事記』『日本書紀』『風土記』『万葉集』などに十数例存在するが、その具体的な現場のあり方についてはわからないことが多い。そこで、そのイメージをモデル理論的に把握するための素材として、古代日本列島民族文化と実態的にも連続していた、長江（揚子江）流域を中心とした中国少数民族の歌垣が大きな手がかりとなった。

私が調査した中国雲南省の少数民族、ペー（白）族を中心とする歌垣の具体的な現場のあり方については、工藤隆・岡部隆志『中国少数民族歌垣調査全記録1998』（大修館書店、二〇〇〇年、『ビデオ編』も）、工藤隆『雲南省ペー族歌垣と日本古代文学』（勉誠出版、二〇〇六年）、同『歌垣の世界――歌垣文化圏の中の日本』（勉誠出版、二〇一五年、現場歌垣DVD付き）などで報告を重ねてきた。

そのような過程で、私は、「歌垣とは、不特定多数の男女が配偶者や恋人を得るという実用的な目的のもとに集まり、即興的な歌詞を一定のメロディーに乗せて交わし合う、歌の掛け合いのことである」という定義に行き着いた。この定義のポイントは、「配偶者や恋人を得るという実用的な目的」という社会的機能の側面（「社会態」）と、「即興的な歌詞を一定のメロディーに乗せて交わし合う」という歌表現の形態の側面（「表現態」）とを区別し、その両方が揃っている状態の歌の掛け合いを原型的な歌垣だとしたことである。

これらの現場資料および、他の少数民族の歌垣の調査報告を参考にして私が描いた原型的歌垣のイメージは、以下の通りである。

・歌垣が行なわれる行事の目的は何でもよい（歌会・結婚式・葬式・市《いち》その他）
・かなり広い地域（数十キロメートルあるいは百キロメートルも超える範囲）から参集しただろう
・歌垣は同言語の民族のあいだでしか成立できない

・メロディーは一つに固定されている
・メロディーの定型と歌詞の定型は同時存在している
・歌詞には〈歌のワザ〉の分厚い層がある
・〈歌のワザ〉の習得は子どものときから
・〝歌詞の練り込み〟は二の次である（文字文化時代の「歌合わせ」のように推敲をしている余裕が無い）
・男女の位置関係はどうでもよい（対面していなくてもよい）
・楽器は無くてもかまわない
・酔っ払っていては持続できない（頭脳明晰でなければ長時間の歌垣を維持できない）
・歌垣に〝性の解放〟は必須ではない（付随的にそのような行動に流れる男女もいるようだが）
・長江以南少数民族の歌垣の歌のほとんどは五音・七音の組み合わせ（ヤマトの歌も基本的に五音・七音）である
・理念の中の歌垣の歌には出会いから結婚に至る〝恋愛のプロセス〟があるが、現場の歌垣ではその順番に拘束されずに柔軟に恋愛の諸局面を取捨選択する
・〝恋愛のプロセス〟の中に表れる恋愛の諸局面では万葉恋歌と通じ合う部分が多い（互いに相手を「兄」「妹」と呼ぶ点も万葉恋歌と共通）
・「人目《ひとめ》」「人言《ひとこと》」は、それらを恋の障害とだけする万葉歌とは逆に、自分たちの恋愛を支援するものでもある
・歌垣は男女を結婚に導くための制度的役割を持っている
・歌垣での男女は対等な関係を演じる
・歌垣には〝親和性〟（結婚しようとする方向性）と〝闘争性〟（〈歌のワザ〉の優劣を競ったり、三角関係の場合は競争相手

の同性との〈歌のワザ〉の競い合い）が同時存在している

一般的に、中国文化の中で『万葉集』の恋愛歌のようなものが豊富なのは、少数民族の歌垣の歌や、農村部（漢族を含む）の「情歌」と呼ばれる恋の民謡である。いわゆる漢籍の世界のほとんどは、少数民族を圧迫、排除、征服した漢族主体の〈国家〉の、〝支配し、管理する〟文化の産物である。『玉台新詠』（五〇〇年代半ば）は民間だけでなく宮廷の恋愛歌も多く収録したが、これは政治的に弱体で、南部少数民族文化の影響も受けたといわれる六朝期国家ならではの例外的存在であろう。

中国には、『万葉集』そして『古今和歌集』以下の諸勅撰和歌集が、〈国家〉事業あるいはそれに準ずるものとして大量の恋歌を収録しつづけた日本のような姿は無い。日本の歌文化の恋愛歌への傾斜は、中国少数民族の文化世界と一致している。

先述の歌垣定義に当てはまる歌垣の事例は、ペー（白）族、ナシ（納西）族、プミ（普米）族、イ（彝）族、チベット（蔵）族、ワ（佤）族、ラフ（拉祜）族、アチャン（阿昌）族、リス（傈僳）族、ジンポー（景頗）族、ハニ（哈尼）族、チワン（壮）族、ミャオ（苗）族、ヤオ（瑶）族、プイ（布依）族、タイ（傣）族、シュイ（水）族、ムーラオ（仫佬）族、リー（黎）族そのほか、ほとんどの長江以南少数民族社会で、つい最近まで歌垣が行なわれてきたか、よほどの奥地では現に今も行なわれている。また、長江流域の西への延長線上のブータン、ネパールにも歌垣が存在していた。

このように結婚という「実用的な目的」と結びついている歌垣に類するものは、日本の奄美・沖縄文化にもかつては存在していた。しかし、台湾（先住民族）には無く、古代朝鮮半島資料にも歌垣は無い。また、アイヌ民族（日本）、シベリアなどの狩猟民族、アフリカ、北欧、インディアン、インディオなどにも、私の定義した歌垣習俗についての報告が無い。したがって、主として長江の南部から沖縄・奄美を経て日本列島本州東部にまで及ぶ地域は、世界でも希有な歌垣文化圏と呼ぶべき地域なのである。

伊勢神宮[6]

足かけ八年にわたる伊勢神宮の第六十二回式年遷宮は、二〇一三年十月にその主要行事が終了した。この中で最も重要な遷御の儀（内宮《ないくう》十月二日、外宮《げくう》十月五日）では、絹垣《きんがい》（絹の帷《とばり》）で囲われた天照大神《あまてらすおおみかみ》のご神体の鏡が、闇の中を神職たちに守られて移動して行く映像がテレビで報じられた。

しかし、『魏志』倭人伝にも、弥生時代末期の二三九年に、邪馬台国《ヤマト》の卑弥呼からの使いに魏の皇帝が下賜した品物の中に、「銅鏡百枚」が見えているように、銅鏡は中国大陸伝来の舶来品であり、かつ人工物だった。その〝外来の人工物〟がさらに数百年の時間をかけてアニミズム系文化の〝ヤマト的なるもの〟の中に溶け込んでしまったのである。

それでは、木・竹・草といった自然物に霊性を感じ取るアニミズム系文化の中核は、伊勢神宮のどの部分に結晶しているかといえば、それは遷宮によって二十年ごとに建て替えられる内宮・外宮正殿《しょうでん》ほかの主要建物群なのである。『太神宮諸雑事記《だいじんぐうしょぞうじき》』[7]（八六八〜九〇五年成立）によれば、現在の内宮の位置での遷宮の行事（式年遷宮）が開始されたのは、持統天皇四年（六九〇）である。そして、『皇太神宮儀式帳』[8]（八〇四年）に、「常限廿箇年。一度新宮遷奉。」とあるように、遷宮を二十年に一度と定めたのも、おそらくこの持統四年のときだったろう。

この時期には、すでに大陸からの宮殿建築、寺院建築などの技術が伝わっていたので、〈古代なりの近代化〉に合わせるのだとすれば、正殿建築は、瓦屋根、土壁、礎石の上に柱を立てる、柱を彩色するなどの、外来の建築技術を導入するはずであったろう。しかし、実際はその逆で、内宮・外宮正殿の建築様式は、高床式、茅葺《かやぶき》屋根、掘立柱、白木、直線状の破風《はふ》、破風を延長して突き出る千木《ちぎ》、堅魚木《かつおぎ》、棟持《むなもち》柱、心《しん》の御柱《みはしら》（正殿の床下に建てられる神聖性の強い柱）など、〝原始性〟の強いものであった。この原始性は、水田稲作文化の弥生式時代の高床式穀物倉庫を範とするものであった。

内宮・外宮正殿の建築様式は、古代天皇国家が、特に弥生時代の穀物（稲・粟など）の収蔵倉庫の様式をあえて選択することによって、ヤマトの「古《いにしえ》」の精神を視覚化しようとする強い意志を示したものだった。その原始性の強い建築様式の根源は、アジア全域の文化圏、特に中国長江流域の少数民族文化圏に属しているものである。

〈古代の近代〉期以前の、弥生時代・古墳時代を含めて一万二千年間以上の〈古代の古代〉の時期には、アジア地域の生産形態、生活習俗、文化形態などが、長い年月をかけてゆったりと広がり、浸潤し、また交流して、共通の文化圏を形成したと考えられる。その中には、『古事記』神話が属する神話文化圏、恋歌を柱とした歌垣文化圏などとともに、高床式の穀物（稲・粟など）収蔵倉庫の文化圏もあったのであろう。

高床式建物は、長江流域以南の少数民族の集落ではごく一般的な建物であり、中には、千木や、切妻《きりづま》屋根（棟の両側に二つの斜面を持つ山形の屋根）の側柱の外で棟を支える棟持柱を、伊勢神宮などの神明造《しんめいづくり》と同じように持つものもある。たとえば中国からタイに移動した少数民族アカ族（中国ではハニ族）の高床式穀倉は、高床式であると同時に、千木、棟持柱もあり、伊勢神宮正殿の建築にきわめて近い。特に千木については、長江流域以南の少数民族の集落ではごく一般的である。

黒田龍二が、次のように、正殿の建築が「原始的」であり、かつその建築様式の選択は「強い意志」にもとづくものだと述べている[9]のは、私と同趣旨である。

神宮の整然とした建物配置は、大陸の影響を受けたものに相違ない。一方、その建築様式はきわめて意図的に寺院建築色を排除したものである。（略）寺院建築は、その頃までに法隆寺、薬師寺などが建設されている。これらが当時の建築意匠の最先端であり、（略）その建築技術は著しく高度なものであり、神宮の建築はそのような建築と共存していたのである。それにしては、棟持柱、掘立柱、茅葺、千木、堅魚木、直線的な形態などどれをとっても原始的である。皇族、貴族、大工も新しい建築技術を知らなかったはずがないのだから、単に古い形式を墨守しているわけではない。そこには強い意志が働いている。

内宮・外宮正殿建築の原型は、縄文時代末期の焼畑農耕時代の食料保存倉庫や、水田稲作が流入した弥生期のムラ段階社会の穀物倉庫にあったのであり、それらは、高床式、千木、棟持柱を基本的形態とする、長江流域を中心とした東南アジア全域の建築文化圏に属するものであった。高床式、千木、棟持柱に堅魚木を加えた穀物倉庫は、日本列島内で固有性を獲得して洗練度を高めていくと同時に、古墳時代末のころには〝ヤマト的なるもの〟の結晶と目されるようになって、神聖な建築様式だという認識が一般化したのであろう。

源流から見た大嘗祭[10]――ニイナメのアジア性

大嘗祭を分析する際には、大嘗祭を古い層、中間の層、新しい層に分けたうえで、そのどれに力点を置いて論じているのかを明らかにする必要がある。

①大嘗祭の原型のあり方（縄文時代以来のアニミズム系文化を基盤に持った、弥生時代のニイナメ儀礼）。

②男王たちが覇権を争った古墳時代（三〇〇〜六〇〇年ごろ）のあり方。
③六〇〇年代末ごろ（天武・持統天皇政権）の大嘗祭整備開始期のあり方（初期大嘗祭）。
④七〇〇年代以後の、式次第が完成して固定化される平安時代のあり方。
＊主要史料は、『儀式』（八七二年以降成立）、『延喜式』（九二七年）。
⑤後土御門天皇（一〇三代）の大嘗祭（一四六六年）から応仁の乱（一四六七〜七七年）以後戦国時代を経て二二一年間断絶し、徳川幕府前期の東山天皇（一一三代）の大嘗祭（一六八七年）で復活した際に、簡略化などの変化が生じたあり方。

＊以下、『大嘗祭史料・鈴鹿家文書』（鳥越憲三郎・有坂隆道・島田竜雄編著、柏書房、一九九〇年）よりの引用。
本書に収録した文書史料ならびに実物資料は、新嘗会・大嘗会に神祇官として亀卜などを専掌してきた鈴鹿家に保存されていたものである。（略）大嘗会は後土御門天皇の文正元年（一四六六）に行われたあと、九代二二一年間も廃絶していたが、江戸中期の東山天皇貞享四年（一六八七）に再興された。そのとき皇室では吉田社から関係文書を提出させて祭儀を復活させた。そのため、それまでの古い文書は残っていなかったが、再興した貞享年度から江戸期末の嘉永年度に至る大嘗会関係の文書史料が珍しく豊富に保存されていた。

＊『大嘗《だいじょう》会《え》便蒙《べんもう》』（一七三九年）
荷田在満《かだのありまろ》（一七〇六〜五一）が、桜町天皇（一一五代）の再復活大嘗祭（元文三年〈一七三八〉十一月十九日）の詳細を記述して刊行した。田中初夫『践祚大嘗祭・資料篇』（木耳社、一九七五年）の解説によれば、国学者荷田《かだの》春満《あずままろ》の甥（養子）荷田在満《ありまろ》が、桜町天皇の大嘗祭を詳細に調査して報告書を作成したが、百部を印刷してそのうちの三十部を幕府に断りもなく市販したことが問題となり、約百日間の閉門となった。

⑥明治新政府が「新式」へと変化させたあり方（原ニイナメ儀礼の残形としての造酒児《さかつこ》が廃止された）。

このときの、明治天皇の大嘗祭（明治四年〔一八七一〕）からは、写真・図譜などが豊富に残されている。代表的な書物は、『御大礼図譜』（池辺義象・今泉定介編、博文館、大正四年〔一九一五〕）、『即位礼大嘗祭・大典講話』（関根正直、東京宝文館、同）。

これらのうちで、大嘗祭の原型・本質・源を考察するにあたって重要なのは、①大嘗祭の原型のあり方、②男王たちが覇権を争った古墳時代のあり方、③六〇〇年代末ごろの大嘗祭整備開始期のあり方（初期大嘗祭）である。ただし、④平安時代のあり方にも、平安朝大嘗祭の前段には稲と〈女〉の重視という、原型・源の残形も存在していた。それは、サカツコ（造酒児、造酒童女）が重要な役割を果たしていたことから推測できる。

④の『延喜式』四時祭《しじさい》条には、「およそ践祚大嘗祭を大祀となし、祈年《としこい》・月次《つきなみ》・神嘗《かむにえ》・新嘗《にいなめ》・賀茂《かも》等の祭を中祀となし、大忌《おおいみ》・風神《かざかみ》・鎮花《はなしずめ》・三枝《さいぐさ》・相嘗《あいんべ》・鎮魂《おおむたまふり》・鎮火《ひしずめ》・道饗《みちあえ》（略）等の祭を小祀とせよ」とあるように、大宝律令（七〇一年）に見える天皇祭祀の中でもただ一つ、「践祚大嘗祭」だけが「大祀」として扱われた最重要国家祭祀であった。

④の平安朝大嘗祭において注目されるのは、大嘗祭の当日（十一月の下《しも》の卯の日）に京の斎場（北野に設けられた）を出て大嘗宮《だいじょうきゅう》に到着するまで、つまり祭儀全体のうちの前段部における稲と〈女〉の重視である（後段部の大嘗宮の中では新天皇が主役）。

特にサカツコは、八月下旬から九月にかけての抜穂《ぬきほ》で最初に稲を抜くだけでなく、京の斎場で十月に「斎場御井《みい》」を掘るに際して「斎鋤《いみすき》」（神聖な鋤）で最初の一掘りをする。臼で稲を舂《つ》く最初の一振りも、「神服《かんはとり（かんみそ）》院」の四隅の柱の穴を鋤で最初に掘るのもサカツコ。大嘗宮のための材木を「斎斧《いみおの》」で最初に伐り、大嘗宮のための「草《かや》」をまず刈るのもサカツコである。そのうえサカツコは、当日朝の大嘗宮に向かう行列においても、神聖な稲の黒木輿《くろきのこし》の前を、白木輿《しろきのこし》に乗せられて進むのである。

ところが、肝腎の大嘗宮内での行事になると、サカツコの姿は消えて、代わりに「采女《うねめ》」が登場する。すなわち、平安朝大嘗祭においては、稲と〈女〉を重視する、おそらくは原型的なニイナメの一部を継承している前段と、伊勢神宮の祭祀を参考にして天皇が神主的存在になっている後段との二段構成になっていた。

①の大嘗祭の原型（原ニイナメ儀礼）にたどり着くための手がかりの第一は、『古事記』『日本書紀』の神代《じんだい》の伝承の中で、ニイナメを行なっているのが天照大神《あまてらすおおみかみ》（「天照大御神」とも表記）・神吾田鹿葦津姫《かむあたかしつひめ》といういずれも女神だという点である。次に引用するカムアタカシツヒメの事例では、女神（巫女）が、神田に奉仕し、そこから取れた稲でニイナメ儀礼の酒を醸《かも》し、またご飯を炊《た》いている描写までである。

神吾田鹿葦津姫《かむあたかしつひめ》、卜定田《うらへた》を以《も》て、号《なづ》けて狭名田《さなだ》と曰《い》ふ。其の田の稲を以て、天甜酒《あめのたむさけ》を醸《か》みて嘗《にひなへ》す。また渟浪田《ぬなた》の稲を用《も》て、飯《いひ》に為《かし》きて嘗《にひなへ》す。
（『日本書紀』神代第九段「第三の一書」）

この伝承は、アメノイワヤト神話でアマテラスが「大嘗《おほにへ》」（ニイナメ儀礼）を主宰している（『古事記』『日本書紀』）のと同じく、初期段階での、稲の収穫儀礼すなわち原ニイナメ儀礼の主役が〈女〉であったことを反映していると思われる。

原ニイナメ儀礼にたどり着くための手がかりの第二は〈女〉の忌み籠もりの史料の存在である。『万葉集』の、関東圏の庶民が詠《よ》んだ「東歌《あずまうた》」の中に、稲の収穫儀礼と関係すると思われる次のような歌が二首ある。

鳰鳥《にほどり》の葛飾早稲《かつしかわせ》を饗《にへ》〔爾倍〕すともその愛《かな》しきを外《と》に立てめやも

（巻14・三三八六）

〔きょうは収穫したばかりの「早稲《わせ》」を神に捧げるニイナメの日です、それで〔男は〕誰も儀礼を行なっている部屋に入れてはいけないのですが、愛《いと》しいあなたを外に立たせておくことなんてできましょうか、いやできません。〕

誰《たれ》そこの屋《や》の戸押《とお》そぶる新嘗《にふなみ》〔爾布奈未〕にわが背《せ》を遣《や》りて斎《いは》ふこの戸を

（同・三四六〇）

〔きょうはニイナメ〔ニフナミ〕なので私の愛《いと》しいあなたを外に出して儀礼を行なっています。それなのに、誰か〔あなた〕が〔まるで訪れてきた神のように〕戸を押して揺らしています。〔こっそり入れてしまいましょうか。〕〕

この「饗《にへ》〔爾倍〕す」の「ニヘ」や「新嘗《にふなみ》〔爾布奈未〕」の「ニフ」がいずれものちに「ニヒ」に吸収され、一方で「ナミ」は「ナメ」へと吸収されて、やがて「ニヒナメ」という語になったと、私は推論している。

原ニイナメ儀礼への手がかりの第三は東南アジア稲作民族の稲作儀礼にある。水田稲作技術〔陸稲ではなく〕は中国大陸南部から日本列島に伝わってきたものであるから、長江以南地域そして東南アジアの稲作儀礼をモデルにすれば、ある程度までは日本列島の弥生時代ごろの原ニイナメ儀礼の姿を類推できるのではないか。

水田稲作文化の源は、中国大陸の長江下流域にあるらしいということが近年の河姆渡《かぼと》遺跡ほかの発掘でわかってきた。そのような中で、佐藤洋一郎の、以下のような説[11]が登場してきた。

中国の考古学的なデータ、遺伝学上のデータなどを総合すると、ジャポニカの稲が長江の中・下流に起源したのは今から八〇〇〇年ないし一万二〇〇〇年ほど前のことである。それは、五〇〇〇年ほど前までに中国の現在稲作が行なわれている地域のほぼ全体にまで広まった。

さらに、春秋戦国時代をピークとする大混乱によって発生した難民が、稲と稲作を四方に拡散させた。西に逃れた人々は、稲と稲作をアッサムから雲南にかけての地帯に、さらに山を越えて熱帯に伝えた。東に逃れた一隊の一部は日本に達し、それによって日本の弥生時代が始まった。

おそらく長江以南地域や東南アジアの水田稲作技術が、およそ三〇〇〇年以上の年月をかけて縄文時代晩期の日本列島九州にたどり着いた。そのときに、呪術的農業技術としての稲作儀礼の一部も流入した可能性があり、それが原ニイナメ儀礼を形成したのであろう。

三品彰英は次のような論を提示した。(12)

稲の収穫儀礼において出産の時と同じタブーが行なわれる南方の稲米儀礼や、ニフという語が産屋を意味するという柳田翁の教示から、ニヒナメにおける農家の主婦の禁忌は稲魂の出誕のための実修であったと推断したい。大嘗祭の斎田に設けられる稲実殿は稲実ノ斎屋と呼ばれているが、斎屋は『貞観儀式』が記しているように、神聖な稲実（＝稲魂）の奉安所であり、いわば出誕した米児の寝室であった。

神話の語る新嘗にしても、東国地方の民俗においても、ニヒナメの実修者は女性特に妻・主婦であったが、後代の朝廷における新嘗・大嘗は天皇の行なう式典となっている。

ここで三品は、「ニヒナメ」の原型を「稲魂の出誕のための実修」だとし、その儀礼の主役を「農家の主婦」すなわち女性であったとしている。その根拠として挙げられている「南方の稲米儀礼」の実例としては、同書で「マレイ半島セランゴール地方の収穫儀礼の一例」(W・W・スキート『マレイの呪術』)を引用している。以下に、その要約を示す。[13]

――巫女が田に出かけ、前もって定めておいた母穂束から稲魂を収め取る。「米児」と呼ばれる七本の稲束を魂籠に納める。魂籠は、日に当たらないように天蓋《てんがい》のようなもので覆い、別の一人の女性によって家に持ち帰られる。家では主婦がその魂籠を迎え、寝室に迎え入れ、枕の用意してある寝具用のござむしろの上に安置し、規定の呪儀のあとで白布をかぶせておく。そのあと主婦は、三日間「産褥にある時に守らねばならないのと全く同じタブー」を厳守する。三日後、人々が集まって会食をする。一方、田に残されていた母穂束は最後に主婦によって刈り取られ、家に持ち帰られる。「稲魂の母」「新しい母」と呼ばれ、子を出産した母として扱われる。その粒は、稲魂の粒と混ぜて器に入れて家の中に保存しておく。また、これらの粒は、翌年度の種籾に混ぜ、あるいは呪儀用にとっておく。――

ここには、『儀式』『延喜式』が示す平安朝大嘗祭の重要な要素のほとんどすべてが揃っている。さらに、この「マレイ半島セランゴール地方の収穫儀礼」では、「稲魂の母」とされた稲から「米児」(稲の子、稲魂)が生まれるとされ、主婦は自分が出産のときに守るタブーを厳守するというふうに、一貫して人間の出産になぞらえられている。そこで私は、『大嘗祭の始原――日本文化にとって天皇とはなにか』[14]で次のように述べたのである。

いうまでもなく、出産行為は〈女〉にしかできない仕事である。したがって、〈女〉である主婦が、そのなぞらえを演じるというのはほとんど必然のことだといっていい。稲の出産を主婦が演じることによって、稲魂の誕生は、より一層現実感を増す。そして、そのようにして誕生した稲の子は、翌年の種籾のなかに混ぜられることによって、翌年の稲の稔りを保証し、収穫期になると今度は母稲となってまた新たな稲の子を誕生させる。このようにして、稲魂は、この収穫儀礼さえ行なっていれば、永遠の生命を保証されることになるのだ。この構造こそが、稲の仮の死を稲の復活へと転換させる新嘗の、原理論的にみて最もありうる原構造であると思われる。

先に見た、神話の中の天照大神・神吾田鹿葦津姫という女神たちのニイナメ、『万葉集』東歌の〈女〉のニイナメ（ニフナミ）、そして神聖視されたサカツコ（造酒児）を手がかりとし、かつ長江以南地域や東南アジアの水田稲作の収穫儀礼をモデルとすれば、大嘗祭の源にある、〈女〉が主役の原ニイナメ儀礼の姿が見えてくるであろう。

ムラ段階の神話的系譜を国家段階にまで上昇させた天皇系譜[15]

私は、一九九五年八月十一日、雲南省紅河哈尼《ホンフーハニ》族彝《イ》族自治州紅河県の洛恩《ルオエン》郷というハニ族の集落（一五五戸、約七〇〇人、標高は二〇〇〇メートル弱）で、実際に系譜語りを聞かせてもらうことができた。スピ（呪的専門家の一種）の陶勒周さん（四十九歳）に依頼して、創世神話をいくつか歌ってもらったあとで、「あなたの家の系譜を暗誦できますか」と尋ねてみると、即座に六十四代の「父子連名」という系譜を、約二分で、唱えるように語ってくれた（歌の場合のようなメロディーは無い）。最初の神は天の神で、七代目までが神々の世であり、八代目から人間が登場したのだという。

『古事記』の場合、冒頭の高天原のアメノミナカヌシから神代最後のウガヤフキアエズまでの神々の世を仮に十七代と数えると、初代の神武天皇から最後の推古天皇までは三十三代だから、アメノミナカヌシから推古天皇までの直系の系譜は合計約五十代ということになる。これは、周さんの語った六十四代に近いということになる。

『古事記』は、国家段階の書物であるにもかかわらずムラ段階の少数民族文化的要素も濃厚に継承している。私が実際に聞くことのできた父子連名のいくつかの実例では、だいたいが六十代前後の数字で一致している。また、竹村卓二「アカ族の父子連名制と族外婚」(16)に掲載されている四つの父子連名の事例でも、それぞれ五十六代、四十七代、六十三代、五十代である（「アカ族」は主にタイ・ミャンマー／ビルマでの呼称で、中国のハニ族と同じ）。

先の一九九五年に続けて、翌九六年二月十日にも雲南省紅河哈尼族彝族自治州金平県《ジンピン》十里村《シーリー》（一六〇戸余、八六四人のハニ族の村、標高約一二〇〇メートル）で、歌い手（呪的専門家ではないが歌のうまい人）の龍徳利さん（六十五歳）にも、やはり創世神話を歌ってもらったあとに、父子連名を聞かせてもらった。この父子連名も唱えるように語り、一気に五十九代を約一分で語り終えた。

オホ（第一代、天地開闢のときの天の神）→オジョ（第二代、天地開闢のときの地の神）→ジョセ（第三代）→
セネ（第四代）→（略）→タボ（第十九代）→（略）→龍徳利（第五十九代）

龍さんの説明によると、第一代のオホから第十九代のタボまでは神の世で、タボ（女性）のからだのデキものからいろいろな人間が生まれたのだという。したがって、天地開闢から始まって、神々の系譜が十九代続き、そこから人間の世になって、さらに四十代が加わって現在の自分がいるということになる。

父子連名は、この同じ二月十日の午後にも、同じく金平県の哈尼田《ハニティエン》村（二〇〇戸余、約一〇〇〇人のハニ族の村、標高一三四五メートル）で、歌い手のゼフ（中国名、李文亮、五十九歳）さんに、やはり創世神話を歌ってもらったあとに、聞かせてもらった。

オマ↓オホ↓オゴ（このあたりまでは間違いなく天の神ですが、このあとどのあたりまでが天の神かははっきり憶えていません）↓ゴネ↓ネゼ↓ゼテウ↓テウマ↓マショ↓ショネ↓ネベ↓ベス↓スミオ↓オテリ↓テリザオ↓ザオミエ↓ミエチャ↓チャディシ↓ディシリ↓リボベ↓ボベウ↓ウホザ↓ホザツオ↓ツオモイ↓モイザ↓ザショウオ↓ウオリピョ↓ピョモド↓モドダ↓ダデウス↓スモゾ↓モゾニャ↓ニャチ↓チソ↓ソリ↓リゴ↓ゴヨ↓ヨジェ↓ジェペ（ここからいろいろの家族が分かれ、この家の名字も明の皇帝から与えられました）↓ペゾ↓ゾゼ↓ゼド↓ドツオ↓ツオス↓スグエ↓グエミ↓ミゾ↓ゾホ↓ホフ↓フゼ↓ゼピャオ↓ピャオソ↓（一人分忘れました）↓ラブ↓（一人分忘れました）↓ニュゼ↓ゼコ↓コジェ↓ジェツエ↓ツエジ↓ジゼ↓ゼマ↓マツエ↓ツエジェ↓ジェゼ↓ゼフ（現在の自分、中国名李文亮、六十五代目……四人の息子フゼ、フタ、フボ、フコがいます）

私がいくつかの著書で示してきた「少数民族」の定義は、以下のようなものである。

少数民族とは、中央集権的国家が形成されている状態において、国家権力を掌握している民族の側から見て、①相対的に人口が少なく、②国家権力の中心的な担い手ではなく、③国家の側にくらべて経済や先進文化の摂取という点で遅れている傾向があるが、④国家の側の文化に対して文化的独自性を強く保持していて、⑤もともとはその地域の先住民族であったが、のちに移住して来た他民族が多数あるいは優勢民族となり、結果として劣勢民族に転化したという歴史を持っているものが多く、⑥独自の国家を形成しないか、形成しても弱小国家である。

ヤマト族（日本列島民族）は、中国大陸の国家からみれば少数民族（「蛮夷」）の位置づけであった。にもかかわらず、「⑥独自の国家を形成しないか、形成しても弱小国家である」という定義に反して、〈国家〉を建設し、それを持続的に発展・維持できたのは、大陸とのあいだの海が天然の防御壁になってくれたことと、隋・唐から国家運営の実用的技術だけは移入できたからである。

結果として日本古代国家は、『古事記』、『万葉集』、伊勢神宮の内宮・外宮正殿ほかの建築、大嘗祭などという形で、ムラ段階社会的な（少数民族文化的な）神話、歌垣、アニミズム・シャーマニズム的世界を濃厚に残存させた。そのうえ、上記の少数民族の系譜に類する、天の神に発する〝万世一系〟の系譜を国家段階の神話としても継承し、天皇国家の〈王〉の系譜という政治装置へ転化させた。

中国王朝では、王朝交替のたびに系譜は切断されている。日本古代国家は、当時の中国国家から見れば中国少数民族の一つだったヤマト族が、少数民族的な、〝神々から連続した万世一系の家譜〟をそのまま国家段階にまで上昇させたのである。この系譜意識は、紀元前一〇〇〇年以前から国家を形成してきていた古代中国国家の場合にくらべれば、ヤマト古代国家の、〈国家〉としての後進性を示すものであり、少数民族国家とも呼ぶべき性格をよく示すものであった。

十九世紀末の明治新政府は、近代国家建設を進めたにもかかわらず、同時に、近代化とは逆方向の天皇神格化の強化を進めた。これは、国際関係などにおいて現実直視が一段と求められる近代国家にとっては、〈国家〉としての後進性を濃厚に内包した近代化であったことになる。

戦前の日本はもちろん二十一世紀の現代日本でも、〝日本国は万世一系の天皇を擁して存続してきたがゆえに世界に誇るべき存在だ〟などと主張する人々が存在している。しかし〈古代の近代〉においても〝万世一系〟の〈王〉の系譜はすでに〝後進的〟存在の象徴だったし、ましてや近代国家においてはさらにその後進性の度合いが増す。〝万世一系〟の〈王〉の系譜は、民俗文化、土俗文化の残存としては貴重な民俗文化財だが、それが現代〈国家〉の現実的運営にまで影響を及ぼしてくるときには、後進性のマイナス性が露出してくる。一九四五年に崩壊で終わった、天皇神格化とセットになった軍国主義国家日本は、その典型であった。

5　アジア鵜飼文化圏と古代日本

最後に、「鵜飼」の文化に触れておく。先に、照葉樹林文化帯の共通の文化習俗の一部として、「高床式建築、身体尺、鵜飼、歌垣、独楽回し、闘牛、相撲、下駄など」を挙げたが、そのうちの「鵜飼」は日本の古代文学や各地の習俗の中に多くの資料を残している。

可児弘明《かにひろあき》『鵜飼——よみがえる民俗と伝承』(17)によれば、「鵜飼はアジアの一角に限られている」のであり、その中でも「鵜飼が成立しやすい自然環境は、中国南方の稲作地帯をおいて他に求めがたい」という。というわけで、鵜飼もまたアジア基層文化の一つとして位置づけてよいのであり、その文化圏に古代日本もまた属していたのである。

また、ベルトルト・ラウファー『鵜飼——中国と日本』(18)は、日本ではひもが鵜の体に結ばれ「すべてのひもは鵜匠の左手に集められ」るが、「中国においては、ウは家畜化の完成の域にまで達して」いたのでひもは用いられないとし、さらに次のように述べている。

朝鮮では鵜飼がまったく行なわれてこなかったし、いまでも知られていないことは、重要な事実である（私はこの点について、朝鮮人の学生に直接聞いてみる機会を得たので、あえてつけ加えておく）。したがって、鵜飼というのは、中国から朝鮮へ、さらに朝鮮から日本へと伝えられた一連の文化的要素ではなかった。（略）ウを家畜化し、飼育して訓練し利用するこの独特な方法は、中国人による純粋でしかも典型的な事柄であり、この方法は日本に伝わらなかった。日本は、独特な、しかも外部からの影響を受けない固有な方法を発展させたのである。

（一）内原文）

先に、結婚という「実用的な目的」と結びついている歌垣に類するものは古代朝鮮半島史料には無いと述べたことに加えて、「朝鮮では鵜飼がまったく行なわれてこなかったし、いまでも知られていない」という点には注目すべきであろう。『三国史記』（一一四五年）、『三国遺事』（一二〇〇年代末）を見るかぎり、朝鮮半島の古代文化には、鵜飼だけでなく、兄妹《けいまい》始祖神話も無かった。歌垣文化圏と兄妹始祖神話文化圏はほぼ重なっている。したがって、古代日本列島文化と古代朝鮮半島文化は、歌垣、兄妹始祖神話、鵜飼という基層文化の点では、かなり異質であったことが推測される。

兄妹始祖神話は、洪水などによって最後に生き残った実の兄妹が結婚して子供が生まれ、のちに次々と子孫が続いて現在のように村や島が栄えている、というものである。このような兄妹始祖神話が、長江の特に南側地域の多くの少数民族によって歌われ（唱えられ）ている。この兄妹の結婚の神話は、もともとは、生き残った最少の男女が人類を存続させるために夫婦となるという、実用性を持ったサバイバル（生き残り）の物語だったのだが、それがのちにはしばしば〈恋愛〉の物語の方向にも展開しているので、兄妹始祖神話文化圏には恋の物語が多数存在しているのである。日本古代文学においては、歌垣もまた、結婚という「実用的な目的」を離れて〈恋愛〉の物語・歌の方向にも展開した。古代から前近代までの朝鮮半島文化に日本文化とくらべて〈恋愛〉の物語の層が薄いようなのは、これら兄妹始祖神話と歌垣習俗の欠如と関連があるのではないか。

　鵜飼に論を戻せば、『古事記』では、神武天皇が東征のおりに、熊野村で大きな熊に出会い、天皇も軍も突如病に伏した（『日本書紀』では神の毒気に当てられた、とある）が、天皇は熊野の高倉下《たかくらじ》の持ってきた刀《たち》（神武記の割り注によれば、名は佐士布都《さじふつ》神また甕布都《みかふつ》神また布都御魂《ふつのみたま》といい、石上神宮に置かれているという）を受け取って、熊野の山の荒ぶる神を切り倒し、軍も回復した。さらに八咫烏《やたがらす》の先導により吉野川の河尻（川上か）に到ったときに、「筌《うへ》を作《ふ》せて魚《うを》を取る人」に出会った。

　爾《ここ》に天つ神の御子【神倭《かむやまと》伊波礼毘古《いはれびこ》命＝神武天皇】、「汝《な》は誰《たれ》そ」と問ひたまへば、「僕《あ》は国つ神、名は贄持之《にへもつの》子《こ》と謂ふ。」と答へ曰《まを》しき〈此は阿陀《あだ》の鵜養《うかひ》の祖《おや》〉。

　このあと、神武天皇（伊波礼毘古）は、「尾《を》生《あ》る人」で国つ神である「井氷鹿《ゐひか》」（吉野首らの祖）と出会い、また国つ神「石押分之子《いはおしわくのこ》」（吉野の国巣《くず》）と出会う。『日本書紀』神武天皇即位前紀にも、次のようにある。

　水《かは》に縁《そ》ひて西《にしのかた》に行きたまふに及びて、亦梁《やな》を作《う》ちて取魚《すなどり》する者《もの》有り。天皇問ひたまふ。対《こた》へて曰《まう》さく、「臣《やつかれ》は是《これ》苞苴擔《にへもつ》が子なり」とまうす。此《これ》則ち阿太《あだ》の養鸕部《うかひら》が始祖なり。

また、『古事記』神武天皇段には、次のようにある。

【神武天皇が】又、兄師木《えしき》、弟師木《おとしき》を撃《う》ちたまひし時、御軍《みいくさ》暫《しま》し疲《つか》れき。爾《ここ》に歌曰《うた》ひけらく、

楯並《たたな》めて　伊那佐《いなさ》の山《やま》の　樹《こ》の間《ま》よも　い行《ゆ》きまもらひ　戦《たたか》へば　吾《われ》はや飢《ゑ》ぬ　島《しま》つ鳥《とり》　鵜養《うかひ》が伴《とも》　今助《います》
けに来《こ》ね

とうたひき。

また、『日本書紀』神武天皇即位前紀にも同趣の伝承があり、「鵜養《うかひ》が伴《とも》　今助《います》けに来《こ》ね」（記）と同じく、ここにも「鵜養《うかひ》が徒《とも》　今助《います》けに来《こ》ね」という句がある。

【神武天皇が】聊《いささか》に御謡《みうた》を為《つく》りて、将卒《いくさのひとども》の心を慰《やす》めたまふ。謡《みうたよみ》して曰《のたま》はく、

楯並《たたな》めて　伊那瑳《いなさ》の山《やま》の　樹《こ》の間《ま》ゆも　い行《ゆ》き瞻《まも》らひ　戦《たたか》へば　吾《われ》はや飢《ゑ》ぬ　島《しま》つ鳥《とり》　鵜養《うかひ》が徒《とも》　今助《います》け
に来《こ》ね

果《はた》して男軍《をいくさ》を以《も》て墨坂《すみさか》を越えて、後《しりへ》より挟《はさ》み撃《う》ちて破りつ。其の梟師《たける》兄磯城《えしき》等を斬りつ。

この「鵜養《うかひ》が伴《とも》」（鵜養《うかひ》が徒《とも》）は、次に引用する可児弘明『鵜飼』（前出）の指摘を参考にすれば、援軍として力を発揮できるほどの勢力を持っていた集団だったと推定できる。

このこと【中国の鵜飼が「特殊な住居群を形成し、世襲的に従事している」という調査報告のあること】は、従来、日本の鵜飼が、特定の家筋で世襲的に継承される傾向が強かったこととよく一致する。（略）鵜飼はふつ

うの動物家畜化とちがい、ウの自律的行動によって魚をとる特異な段階であり、そこに到達するまでには特殊な技術的克服と精神力、さらに時間的経過を必要とする。また鵜飼の技術を保持するには、周年緻密な顧慮のもとに、ウの飼養や保健に努力しなければならない。（略）ここに鵜飼の大きな特質もあるし、またそれゆえに、鵜飼が特定の地域と家筋に伝えられやすいことになるのではないだろうか。

呪的存在としての鵜

ところで、前方後円墳の周縁部で発見されている形象埴輪群の中に、複数の水鳥埴輪（白鳥・雁・鴨など）が置かれている例が多い。そのような中で、特に珍しいのは、群馬県保渡田《ほどだ》（ほどた）八幡塚《はちまんづか》古墳（五世紀末～六世紀前半）の大量の人物・動物埴輪群の中にある、魚（鮎か）を咥えた、鵜と思われる水鳥（写真）である。この鵜と思われる鳥は、ほかの鶏二羽、水鳥六羽とは別区画に単独で置かれているので、「魚をくわえ、鈴付きの頸輪をした水鳥。（略）有力者に飼われた鵜による鵜飼いの表現だと推測する。」（『はにわ群像を読み解く』かみつけの里博物館、二〇〇〇年）という理解が許されるだろう。

かみつけの里博物館の館内解説文（二〇一七年）には次のようにある。

保渡田八幡塚古墳《ほどたはちまんづか》は、榛名山東南麓に位置する保渡田古墳群の一古墳で、5世紀末の大型前方後円墳（全長96m）であり、推定6000本の円筒埴輪や100体以上の人物・動物などの形象埴輪が樹立していた。その一つに川魚を咥《くわ》えた鵜《う》の埴輪がある。鵜はペリカン目《もく》の黒い水鳥のことで、この埴輪の鵜には鈴のついた首輪の表現もあることから、鵜を飼育して川魚を捕る鵜飼いと呼ばれる漁労の様子を表していると考えられる。この埴輪は、八幡塚古墳の中堤上の一画に他の人物・動物埴輪とともに樹立されており、豪族の特権的な行事であった鵜飼いの場面を古墳上で表現しているとされる。日本での鵜飼いの記録は、7世紀の『隋書』（中国歴史書）や8世紀前半の『日本書紀』、『古事記』にあるが、この埴輪が出土したことにより、5世紀後半まで遡ることが判明し、国内最古級の鵜飼いの資料として非常に重要な意味を持つ埴輪である。

（内原文）

魚を加えた鵜とされる埴輪。かみつけの里博物館蔵。
撮影：筆者（撮影許可を得た）

弥生時代の遺跡からも、鵜が女性シャーマンと思われる人物と関係がある痕跡が発見されている。以下は、土井ヶ浜遺跡・人類学ミュージアム（山口県下関市豊北町）の公式サイト（二〇一八年。ただし、二〇二一年の現在では、「鵜を抱く女」に関する記述が削除されるなど、変更されている）よりの引用。

> 響灘に面する土井ヶ浜の砂丘にある、弥生時代前期から中期の墓地遺跡。約300体の人骨が出土し、鳥を抱いて埋葬された女性「鵜を抱く女」や、78人以上とともに埋葬されていた男性「英雄」などが確認されている。

ただし、この「鵜を抱く女」と命名された人骨の上の鳥骨が実際に「鵜」かどうかについては、近年それを否定する検証実験も出ているとのことである（「『鵜を抱く女』鳥はフクロウ科と判明」山口新聞電子版二〇一九年十二月三十日、ほか）。しかし、ともかく鳥がシャーマニズムと結びついていることを示す考古学遺物はほかにも多数存在するので、この土井ヶ浜遺跡の「鵜」（あるいは鵜に似た鳥）も呪術信仰との結びつきを示す可能性の高い事例に加えてよいだろう。

鵜が呪的存在として扱われている民俗祭事の代表的なものは、石川県羽咋市気多神社の「鵜祭」である。『官国幣社特殊神事調』(19)の、国幣大社・気多神社の「鵜祭」の「由来」の項目を引用する。

> 祭神大巳貴《おおなむち》大神【大国主神】、此の国を巡幸し給ひし時、高志の北島より航して、今の鹿島郡神門島に着き給ひしかば、其の土地の神、御門主比古神鵜を捕へて捧げ奉りしより始りしと云ふ。然れども年中行事に、櫛八玉《くしやたま》神の故事を引きて鵜祭は神代以来の例なりとあるに拠れば、櫛八玉神に化りて海底の埴《はに》を取出て、天八十毘良迦《あめのやそびらか》を作り、天《あめ》の直《ま》【真】魚咋《なぐひ》を大巳貴大神に献り給ひし古式を伝ふるものなるべし。前田利家入国に際し、大に此

の儀式を尊重し、鵜浦の鵜捕部二十一名に（二十一人の内三人宛交代、即ち七年目に一度鵜を背負ひ本社に到り、神事奉仕す）鵜田と称して、水田三反歩を附し鵜捕料に充つ（その地今は二十一人の共有地なり）。其の子孫今に絶ふることなく奉仕せり。此の鵜祭の世に隠れなきことは、かの謡曲鵜祭を一読すれば思ひ半に過ぐべし。（（　）内原文）

より詳細な記述が『羽咋市史』[20]にあるので、以下にそのまま引用しよう。

一二月一〇日ごろ、七尾市鵜浦《うのうら》町鹿渡《かど》島の断崖で鵜捕《うとり》主任が生け捕った鵜を、鹿渡島に在住する鵜捕部《うとりべ》のうち年番にあたる三人が交替で鵜籠に背負って四〇余キロの道を二泊三日で気多神社に向かう。沿道で迎えられつつ所縁の神社にたちより、一四日夕刻、気多神社に到着する。鵜は修祓をうけて神饌所に安置される。中一日おいて一六日午前三時すぎより神事が始まる。

まず斎館の正室に宮司以下祭員が着座。（略）一同斎館を出て拝殿に参進、修祓後、中祭式で、開扉・献饌・祝詞奏上・玉串拝礼・撤饌がすむと消燈する。ただ本殿中陣に燈火（蝋燭のはたか大一対）を残すのみで四辺は暗黒となる。まず執事役（祢宜）の命によって宮仕（出仕）が寝覚《ねざめ》の神楽《かぐら》（しめ太鼓）をあげる。終って執事役が「鵜捕部、鵜捕部」とよべば、宮仕はこれをうけて拝殿横手の神饌所前に待機する鵜捕部をよぶ。鵜捕部は「オー」とこたえ、二人が鵜籠を左右よりかかえ、一人が後方につきそうて昇殿し、拝殿より本殿下の釣殿に進み入る。それより執事役と鵜捕部との間に左の問答がかわされる。

執　【執事役】「鵜捕部、鵜捕部」

鵜　【鵜捕部】「オー」

執　「鵜は、あら鵜かと宣《の》り給う」
鵜　「オー」
執　「羽そそげたるか足痛みたるか、よく見よと宣り給う」
鵜　「鵜は、あら鵜にて安くけげしく候」
執　「鵜をよく神前にそなえ奉れと宣り給う」
鵜　「オー」

　ここにおいて、執事役がおごそかに

執　「鵜籠を静かにおろし、籠をとりすて、鵜をそのところに放てと宣り給う」

と宣すれば、鵜捕部は「オー」とこたえて鵜籠を進め、鵜の様子を見さだめて、籠の蓋をパッと取りはずし、鵜を神前へ向けて放つ。その瞬間、鵜は羽ばたきして飛びおり、やがて本殿中陣の燈火をしたって木階をのぼって外陣から中陣へ入り、右往左往する。ややあって一瞬、鵜は飛びたって神鏡前の案上にとまる。間髪を入れず、殿内で待ちうけていた執事役がイワシバ【岩柴】をもって鵜をとりおさえると、権祢宜がこれを抱きかかえて階下で待つ宮仕にわたす。鵜を神前に放ってから数分間というのが普通である。時あって鵜が容易に神前に進まぬことがあれば、寝覚の神楽を奏するのが古例である。

　鵜を抱きかかえた宮仕は、拝殿をあとにして寺家海岸へ向かう。砂浜の波うちぎわに出て海へ向かって鵜を放ち、後をかえり見ず帰社する。鵜は暁闇の空へ行くえも知れず消えうせる。遠く越後の能生《のう》（新潟県西頸城郡能生町）の海へ行くという伝承もある。一方、本・拝殿では点燈し、諸員拝殿に復座し、神楽をあげてから退出、社務所で直会《なおらい》をなす。夜はまだ明けやらず、鵜捕部は夜明けをまって出立し、同日午後帰村し、祝宴を催すのである。

『官国幣社特殊神事調』の記述の中の「櫛八《くしや》玉《たま》神の故事」の詳細は、『古事記』神代の、以下のような記事である。

（（　）内原文）

【建御雷之男《たけみかづちのをの》神に対して大国主《おほくにぬしの》神が】答へ白《まを》ししく、「僕《あ》が子等《こども》、二はしらの神の白す随《まにま》に、僕《あ》は違《たが》はじ。此《こ》の葦原中国《あしはらのなかつくに》は、命《みこと》の随に既に献《たてまつ》らむ。唯《ただ》僕《あ》が住所《すみか》をば、天《あま》つ神の御子《みこ》の天津日継《あまつひつぎ》知らしめす登陀流《とだる》【音注略】天《あめ》の御巣如《みすな》して、底津石根《そこついはね》に宮柱布斗斯理《みやばしらふとしり》【音注略】、高天の原に氷木多迦斯理《ひぎたかしり》【音注略】て治《をさ》め賜《たま》はば、僕《あ》は百《もも》足《た》らず八十坰手《やそくまで》に隠《かく》りて侍《さもら》ひなむ。亦僕《またあ》が子等《こども》、百八十神《ももやそがみ》は、即《すなは》ち八重事代主《やへことしろぬし》神、神の御尾前《みをさき》と為《な》りて仕《つか》へ奉《まつ》らば、違《たが》ふ神は非《あら》じ。」とまをしき。如此《かく》白して、出雲国の多芸志《たぎし》【音注略】の小浜《をばま》に、天《あめ》の御舎《みあらか》を造りて、水戸《みなと》神の孫《ひこ》、櫛八玉《くしやたま》神、膳夫《かしはで》と為《な》りて、天の御饗《みあへ》を献りし時に、祷《ほ》き白して、櫛八玉神、鵜《う》に化《な》りて、海《うみ》の底に入り、底の波邇《はに》【音注略】を咋《く》ひ出《い》でて、天の八十毘良迦《やそびらか》【音注略】を作りて、海布《め》の柄《から》を鎌《か》りて、燧臼《ひきりうす》に作り、海蓴《こも》の柄《から》を以《も》ちて燧杵《ひきりぎね》に作りて、火を鑚《き》り出でて云《い》ひしく、

是《こ》の我が鑚《き》れる火は、高天の原には、神産巣日御祖命《かみむすひのみおやのみこと》の、登陀流天《とだるあめ》の新巣《にひす》の凝烟《すす》【音注略】の、八拳垂《やつかた》る摩弖《まで》【音注略】焼《た》き挙《あ》げ、地《つち》の下《した》は、底津石根《そこついはね》に焼《た》き凝《こ》らして、栲縄《たくなは》の、千尋縄《ちひろなは》打ち延《は》へ、釣為《つりせ》し海人《あま》の、口大《くちおほ》の、尾翼鱸《をはたすずき》【音注略】、佐和佐和邇《さわさわに》【音注略】、控《ひ》き依《よ》せ騰《あ》げて、打竹《さきたけ》の、登遠遠登遠遠邇《とををとををに》【音注略】、天《あめ》の真魚咋《まなぐひ》、献る。

といひき。故、建御雷神、返《かへ》り参上《まゐのぼ》りて、葦原中国を言向《ことむ》け和平《やは》しつる状《さま》を、復奏《かへりごと》したまひき。

この『古事記』神代の「櫛八玉神の故事」をみてもわかるように、鵜は、遅くとも弥生時代以降古墳時代を通して、呪的存在として遇されていたことは明らかであろう。なお、この『古事記』の記述に多数の音注が付けられているのは、無文字期以来のかなり古い伝承であったことの証左であろう。

また、以下に引用する『古事記』神代の、出産時に「鵜《う》の羽《は》を葺草《かや》に為《し》て、産殿《うぶや》を造りき」とある記事もまた、鵜が呪的存在であったことの証《あかし》であろう。

是《ここ》に海神《わたのかみ》の女《むすめ》、豊玉毘売命《とよたまびめのみこと》、自ら参出《まゐで》て白《まを》ししく、「妾《あ》は已《すで》に妊身《はら》めるを、今産む時に臨《な》りぬ。此《こ》を念《おも》ふに、天つ神の御子は、海原《うなはら》に生むべからず。故《かれ》、参出到《まゐき》つ。」とまをしき。爾《ここ》に即ち其の海辺の波限《なぎさ》に、鵜《う》の羽《は》を葺草《かや》に為《し》て、産殿《うぶや》を造りき。是《ここ》に其の産殿、未だ葺き合へぬに、御腹《み》の急《あわただ》しさに忍びず。故、産殿に入《い》り坐《ま》しき。爾《ここ》に産みまさむとする時に、其の日子《ひこぢ》に白したまひしく、「凡《すべ》て佗国《あだしくに》の人は、産む時に臨《な》れば、本《もと》つ国の形を以《も》ちて産生《う》むなり。故、妾《あれ》今、本の身を以ちて産まむとす。願はくは、妾《あ》をな見たまひそ」と言《まを》したまひき。是《ここ》に其の言《こと》を奇《あや》しと思ほして、其の産まむとするを竊伺《かきま》みたまへば、八尋和邇《やひろわに》に化《な》りて、匍匐《は》ひ委蛇《もこよ》ひき。即ち見驚き畏みて、遁《に》げ退《そ》きたまひき。爾に豊玉毘売命、其の伺見《かきまみ》たまひし事を知らして、心恥《うらは》づかしと以為《おも》ほして、乃《すなは》ち其の御子を生み置きて、「妾恒《あれつね》は、海《うみ》つ道《ぢ》を通して往来《かよ》はむと欲《おも》ひき。然れども吾《あ》が形を伺見《かきまみ》たまひし、是《こ》れ甚作《いとは》づかし」と白したまひて、即ち海坂《うなさか》を塞《さ》へて返《かへ》り入《い》りましき。是を以《も》ちて其の産みましし御子を名づけて、天津日高日高波限《あまつひこひこなぎさ》【音注略】建鵜葺草《たけうがや》【音注略】葺不合命《ふきあへずのみこと》と謂《い》ふ。

また、次の『日本書紀』天智天皇十年（六七一）の記事が示すところでは、魚の中でも「鮎」は、「童謡《わざうた》」（呪的性格の強い歌）にも登場するように、特別視されていたようだ。

十二月《しはす》の癸　亥《みづのとのゐ》の　朔　乙　丑《ついたちのきのとのうしのひ》に、天皇、近江宮《あふみのみや》に崩《かむあが》りましぬ。癸　酉《みづのとのとりのひ》に、新宮《にひみや》に殯《もがり》す。時に、童謡《わざうた》して曰《い》はく、

み吉野《えしの》の　吉野《えしの》の鮎《あゆ》　鮎こそは　島傍《しまへ》も良《え》き　え苦《くる》しゑ　水葱《なぎ》の下《もと》　芹《せり》の下《もと》　吾《あれ》は　苦《くる》しゑ

（み吉野の鮎こそは島のほとりに居るのもよかろうが、〔私は〕ああ苦しい。水葱《なぎ》の下、芹の下に居て苦しい）

この鮎と鵜が強く結びついていたことは、次の『万葉集』の歌からも明らかである。

あらたまの　年ゆき更《かは》り　春されば　花のみにほふ　あしひきの　山下響《やましたとよ》み　落ち激《たぎ》ち　流る辟田《さきた》の　川の瀬に
年魚子《あゆこ》さ走《ばし》る　島つ鳥　鵜飼《うかひ》ともなへ　篝《かがり》さし　なづさひ行けば　吾妹子《わぎもこ》が　形見《かたみ》がてらと　紅《くれなゐ》の　八入《やしほ》に染
めて　寄《おこ》せたる　衣《ころも》の裾《すそ》も　とほりて濡《ぬ》れぬ
（巻19・四一五六・大伴家持）

（年が改まって春になると、花が一面に美しい山の、その下に音を響かせて落ち激《たぎ》り、流れる辟田《さきた》川の瀬には、鮎の子が走りまわる。そこで鵜飼いの者を連れ、かがり火を燃やしつつ流れを難渋しながら歩いていくと、我が妻が形見にもしてと、紅《くれない》に色濃く染めて送って寄こした衣の裾も、中まですっかり濡れてしまった。）

なお、鵜飼の行事が、六〇〇、七〇〇年代の宮廷行事と強く結びついていたことは、以下の『万葉集』の歌からもわかる。

やすみしし　わご大君　神ながら　神さびせすと　吉野川　激《たぎ》つ河内に　高殿を　高知りまして　登り立ち　国見をせせば　畳《たたな》はる　青垣山《あをかきやま》　山神《やまつみ》の　奉《まつ》る御調《みつき》と　春べは　花かざし持ち　秋立てば　黄葉《もみちば》かざせり　〔一は云はく、黄葉かざし〕　逝《ゆ》き副《そ》ふ　川の神も　大御食《おほみけ》に　仕《つか》へ奉《まつ》ると　上《かみ》つ瀬に　鵜川《うかは》を立ち　下《しも》つ瀬に　小網《さで》さし渡す　山川も　依《よ》りて仕ふる　神の御代かも　（巻1・三八「吉野の宮に幸しし時に、柿本朝臣人麿の作れる歌」）

（あまねく国土をお治めになるわが天皇が、神として神々しくおられるとて、吉野川の激しい流れの中に、高い宮殿を高々とお作りになり、登り立って国土をご覧になると、重なり合う青々とした垣根のような山では、山の神が天皇に奉る貢ぎ物として、春には〔大宮人たちが〕花を髪に挿し、秋には紅葉を髪に挿している。共に来る川の神も、天皇の食前に奉仕するために、上流では鵜飼いを催し、下流では網を流している。山も川もこぞってお仕えする、神々しき天皇の御代である。）

「鵜川《うかは》を立ち」の「立ち」（四段活用の連用形）は他動詞なのでのちの下二段活用連用形の「立て」と同じで、「鵜飼の仕掛けをすること」の意である。

鵜川《うかは》立て取らさむ鮎の其《し》が鰭《はた》はわれにかき向け思《おも》ひし思《おも》はば　（巻19・四一九一・大伴家持）

（鵜飼いをしてお取りになった鮎のその鰭《ひれ》は、私の方に向けてください、私のことを思ってくれているのなら。）

隠口《こもりく》の　泊瀬《はつせ》の川の　上《かみ》つ瀬に　鵜《う》を八頭潜《やつかづ》け　下《しも》つ瀬に　鵜《う》を八頭潜《やつかづ》け　上《かみ》つ瀬の　年魚《あゆ》を食はしめ　下《しも》つ瀬　鮎《あゆ》を食はしめ　麗《くは》し妹《いも》に　鮎を惜《を》しみ　投ぐる箭《さ》の　遠離《とほざか》り居て　思ふそら　安《やす》けなくに　嘆くそら　安けなくに　衣《きぬ》こそば　それ破《や》れぬれば　継ぎつつも　またも合ふと言へ　玉こそは　緒《を》の絶えぬれば　括《くく》りつつ

またも合ふと言へ　またも逢はぬものは　妻《め》にしありけり　（巻13・三三三〇）

（こもりくの泊瀬《はつせ》の川の、上流の瀬に鵜をたくさん潜《もぐ》らせ、下流の瀬に鵜をたくさん潜らせ、上流の瀬の鮎をくわえさせ、下流の瀬の鮎をくわえさせ、美しい妻のために鮎をなんとしてでも手に入れる。そんな愛《いと》しい妻から、遠く射る矢のように遠ざかり、思うだけでも心は沈み、嘆けばますます心が沈み、衣《ころも》は破れても継げばまた合うし、玉は緒が切れても縛ればまた合うと言うけれど、二度と会えないのは私の妻なのだ。）

ところで、『令義解《りようのぎげ》』(21)（八三三年）職員令《しきいんりよう》の大膳職《だいぜんしき》（朝廷での会食の料理を担当する部署）に属する人たちを列挙した最後の部分の「雑供戸《ぞうぐこ》」に、「謂。鵜飼。江人。網引等之類也。」という割り注がある。また、『令集解《りようのしゆうげ》』(22)（八五九～七七年ごろ成立か）の同じく職員令・大膳職の「雑供戸」の割り注に、「謂。鵜飼。江人。網引等之類也。釈云。別記云。鵜飼卅七戸。江人八十七戸。網引百五十戸。右三色人等。経年毎丁役。為品部。免調雑徭。（以下略）」とあり、鵜飼いは三十七戸存在していて、税金のうちの「調《ちよう》」と「雑徭《ぞうよう》」を免じられていたことがわかる。

この『令集解』の割り注について、可児弘明『鵜飼』（前出）は次のように述べている。

身分の低いことが注意される。その数は当時三七戸あったが、それがどこか具体的にはっきりしない。私は一カ所五～七戸とみて、七～五カ所に分散していたのではないかと想像している。その一つは吉野川水域にあったにちがいない。

この根拠として、先に引用した「吉野の宮に幸しし時に、柿本朝臣人麿の作れる歌」（『万葉集』巻1・三八）を引用している。これは、先に引用した「鵜飼が特定の地域と家筋に伝えられやすい」（可児同書）ことと連動しているのであろう。

おわりに

以上のように、日本最古の本格的著作物である『古事記』（七一二年）以前の、縄文・弥生時代以来の〈古代の古代〉のアニミズム系文化の基層を、長江流域を中心とするアジア全域の文化圏の中に位置づけてきた。二十一世紀の現代でも戦前回帰願望を保持している人々にとっては、『古事記』、『万葉集』、伊勢神宮、大嘗祭、万世一系の天皇系譜は、国粋主義を称揚するための純粋ヤマト文化の根拠に見えているようだ。しかし、以上に見てきたように、鵜飼文化を含めて、『古事記』、『万葉集』、伊勢神宮、大嘗祭、万世一系の天皇系譜などは、すべてアジア基層文化のアニミズム系文化圏に属するものである。したがって、これからは、『古事記』、『万葉集』、伊勢神宮、大嘗祭、万世一系の天皇系譜などへの言及が、国粋主義や偏狭な愛国主義に向かわない道の模索に向かうことができるであろう。

特に天皇論については、現在私たちは無数といってもよい刊行物を持っている。しかし、それらのほとんどすべては、従来漠然とひとくくりに〈古代〉と呼ばれていた時代が、〈古代の古代〉と〈古代の近代〉に分離して把握される研究段階に到達していることを知らない論である。すなわち、現代の天皇論のほとんどは、〈古代の近代〉を〈古代〉の全体だと思い込む旧来の古代日本像にとらわれているか、あるいは〈古代の古代〉はもちろん〈古代の近代〉にさえ関わらないようにして論じているので、日本文化の基層部分への視線が欠落した論になっている。天皇論にかぎらず日本論を意図する人は、一八六八年の明治新政府発足以後二十一世紀の現代まで、アジア基層文化のアニミズム系文化と西欧的近代文明が同時存在している日本社会の構造を、冷静な目で見つめ直すべきであろう。基層（源流）からのまなざしで日本像を作り直す必要がある。

注

（1）工藤隆『中国少数民族と日本文化――古代文学の古層を探る』（勉誠出版、二〇〇二年）、同『日本・神話と歌の国家』（同、二〇〇三年）、同『古事記の起源――新しい古代像をもとめて』（中公新書、二〇〇六年）、同『日本・起源の古代からよむ』（勉誠出版、二〇〇七年）、同『古代研究の新地平――始原からのアプローチ』（三弥井書店、二〇一三年）、ほか参照。

（2）中尾佐助『栽培植物と農耕の起源』（岩波新書、一九六六年）

（3）佐々木高明『照葉樹林文化とは何か――東アジアの森が生み出した文明』（中公新書、二〇〇七年）

（4）古事記の基層については、工藤隆『古事記の起源――新しい古代像をもとめて』（中公新書、二〇〇六年）、同『古事記以前』（大修館書店、二〇一一年）、同『古事記誕生――「日本像」の源流を探る』（中公新書、二〇一二年）、ほか参照。

（5）工藤隆『歌垣の世界――歌垣文化圏の中の日本』（勉誠出版、二〇一五年）、岡部隆志『アジア「歌垣」論』（三弥井書店、二〇一八年）、ほか参照。

（6）工藤隆「アジアの中の伊勢神宮――聖化された穀物倉庫」（『アジア民族文化研究13』二〇一四年、本書所収）参照。

（7）『太神宮諸雑事記』（神道大系編纂会編『神道大系・神宮編1』一九七九年）

（8）『皇太神宮儀式帳』（〈群書類従　第一輯〉続群書類従完成会、一九六七年）

（9）黒田龍二『纒向から伊勢・出雲へ』（学生社、二〇一二年）

（10）大嘗祭についての詳細は、工藤隆『大嘗祭――天皇制と日本文化の源流』（中公新書、二〇一七年）を参照して欲しい。本稿では、そのうちの大嘗祭の本質・源についての論を凝縮して紹介する。

（11）佐藤洋一郎「日本の稲――その起源と伝播」（にひなめ研究会編『新嘗の研究4』第一書房、一九九九年）

(12) 三品彰英『古代祭政と穀霊信仰』(〈三品彰英論文集　第五巻〉平凡社、一九七三年)

(13) なお、「マレイ半島セランゴール地方の収穫儀礼の一例」(W・W・スキート『マレイの呪術』)の原文からの全文訳(遠藤見和訳)が、工藤隆・岡部隆志・遠藤耕太郎編『大嘗祭　隠された古層』(勉誠出版、二〇二一年)に収録された。

(14) 工藤隆『大嘗祭の始原――日本文化にとって天皇とはなにか』(三一書房、一九九〇年)

(15) 詳しくは、工藤隆「神話と系譜」(『中国少数民族と日本文化――古代文学の古層を探る』勉誠出版、二〇〇二年)、同「少数民族の男系・女系系譜からみた初期天皇系譜」(『アジア民族文化研究18』二〇一九年)参照。

(16) 竹村卓二「アカ族の父子連名制と族外婚」(『社会人類学年報』VOL―7、一九八一年)

(17) 可児弘明『鵜飼――よみがえる民俗と伝承』(中公新書、一九六六年)

(18) ベルトルト・ラウファー『鵜飼――中国と日本』(小林清市訳、博品社、一九九六年、原本は一九三一年刊行)

(19) 『官国幣社特殊神事調』(神祇院、国書刊行会、一九七二年。一九三八年刊行書の復刻版)

(20) 『羽咋市史』(中世・社寺編、羽咋市史編さん委員会編、一九七五年)

(21) 『令義解』(黒板勝美・国史大系編修会編、新訂増補国史大系・普及版『令義解』吉川弘文館、一九七二年)

(22) 『令集解』(黒板勝美・国史大系編修会編、新訂増補国史大系・普及版『令集解』第1～4、吉川弘文館、一九七二年)

大嘗祭と天皇制

天皇存在を、武力王（軍事行使力）、行政王（行政権限行使力）、財政王（財政力）など現実社会的威力の面と、神話王（神話世界的神聖性）や呪術王（アニミズム系の呪術・祭祀を主宰する）など文化・精神的威力の面とに類別しながら分析する。

神話王・呪術王の側面は、特に古代日本においては女性とのかかわりが深く、弥生時代晩期の邪馬台国《ヤマト》（「邪馬台」は「ヤマタイ」ではなく「ヤマト」と訓《よ》むべきであることについては、工藤隆『深層日本論——ヤマト少数民族という視座』（新潮新書、二〇一九年）で詳しく論じた）の「女王」卑弥呼の「鬼道」（『魏志』倭人伝）以来、『日本書紀』『風土記』に登場する多くの〝女酋〟たちや、伊勢神宮の斎宮《さいぐう》（さいくう、いつきのみや）制度など、日本国の統治機構に大きな位置を占め続けた。

大日本帝国憲法における天皇は、武力王・行政王・財政王（多くの私的財産を保有できた）と神話王・呪術王（アニミズム系文化の王）とを兼ねた存在だった。

イギリス王室など西欧近代社会における王室の場合は、武力王・行政王・財政王として君臨していた過去を持っているのは普通だが、しかし、日本の皇室のように、神話世界（『古事記』『日本書紀』の高天原神話のような神話）に発する起源を語り、かつアニミズム系文化の呪術的祭祀とも密接に結びついた過去を持っていて、しかもその神話王・呪術王の側面を一九四六年公布の民主主義憲法においてさえも継承して二十一世紀にまで維持している王室は無い。特に明治政府が、王政復古と称して武力王・行政王・財政王と神話王・呪術王を合体させた天皇制を作り上げたのは、近代国家としては極めて異例な選択であった。

1　大日本帝国憲法・旧皇室典範と天皇制

万世一系の問題点

大日本帝国憲法（明治二十二年〔一八八九〕二月十一日公布）の「第一章　天皇」の第一条は「大日本帝国ハ万世一系ノ天皇之ヲ統治ス」となっている。

この「万世一系」は、『古事記』『日本書紀』の高天原神話に源を持つ天皇系譜に依拠するものだが、その天皇系譜に初代神武天皇（大王）以来いっさい断絶がなかったとするのは、明治政府による新たな〝神話〟の創出である。すでに論証したことだが(1)、古代天皇の系譜を二十一世紀の天皇位継承問題にまで視野を拡大する際には、①〈古代の古代〉（縄文・弥生時代、古墳時代）も含む時期のあり方、②古代天皇制の形ができあがった天武・持統天皇の七〇〇年前後の時期のあり方、③明治政府によって女性原理的部分が排除された近代初頭のあり方、の区別をつける必要がある。

①の〈古代の古代〉にまで遡る場合には、日本列島民族の文化の最も本源的なあり方を視界に入れることになり、ヤマト的なるものの起源の純粋性をより重視することになる。この時期には、男系（父系）と女系（母系）が併存しており、おそらく臨機応変に両者が使い分けられていて、王位継承にもその性格は及んでいたと思われる。

それに対して、五〇〇年代くらいには大王位の男系優位観念が出始め、さらに②の七〇〇年前後の時期の場合には、古代中国国家の皇帝制度の模倣によって男系優位観念が一段と強化されたと考えられる。国家体制の強化のためには先進国家唐の皇帝の、男系男子継承主義を模倣するのが得策と考えられたのであろう。しかしその場合でも、女性天皇は、四十一代持統天皇以後も、元明天皇（四十三代、即位七〇八年）、元正天皇（四十四代、即位七一六年）、孝謙天皇

(四十六代、即位七四九年)、称徳天皇(四十八代、孝謙天皇が再即位、即位七六五年)、明正《めいしょう》天皇(一〇九代、即位一六二九年)、後桜町天皇(一一七代、即位一七六二年)と登場したのであるから、唐の皇帝制度の模倣が強化されたあとでも、〈古代の古代〉以来の、女性リーダーに違和感を感じない伝統は生き続けていたのであろう。

しかし、明治二十二年(一八八九)に大日本帝国憲法が発布され、同年同日に施行された旧皇室典範の第一条に、「大日本帝国皇位ハ祖宗ノ皇統ニシテ男系ノ男子之ヲ継承ス」と天皇位の男系かつ男子継承絶対主義が明文化されたことによって、天皇位継承は、古代中国皇帝の男系男子絶対主義の模倣(明治期の為政者たちが〝模倣〟という意識を明確に自覚できていたとは思えないが)を完全に達成したことになる。

天皇の超越性の根拠を提示した

それとは別に、大日本帝国憲法第一条の重要な点は、天皇が超越的存在であることの根拠として、「万世一系」を明示した点である。しかし、これもすでに論じたことだが、(2) 記紀の「万世一系」の天皇系譜は、中国長江流域少数民族文化の、神々に発して現在の自分までを語る系譜と同系統のものなのである。一般に少数民族は〈国家〉を作らない(作れない)ので、その系譜が国家段階にまで残ることは稀なのだが、日本古代国家は、少数民族的な、神話世界の神に発する「万世一系」の系譜を国家段階の神話としても継承し、天皇系譜という政治装置へ転化させるという、例外的な過程を歩んだのである。

中国王朝では、王朝交替のたびに系譜は切断されているし、ましてや神話世界に源を求める意識からは、すでに紀元前一〇〇〇年のころに周王朝の天命思想が登場して脱却していた。〈国家〉の維持には現実直視の実利的運営が優先されるから、神話世界からの脱却が求められる。しかし、日本古代国家は、当時の中国国家から見て少数民族(「蛮夷」）の一つだったヤマト族が、現実直視とは逆方向の〝神々から連続した万世一系の家譜〟をそのまま国家段階にまで上昇させてしまったのである。すなわち、七〇〇年代初頭に固定化された記紀の天皇系譜は、国家段階の〈王〉の系譜としては、古代中国国家とくらべて、日本古代国家がいかに後発的存在であったかを示している。記紀の天皇系譜は、〈国家〉としての後進性（ムラ段階性）の象徴でもあった。

それから約一二〇〇年弱後の一八〇〇年代末の明治日本は、合理主義を主軸とする西欧近代文化を移入した国家建設であったはずなのに、六〇〇、七〇〇年代の日本古代国家建設時に採用された、実利的な武力王・行政王・財政王（ただし、政策決定には参議などの合議制が取られていたので、天皇が中国皇帝のような絶対的専制王ではなかったのは、明治政府の時も同じ）と、反実利的な神話王・呪術王（近代化の側からみれば後進性）を兼ね備えた天皇制を再登場させたところに、近代国家としては根本的な矛盾を抱えていたことになる。

歪んだ古代像に基づく神話王・呪術王への回帰

幕末から明治冒頭への推移を概観すると、まず慶応二年（一八六六）十二月二十五日に一二一代孝明天皇が没し、翌慶応三年（一八六七）一月九日に一二二代明治天皇が践祚した。続いて、同年十二月九日に王政復古の大号令が発せられた。このときの王政復古の精神については、以下に引用する飛鳥井雅道の指摘がわかりやすい。

> 「王政復古」の理念は何に求むるべきか。（略）岩倉は不安であり、側近の国学者・玉松操《たままつみさお》に質問した。玉松操は言下にいった。「当《ま》さに神武帝の肇基《てうき》【はじまり・土台】に原《もと》づき、寰宇《くわんう》【世界・天下】の統一を図り、万機の維新に従ふ」べきだ、と（『岩倉公実記』）。（略）神武にさかのぼることが、ここで遂に「維新」＝「御一新」と

結びついた。中世・近世の慣習・制約を一気にとりはらえる理論的根拠が成立したのである。(3)（飛鳥井雅道『明治大帝』）

このときの「神武にさかのぼること」からは、天皇制の女性原理的部分がそぎ落とされていた。「『魏志』倭人伝によると、弥生後期の倭国には、宗教的超越性を女性（卑弥呼）が担い、行政の実務性を血縁の男性（男弟）が担うという、宗教性と行政性がセットの二重構造王権システムができあがっていた」(4)（工藤隆）のであり、その伝統の上に古代天皇制は成り立っていた。しかし、明治政府は、宗教的超越性のうちの女性原理の部分だけを排除した。この女性原理排除の過程は、明治天皇の、幕末の女性的雰囲気から明治初頭の男性的雰囲気への変貌にも示されている。慶応四年（一八六八）、明治天皇が元服した（十六歳）。

予定どおり正月十五日、天皇は「童服」をぬぎ、髪をきり、冠をつけて元服した。天皇はこの日、おはぐろをそめた。臣下に廃止を許可したものの、成人のしるしはまだ必要だった。（飛鳥井雅道『明治大帝』）

同年閏四月一日に、イギリスの外交官アーネスト・サトウが、イギリス公使館一行と明治天皇との京都御所での会見に同席したときの印象を書き残している。

天蓋の下に、簾《すだれ》をいっぱいに巻き上げて、天皇《ミカド》がすわっておられた。（略）多分化粧しておられたのだろうが、色が白かった。（略）眉毛はそられて、その一インチ上の方に描き眉がしてあった。衣裳は、うしろにたれた長い黒色のゆるやかな肩衣《ケープ》に、マントのような白い長袍《ガーメント》、それに紫色のゆるやかな長袴《トラウザー》であった。(5)(アーネスト・サトウ『一外交官の見た明治維新（下）』)

飛鳥井雅道『明治大帝』は、次のように述べている。

・宮中は、京都御所から江戸城改め東京城に移っても、相かわらず公家と公家出身の女官が支配しているのである。廃藩の十日前、薩摩出身で戊辰戦争を戦いぬいてきた吉井友実《よしいともざね》が民部大丞から宮内大丞に転じたのが、西郷、大久保、木戸たちの準備行動だった。（略）公家出身の侍従たちを次々に罷免したあとを、薩摩、熊本、長州、土佐、越前からの倒幕派士族でかため、決定的な「女官総免職」は廃藩【明治四年（一八七一）七月】直後の八月一日だった。（同書一六一ページ）

・侍従を基本的に武士でかためようとしたのは、西郷隆盛の主張だったという。登用された侍従たちは、それぞれ硬骨漢だった。（同書一六四ページ）

・【明治天皇は】弱かった身体も、明治四年以後は急速に強健になった。六年三月には断髪し、公家的な、女性的なイメージもとりはらわれた。六年三月の断髪、化粧廃止と、四月の演習は内面的にも固く結びついていると思われる。（同書一六七ページ）

「神武にさかのぼること」（飛鳥井）でイメージされる初代神武天皇については、大王時代の豪族のイメージと神話世界の英雄像とが混在しているので、歴史的実態からはきわめて遠い天皇像であった。したがって、「神武」と「維新」

が結びついた明治政府の政治理念は、〈国家〉に求められる現実直視の眼に大きな欠落を内包していたことになる。

また明治政府は、九十六代後醍醐天皇（在位一三一八～一三三九年）の建武の新政（一三三四～三六年）にも範を求めたようである。

> 慶応三年一二月九日（太陽暦の一九六八年一月三日）、王政復古の大号令が発せられ、将軍と幕府は廃され、天皇のもとでの一元化された政体への移行が決定された。将軍はもちろん、摂政・関白等の公家の門流支配をも廃した王政への復古は、まさに後醍醐天皇が企てた「新政」（天皇親政）の再現である。
>
> 明治新政府は、同年中に建武の「中興」に尽力した功臣を顕彰する事業を開始し、その最初の事業として、摂津湊川の古戦場に、楠木正成をまつる神社を建立した。(6)（兵藤裕己『後醍醐天皇』）（（ ）内原文）

ただし、この後醍醐天皇の建武の新政にもその模範になる源はあったはずであり、それが、のちに述べる、六〇〇年代末に天武・持統政権によって整備された、天皇が武力王・行政王・財政王と神話王・呪術王を併せ持った統治機構であったと思われる。

中国皇帝模倣の男系男子絶対主義の明文化

大日本帝国憲法の第二条「皇位ハ皇室典範ノ定ムル所ニ依リ皇男子孫之ヲ継承ス」は、中国皇帝の男系男子絶対主義の導入（模倣）を、憲法に明文化することによって絶対的規定としたのである。明治国家は、富国強兵精神にふさわしい武力王・行政王・財政王と、天皇の超越性をムラ段階のアニミズム系文化に求めた神話王・呪術王とを合体させた天皇制を推進すると同時に、皇位継承の男系男子絶対主義を明文化した。

また、第三条には「天皇ハ神聖ニシテ侵スヘカラス」として、天皇の神話王・呪術王としての存在を明文化した。これを、土俗文化として民間のレベルにとどめておけば、「超一級の無形民俗文化財」（工藤『大嘗祭——天皇制と日本文化の源流』）として、つまり政治権力から分離された文化的価値として日本国の存在に貢献できた。しかし、次の「第四条　天皇ハ国ノ元首ニシテ統治権ヲ総攬【一手に掌握する】シ」という規定が加わることによって、〈国家〉の最高統括者が、武力王・行政王・財政王と、「神聖ニシテ侵スヘカラス」という神聖性も併せ持ったことになった。ここに、現実直視の眼に大きな欠落を内包した近代国家日本が誕生したのである。

さらに、第十一条「天皇ハ陸海軍ヲ統帥ス」、第十二条「天皇ハ陸海軍ノ編制及常備兵額ヲ定ム」、第十三条「天皇ハ戦ヲ宣シ和ヲ講シ及諸般ノ条約ヲ締結ス」、第十四条「天皇ハ戒厳ヲ宣告ス」としたことにより、天皇の武力王としての存在が特に強調された。

また、第六十六条に「皇室経費ハ現在ノ定額ニ依リ毎年国庫ヨリ之ヲ支出シ将来増額ヲ要スル場合ヲ除ク外帝国議会ノ協賛ヲ要セス」とあるように、皇室経費は「増額」の場合を除いて「帝国議会ノ協賛」を得る必要がなかった。広大な山林・原野・鉱山・牧場などの不動産や、多くの株券・有価証券など金融資産の保有も許されていたので、財政王の側面もかなりの程度において保証されていたといえる。


旧皇室典範には即位の礼と大嘗祭が明記された

大日本帝国憲法と同年同日に交付された旧皇室典範では、その第一条に「大日本国皇位ハ祖宗ノ皇統ニシテ男系ノ男子之ヲ継承ス」と明記され、大日本帝国憲法の第二条「皇位ハ皇室典範ノ定ムル所ニ依リ皇男子孫之ヲ継承ス」が再確認された。しかし、この条文が決定される前には、まだ女系天皇を許容する考え方も存在していたという。

明治十九年の三月か四月、伊藤【博文】のもとで立案されはじめた天皇の位置の規定の第一案と思われるものが、井上毅《いのうえこわし》【一八四四～九五年】立案の書類中にふくまれている。

第一　皇位ハ男系ヲ以テ継承スルモノトス。若シ皇族中男系絶ユルトキハ、皇族中女系ヲ以テ継承ス。男女系各嫡ヲ先キニシ、庶ヲ後ニシ嫡庶各長幼ノ序ニ従フベシ。（『伊藤博文・秘書類纂・帝室制度資料』、『井上毅伝・資料篇』、ほか）

女帝を十九年に排除していないことは、第三皇子がはたして育つか、との不安が先行していた証拠と考えてよいだろう。（飛鳥井雅道『明治大帝』）

また、第十条に「天皇崩スルトキハ皇嗣即チ践祚シ祖宗ノ神器ヲ承ク」として、譲位の可能性を否定した。第十一条「即位ノ礼及大嘗祭ハ京都ニ於テ之ヲ行フ」は、天皇の践祚即位の際には、即位の儀礼だけでなく大嘗祭も必須であると明文化した。また、第十二条では明治元年以来の一天皇一元号も明文化された。なお、第四十二条に、「皇族ハ養子ヲ為スコトヲ得ス」と血筋の絶対化が明記されて、茶道・華道などの家元制度のような、血のつながりが無くても襲名によって系譜を維持することのできる道が閉ざされた。

2　日本国憲法・新皇室典範と天皇制

現憲法の天皇条項は超越性の根拠を潜在化させた

日本国憲法（昭和二十一年〔一九四六〕十一月三日公布）において、天皇は武力王・行政王・財政王の側面を失い、神話王・呪術王の側面だけの存在となった。「第一章　天皇」の第一条は「天皇は、日本国の象徴であり日本国民統合の象徴であつて、この地位は、主権の存する日本国民の総意に基く。」と変わった。この条文で浮かんでくる疑問は、三つある。

①「象徴」の具体的内容はどういうものか。

②なぜ天皇氏族だけが天皇になれるのか（なぜ天皇氏族以外の国民は天皇になれないのか、逆にいえば、なぜ天皇氏族のだれかは必ず天皇にならなければならないのか）の理由づけが書かれていない。言い換えれば、天皇だけが超越的存在であることの根拠が明示されていない。

③「主権の存する日本国民の総意」はどのような手段によって確かめられたのか。

大日本帝国憲法は、天皇氏族だけが天皇になれる根拠を、「万世一系」と「天皇ハ神聖ニシテ侵スヘカラス」という形で明示した。しかし、日本国憲法には、この明示が無い。

私は、これらの点について、『大嘗祭——天皇制と日本文化の源流』で次のように述べた。

本書では、「大嘗祭は天皇位の権威の源」であると述べた。このことは、象徴天皇制の天皇は「なに」の象徴なのかという問題とも、連動してくる。（略）

「天皇は、日本国の象徴であり日本国民統合の象徴であって」と日本国憲法にあるその「象徴」は、「⑦敗戦後に民主主義社会に転じたあとの象徴天皇としてのあり方」に重点を置けば、民主主義社会において「国民の安寧と幸せを祈ること」（「お言葉」、二〇一六年八月八日のビデオによる表明）、そして「時として人々の傍らに立ち、その声に耳を傾け、思いに寄り添うこと」（同）が、象徴であることの主要部分を占めることになる。しかし、それでもなお、天皇にその現代の象徴役を務める資格があるのは、天皇存在の根拠が「①縄文・弥生時代など非常に古い段階の起源」にまで遡るものであり、それはやはり天皇が、縄文・弥生時代以来の、アニミズム・シャーマニズム・神話世界性といった特性を、神話・祭祀・儀礼などの形で継承し続けている存在だからなのである。

のちにも触れる「天皇霊」や「現人神」という観念の存在は、アニミズムや神話世界的な観念をもとにした呪術・儀礼行動（シャーマニズム）である天皇祭祀が、六〇〇、七〇〇年代の〈古代の近代化〉の過程において、天皇位の超越性を根拠づけるのに不可欠なものとしてあらためて自覚されたということを示している。そしてそれら天皇祭祀は、一八〇〇年代末の明治の近代化においても踏襲され、一九四五年の敗戦以後の象徴天皇制においても継承された。その結果として、敗戦後の天皇の即位においても、天皇の超越性に根拠を与える最重要祭祀である大嘗祭を欠かすことができないのである。

なお、一九四五年の敗戦後には、一九四六年一月一日に、天皇は、「新日本建設に関する詔書」いわゆる〝人間宣言〟を発した。

朕と爾等《なんじら》国民との間の紐帯《ちゅうたい》は、終始相互の信頼と敬愛とに依りて結ばれ、単なる神話と伝説とに依りて生ぜるものに非《あら》ず。天皇を以て現御神《あきつみかみ》とし且《かつ》日本国民を以て他の民族に優越せる民族にして、延《ひい》て世界を支配すべき運命を有すとの架空なる観念に基《もとづ》くものにも非ず。

このうちの「日本国民を以て他の民族に優越せる民族にして、延て世界を支配すべき運命を有すとの架空なる観念に基くものにも非ず」という部分はその通りである。しかし、天皇を「現御神」とすることまで否定したのは、天皇を特別の超越的存在だとする観念が前提になっている日本国憲法の天皇条項の精神と矛盾している。

しかし、当時の宮中（侍従長など）と天皇自身は、「昭和天皇が神であることは否定するが、神の末裔であることは否定しない」ということだったようだ。(7) すなわち現憲法は、天皇が『古事記』『日本書紀』の高天原の神々の末裔であり「現人神」であることを潜在化させた形で、大日本帝国憲法の天皇条項の精神を密かに継承したのである。

現憲法は、前文の冒頭に「国民主権」を掲げているし、第一章第一条で「主権の存する日本国民」としている一方で、それとは矛盾する、天皇は普通の国民とは異なる超越的存在だということの根拠を潜在化させたのである。

大嘗祭は、天皇が高天原のアマテラスオオミカミに発する聖なる存在であり、かつ縄文・弥生時代にまで遡るニイナメ儀礼の継承者であることを示す、アニミズム・シャーマニズム・神話性の強い祭儀である。新天皇の超越性を維持するには、即位の儀による法的正当性だけでなく、神話王・呪術王でもあることを示す大嘗祭が必要なのである。

武力王・行政王・財政王の側面の排除

第四条の「天皇は、この憲法の定める国事に関する行為のみを行ひ、国政に関する権能を有しない。」という規定により、天皇の武力王・行政王としての側面が完全に失われた。

また、第八条「皇室に財産を譲り渡し、又は皇室が、財産を譲り受け、若しくは賜与することは、国会の議決に基かなければならない。」という規定によって、天皇の財政的基盤の自由裁量部分が消滅し、財政王の側面がいちじるしく後退した。

新皇室典範は旧皇室典範をほぼそのまま継承した

新皇室典範（昭和二十二年〔一九四七〕五月三日施行）の第一条「皇位は、皇統に属する男系の男子が、これを継承する。」は、旧皇室典範の「第一条　大日本国皇位ハ祖宗ノ皇統ニシテ男系ノ男子之ヲ継承ス」をそのまま継承し、第九条「天皇及び皇族は、養子をすることができない。」も、天皇家の血筋の絶対化を旧皇室典範からそのまま継承した。

大日本帝国憲法は軍国主義強化時代の産物だから、皇位継承の男系男子絶対主義など男性原理に偏るのは自然の流れでもあったが、敗戦後は民主主義及び平和主義の時代になったのだから、〈古代の古代〉以来ヤマトの王権に濃厚だった、女性原理の強い神話王・呪術王の側面を再評価すべきであった。と同時に、皇位の男系男子絶対主義も修正されるべきであり、〈古代の古代〉の女系併用の柔軟な継承形態に戻すべきであった。

新皇室典範では大嘗祭が姿を消した

旧皇室典範には「即位ノ礼及大嘗祭ハ京都ニ於テ之ヲ行フ」とあったのだが、新皇室典範の第二十四条では「皇位の継承があつたときは、即位の礼を行う。」と変わり、大嘗祭についての言及が消された。

大日本帝国憲法は、天皇位の根拠を「万世一系」と「天皇ハ神聖ニシテ侵スヘカラス」という形で明文化した。しかし、敗戦後の日本国憲法は、この両者を潜在化させた（隠した）。その理由には、戦前の国家神道は確かに「宗教」へと強く傾斜していたので、天皇の超越性の根拠の明示は、日本国憲法第二十条の「3　国及びその機関は、宗教教育その他いかなる宗教的活動もしてはならない。」の「宗教」の範囲内に入る可能性が高いとみたのであろう。そのことと連動して、大嘗祭も「宗教的活動」と見られる恐れがあったので、あえて大嘗祭への言及を避けたのであろう。

しかし、明治期に国家神道化される以前の神道は、キリスト教やイスラム教のようないわゆる宗教とは異なり、教祖はおらず、体系的な教義また文字化された教典はなく、信者たちの組織である教団もなく（敗戦以後は宗教法人・神社本庁という概括的な民間組織はあるが）、国や民族の違いを越えての布教活動もせず、しかも万物に霊的存在を認める信仰であるという点からいえば、〝前宗教〟〝半宗教〟あるいは〝宗教以前〟とするのがよいだろう。その源はアニミズム・シャーマニズム・神話世界的な土俗文化にあり、それが六〇〇、七〇〇年代に、伊勢神宮を頂点とする神社体系として整備されたのである。

のちに述べるように、大嘗祭の前段の源である原ニイナメ儀礼は土俗の分野に属していたのであるから、それを「超一級の無形民俗文化財」（工藤）として遇するのは可能なのである。とすれば、大嘗祭には現憲法の政教分離規定をそのまま適用するのではなく、むしろ新たに〝無形民俗文化財保護〟といった視点を取り入れるべきであろう。

3　大嘗祭の源流

践祚・即位礼・大嘗祭を区別する

践祚《せんそ》は、広義では「祚《くらい》を践《ふ》む」すなわち天皇位に就くことの全体を指すが、狭義では、前天皇の没後あるいは譲位後なるべく短時日のうちに行なわれる新天皇登場の儀礼を指す。

『日本書紀』によれば、〈古代の近代化〉が進行しつつあった天武（四十代）・持統（四十一代）両天皇の時代以前にも、大王《おおきみ》（『古事記』『日本書紀』ではすべて「天皇」と記述された）の、狭義の践祚の儀礼は存在していた。

・天皇《すめらみこと》の璽《みしるし》を上《たてまつ》る（十九代允恭、即位前紀・反正天皇五年正月）
・天皇の璽符《みしるし》を上るべし（同、元年十二月）
・璽《みしるし》を皇太子に奉《たてまつ》る（二十二代清寧、即位前紀・雄略天皇二十三年十月）
・皇太子億計《おけ》【のちの二十四代仁賢天皇】、天子《みかど》の璽《みしるし》を取りて、天皇【二十三代顕宗天皇】の坐《みまし》に置きたまふ（顕宗、即位前紀・清寧天皇五年十二月）
・天子《みかど》の鏡・剣《つるぎ》の璽符《みしるし》を上《たてまつ》りて……璽符《みしるし》を受く（二十六代継体、元年二月）
・剣・鏡を……上りて、即天皇之位《あまつひつぎしろしめ》さしむ（二十八代宣化、安閑天皇二年十二月）
・天皇の璽印《みしるし》を奉る（三十三代推古、即位前紀・崇峻天皇五年（五九二）十一月）
・天皇の璽印《みしるし》を……献る（三十四代舒明、元年（六二九）正月）
・【皇極天皇が孝徳天皇に】璽綬《みしるし》を授けたまひて、位を禅《ゆづ》りたまふ（三十六代孝徳、即位前紀・皇極天皇四年（六四五）六月、最初の譲位例）

なお、「璽綬《みしるし》」（三十六代孝徳）は、「天子の印章と組紐」（『大漢和辞典』大修館書店、「綬は璽を腰に帯びる時の紐」[8]〔金子修一『古代中国と皇帝祭祀』〕）のこととされるので、王（天皇）位継承の際には大陸の皇帝位のしるしを模倣した可能性が高い。武力王・行政王・財政王としての王位継承儀礼としては、「神璽《かみのしるし》の剣・鏡」あるいは印章・組紐といった舶来の器物が新王に渡されることが不可欠だったのであろう。

即位礼（即位儀、即位式）は、践祚の後に、新天皇が皇位に就いたことを天下に広く表明する儀礼であり、これも、起源的には唐の皇帝の儀礼の日本的アレンジであろう。

一方で、ヤマトの文化伝統に発する独自の要素としては、天武天皇の即位（六七三年）の時に、新嘗《にいなめ》祭を大規模化した「大嘗《おほにへ》」を十一月（旧暦）に行なったことが始まりのようである。さらに、次の持統天皇は、六九〇年正月に「神《かみの》璽《しるし》の剣《つるぎ》・鏡《かがみ》を皇后《きさき》に奉上《たてまつ》る。皇后、即天皇位《あまつひつぎしろしめ》す」と狭義の践祚を行なったうえで、翌年の十一月に「大嘗」を行なっているので、特にこの持統天皇の即位の時に、前段に践祚（と即位礼）、後段に冬至のころの大嘗祭という形式が制度として開始されたのであろう。

すなわち、天武・持統政権は、天皇の武力王・行政王・財政王の側面の正統性は中国皇帝の継承儀礼の模倣で権威化し（前段）、ヤマトのアイデンティティーを象徴する神話王・呪術王の側面の正統性としては大嘗祭という新たな儀礼を創出した（後段）のである。

日本国は、一八〇〇年代末以後、西欧的近代化を受け入れて近代国家建設を進めてきたにもかかわらず、六〇〇年代末に整備が開始された天皇位継承儀礼が二十一世紀の現代でも存続していることに、日本社会の特異なあり方が示されている。私は、このような近代国家日本のあり方を、「近代化された表層、アニミズム系文化の基層[9]」という視点から分析している。大嘗祭は、縄文・弥生時代にまでさかのぼる「アニミズム系文化の基層」に属する。

日本列島の基層文化の伝統とは、アニミズム（自然界のあらゆるものに超越的・霊的なものの存在を感じ取る観念・信仰）・シャーマニズム（アニミズムと神話的観念にもとづく呪術体系）・神話世界性（人間にかかわるすべての現象の本質を、アニミズム的な神々の作り上げた秩序の枠組みの中の物語として象徴化して把握するもの）の反（あるいは非）リアリズム的文化（アニミズム・シャーマニズム・神話世界性をまとめてアニミズム系文化とする）とムラ社会性・島国文化性を主成分とする（儒教道徳や仏教思想も混じり込んでいるが）、合理主義とは反対方向の文化基盤の伝統のことである。

縄文・弥生文化にまで遡る

大嘗祭の原型のあり方（縄文時代のアニミズム系文化を基盤に持った、弥生時代のニイナメ儀礼）については、文献資料が皆無に近いので、文化人類学・民俗学・考古学から得られた情報を手がかりにする以外にない。宇野円空『マライシアに於ける稲米儀礼』[10]や、にひなめ研究会編『新嘗の研究』[11]1～5などに報告された、東南アジア諸民族や長江流域西・南部少数民族の水田稲作儀礼や、縄文時代の土偶などが手がかりになる。

大嘗祭の原型にあたる原ニイナメ儀礼にたどり着くための第一の手がかりは、『古事記』『日本書紀』の神代《じんだい》の伝承の中で、ニイナメを行なっているのがアマテラスオオミカミ・カムアタカシツヒメというずれも女神だという点にある。

アメノイワヤト神話前段（『古事記』）

爾《ここ》に速須佐之男《はやすさのを》命《みこと》、天照大御神《あまてらすおほみかみ》に白《まを》しく、「我《あ》が心清く明《あか》し。故《かれ》、我が生める子は手弱女《たわやめ》を得つ。此れに因《よ》りて言《まを》さば、自《おのづか》ら我《われ》勝ちぬ。」と云《まを》して、勝佐備《かちさび》に、天照大御神の営田《つくだ》の阿《あ》を離《はな》ち、其の溝《みぞ》を埋《うづ》め、亦《また》其の大嘗《おほにへ》を聞看《きこしめ》す殿《との》に屎麻理《くそまり》散らしき。故、然為《しかす》れども天照大御神は登賀米受《とがめず》て告《の》りたまひしく、「屎如《な》すは、酔《ゑ》ひて吐き散らす登許曾我《とこそあ》が那勢《なせ》の命《みこと》、如此為《かくし》つらめ。又、田の阿《あ》を離ち、溝を埋むるは、地《ところ》を阿多良斯登許曾我《あたらしとこそあ》が那勢《なせ》の命、如此為《かくし》つらめ。」登詔《との》り直《なほ》したまへども、猶《なほ》其の悪《あ》しき態《わざ》止《や》まずて転《うたて》かりき。天照大御神、忌服屋《いみはたや》に坐《ま》して、神《かむ》御衣《みそ》織《お》らしめたまひし時、其の服屋《はたや》の頂《むね》を穿《うが》ち、天《あめ》の斑馬《ふちこま》を逆剥《さかは》ぎに剥《は》ぎて堕《おと》し入《い》るる時に、天の服織女《はたおりめ》見驚きて、梭《ひ》に陰上《ほと》を衝《つ》きて死にき。

すなわち、女神アマテラスが、巫女《みこ》として「営田《つくだ》」（神田）に奉仕し、「大嘗《おほにへ》」（ニイナメ）の儀礼を行なっているという伝承である。『日本書紀』神代（第七段本文）にも、「天照大神《あまてらすおほみかみ》の新嘗《にひなへきこ》しめす時」（アマテラスが新嘗《にいなめ》儀礼を行なっているとき）とある。

また、『日本書紀』神代（第九段「第三の一書」）には、

神吾田鹿葦津姫《かむあたかしつひめ》、卜定田《うらへた》を以《も》て、号《なづ》けて狭名田《さなだ》と曰《い》ふ。其の田の稲を以て、天甜酒《あめのたむさけ》を醸《か》みて嘗《にひなへ》す。また渟浪田《ぬなた》の稲を用《も》て、飯《いひ》に為《かし》きて嘗《にひなへ》す。

（カムアタカシツヒメが、卜定《ぼくじょう》された神聖な田を、狭名田《さなだ》〔神聖な田〕と名づけた。その田の稲で、良き酒を醸《かも》して、新嘗《にいなめ》儀礼を行なった。また渟浪田《ぬなた》〔神聖な田〕の稲で、ご飯を炊いて新嘗儀礼を行なった。）

とあり、この伝承は、アメノイワヤト神話のアマテラスと同じく、初期の稲収穫儀礼すなわち原ニイナメ儀礼のうちの、主役が〈女〉であった部分を反映していると思われる。

なお、水田稲作技術が流入する以前には、芋や粟（雑穀）が主役の収穫儀礼も存在していただろう。『常陸国風土記』（七二〇年前後成立か）筑波郡に「新粟《わせ》の初嘗《にひなへ》して、家内諱忌《やぬちものいみ》せり」という描写がある（この伝承では、忌み籠もりを

しているのが男か女か、それとも男女どちらもかは断定できないが）。

また、『常陸国風土記』と同じ関東圏の庶民の歌が「東歌《あずまうた》」として『万葉集』に残されていて、その中に、稲の収穫儀礼と関係すると思われる次のような歌が二首ある。

鳰鳥《にほどり》の葛飾《かつしか》早稲《わせ》を饗《にへ》〔爾倍〕すともその愛《かな》しきを外《と》に立てめやも　（巻14・三三八六）

（きょうは収穫したばかりの「早稲《わせ》」を神に捧げるニイナメの日です、それで〔男は〕誰も儀礼を行なっている部屋に入れてはいけないのですが、愛《いと》しいあなたを外に立たせておくことなんてできましょうか、いやできません。）

誰《たれ》そこの屋《や》の戸押《とお》そぶる新嘗《にふなみ》〔爾布奈未〕にわが背《せ》〔世〕を遣《や》りて斎《いは》ふこの戸を　（同・三四六〇）

（きょうはニイナメ〔ニフナミ〕なので私の愛《いと》しい兄〔あなた〕を外に出して儀礼を行なっています。それなのに、誰か〔あなた〕が〔まるで訪れてきた神のように〕戸を押して揺らしています。〔こっそり入れてしまいましょうか。〕）

三四六〇歌の「わが背《せ》（兄《せ》と同じ）」は、恋歌で男に女が呼びかけるときの定型表現なので、忌み籠もりをして家に籠もっているのが〈女〉だとわかる。弥生段階の〈女のニイナメ〉が関東では農村習俗として残っていて、その儀礼を詠《よ》んだ歌が『万葉集』に東歌として残されたのであろう。また関東に限らず広く民間にニイナメ的な儀礼が存在していて、それが神話のアマテラスやカムアタカシツヒメのニイナメとして伝承されたのであろう。

ニイナメの語源論

この東歌の「ニフナミ」の「ニフ」については、柳田国男が、「中部以東の日本の広い地域」で「稲積《いなづみ》」を「ニホ・

ニョウ」に近い名称で呼んでいるとしたうえで、「大体に於てニホ又はニフ・ニュウ等が、産屋のことであつたとまでは考へて行くことが出来る」(12)と指摘している(「稲の産屋」)。

この柳田「稲の産屋」をふまえて、三品彰英《みしなあきひで》が次のような論を提示した(13)。

稲の収穫儀礼において出産の時と同じタブーが行なわれる南方の稲米儀礼や、ニフという語が産屋を意味するという柳田翁の教示から、ニヒナメにおける農家の主婦の禁忌は稲魂の出誕のための実修であったと推断したい。

その根拠として挙げられている「南方の稲米儀礼」の実例としては、同書で三品は、「マレイ半島セランゴール地方の収穫儀礼の一例」(W・W・スキート『マレイの呪術』)を引用している。以下に、その要約を示す。

――巫女が田に出かけ、前もって定めておいた母穂束から稲魂を収め取る。「米児」と呼ばれる七本の稲束を魂籠に納める。魂籠は、日に当たらないように天蓋《てんがい》のようなもので覆い、別の一人の女性によって家に持ち帰られる。家では主婦がその魂籠を迎え、寝室に迎え入れ、枕の用意してある寝具用のござむしろの上に安置し、規定の呪儀のあとで白布をかぶせておく。そのあと主婦は、三日間「産褥にある時に守らねばならないのと全く同じタブー」を厳守する。三日後、人々が集まって会食をする。一方、田に残されていた母穂束は最後に主婦によって刈り取られ、家に持ち帰られる。「稲魂の母」「新しい母」と呼ばれ、子を出産した母として扱われる。その粒は、稲魂の粒と混ぜて器に入れて家の中に保存しておく。また、これらの粒は、翌年度の種籾に混ぜ、あるいは呪儀用にとっておく。――

ここには、『儀式』（八七二年以降成立）、『延喜式』（九二七年）が示す平安期大嘗祭の重要な要素のほとんどすべてが揃っている。「巫女」はサカツコ（造酒童女・造酒児）、「稲魂」は神聖な稲、「稲魂を収め取る」行事は抜穂《ぬきほ》、「寝室」は大嘗殿内陣、寝具用のござむしろは「白端御畳《しらべりのおんたたみ》（帖）」（八重畳《やえだたみ》）、「白布」は衾《ふすま》、「枕」は坂枕《さかまくら》などに対応する。

この「マレイ半島セランゴール地方の収穫儀礼」のように、原ニイナメ儀礼に、人間の〈女〉による、稲の母からの稲の子の出産の模擬儀礼の存在を認めるとすれば、「ニヒナメ」の古層語に「ニフナミ」があり、その「ニフ」には「稲の産屋」（柳田説）という観念が潜んでいたという論理が成立する。

なお、「ニヒナメ」の「ナメ」を「嘗《な》め」だとするのは、食べるという意味のある「嘗」という漢字の意味に引きずられた、漢字文化移入後の後世の変化層である。

さて私は、東歌の「ニフナミ」の「ナミ」を「の忌み」の転と想定するのであるが、これには、次に引用する、折《おり》口信夫《くちしのぶ》提示の「忌み」説が手がかりになっている。

> にはなひ・にふなみ・にひなめ・にへなみ、――此四つの用語例を考へて見ると、にへ・には・にふは、贄と同語根である事が訣《わか》る。此四つの言葉は、にへのいみといふことで、「のいみ」といふことが「なめ」となつたのである。発音から見ても、極近いのである。結局此は、五穀が成熟した後の、贄として神に奉る時の、物忌み・精進の生活である事を意味するのであらう。新しく生つたものを、神に進める為の物忌み、と言ふ事になるのである。[14]（折口信夫「大嘗祭の本義」一九二八年、傍線原文）

折口説では、「ニヒナメ」の語源は「贄として神に奉る時の、物忌み・精進の生活」ということになる。「ニヒ」の語源を、神に捧げる供え物である「贄《ニヘ》」だとしている点では私と異なるが、「ナメ」の語源を「の忌み」だとしている点には賛同できる。「の忌み（ノイミ）」の「ノイミ」が短縮されて「ナミ」となったとするのである。

だとすれば、「ニフナミ」の語源は、稲の子の出産を人間の〈女〉による出産と重ね合わせた模擬儀礼「ニフ」（稲と産屋の観念を併せ持つ）の中心にいるその〈女〉が、その「ニフ」の儀礼に備えて忌み籠もる〝ニフの忌み籠もり〟であり、その短縮形〝ニフの忌み〟をさらに短縮化した「ニフナミ」であった可能性が出てくる。すなわち、「ニフノイミ」→「ニフナミ」→「ニヒナメ」という語源論が見えてくることになる。

なお折口は、「大嘗祭の本義」の十二年前に発表された「稲むらの蔭にて」(15)（一九一六年、傍線原文）では、「にへなみ・にふなみ何れにしても、格のてにをはなる『の』と『いみ』との熟したもので、即、にふのいみ（忌）といふ語であるらしい」というふうに、一度は「にふのいみ」説を提示した。しかし、その後、この「にふのいみ」への言及は消え、「大嘗祭の本義」では「にへのいみ」説に転じている。

『新嘗の研究　第一輯』(16)に、柳田「稲の産屋」と同時掲載された折口「新嘗と東歌」でも、「にふなみとはにへのものいみ、即、早稲《ワセ》を料理して差し上げる物忌みである。」（傍線原文）と、「にへのいみ」説が繰り返されている。

なお、『新嘗の研究　第一輯』は、一九五三年十一月刊であり、折口信夫は、この年の九月三日に六十七歳で死去しているので、『新嘗の研究　第一輯』を見ることはなかったし、柳田「稲の産屋」を読むこともなかった（にひなめ研究会での講演としては聴いていた可能性があるが）。これはあくまでも空想のレベルではあるが、折口が柳田「稲の産屋」を読めてその「ニフ」論を知ったとしたら、「稲むらの蔭にて」（一九一六年）で一度は提示した「にふのいみ」論を再評価したかも知れない。私の「ニフノイミ」→「ニフナミ」→「ニヒナメ」という語源説は、柳田「稲の産屋」の「ニフ」論と、折口の「（にへ）のいみ」→「（ニフ）ナミ」説とが合流して誕生したものである。

折口信夫は、一九二一（大正十）年、一九二三（大正十二）年、一九三五（昭和十）年の計三回、オキナワ調査を行なっている。また、一九二三年のオキナワ調査の際に台湾（当時は日本領だった）にも行った。本格的な民俗調査はしなかったようだが、台湾の「蕃族調査報告書」には目を通したようである。(17)

折口は文化人類学的研究にも強い関心を持っていた。彼は、柳田国男との対談で「私などの対象になるものは、時代がさかのぼっていくことが多いので、エスノロジーと協力しなければならぬ(18)」と述べているように、日本古代文学を発生・源流の側から把握するには「エスノロジー」（民族学、文化人類学）との交流が不可欠だと認識していた。しかし、現在の古代文学研究者が推進しているような少数民族文化の現地調査は、国際情勢、交通・通信網の未発達そのほかさまざまな時代の制約があったので、折口には実現できなかった。

天皇存在の根拠を探る

ところで、この『新嘗の研究　第一輯』には、三笠宮崇仁親王（二〇一六年没）の、次のような「はしがき」が載せられている。

このたびにひなめ研究会の講演集が出版されるにあたり、私は同会発足のときから関係した一人としてその経過のあらましを記す必要があると思ふ。

（略）

日本古代史はまったく農業生産を基盤として発展したものであり、しかもその中心をなすものは水稲耕作にほかならない。従って水稲耕作の研究こそは日本古代史解明のカギといふべきである。しかるにその稲が、いつごろ、どこから、だれによって、日本のどこへもたらされたか、そして縄文式および弥生式文化はその稲といかなる関係を持ちつゝ発展していったかといふ問題は、従来から種々の学説はあるが、まだ明確には実証されてゐない。このことは我々日本の学術研究者としてははなはだ遺憾であると言はなければならない。我々はつねに思ひをこゝに致し、各方面の専門的知識を結集してこの日本文化源流の研究といふ重大問題の解明を期してゐる。全国における本問題研究者諸氏の御協力を切望してやまない。（一九五三、七、一〇、記）（（　）内原文）

ここでは、「新嘗」（最終的には大嘗祭）を研究することは「日本文化源流の研究」であるという方向性が示されており、その「源流」は「縄文式および弥生式文化」にまで遡るものと想定されている。その方向性は、『新嘗の研究　第一輯』から『新嘗の研究　第五輯』まで、アジア全域の文化人類学的および民俗学的論考を多数収録することで貫かれた。

しかし、天皇であることの根拠を保証するニイナメ儀礼（その延長線上にある大嘗祭）を、三笠宮崇仁親王のように「日本文化源流」として追求しようとする姿勢は、現代の天皇氏族の人びとのあいだでは薄れつつあるようである。天皇存在の根拠を明示していない（隠している）現憲法下では、その根拠に触れると、宗教化を目指した国家神道や、非現実的な高天原神話が浮上してきて、現憲法の政教分離規定に違反する可能性が出てくる。おそらくは同じく政教分離違反の可能性を恐れて、大嘗祭は新皇室典範の条文から消されたのだろう。そこで、「日本文化源流」（三笠宮崇仁親王）の問題意識で大嘗祭（およびそれによって根拠づけられる天皇存在）を捉える知的探究心から遠い場合には、現代の天皇氏族の人びとのあいだに、天皇であることへの自信喪失現象が生じるのは当然であろう。

「日本文化源流」として縄文・弥生まで含んだ視点を取れば、天皇は、「縄文・弥生時代以来の、アニミズム・

シャーマニズム・神話世界性といった、ヤマト的なるものの特性」を、神話・祭祀・儀礼などの形で継承し続けている存在（工藤『大嘗祭』）、すなわちヤマトの宗教以前の土俗文化の結晶であることに存在価値があることが理解できるであろう。

現日本国憲法は、天皇制の根拠を明示しないが、底流には、大日本帝国憲法が明示した「万世一系」と「天皇ハ神聖ニシテ侵スヘカラス」という観念が潜んでいることは、日本国民の暗黙の了解である。しかし、「万世一系」については、唐の皇帝の男系男子継承主義のうちの「男系」の部分を模倣してできた、おそらくは六〇〇年代以後に固まった天皇系譜の伝統である。また、その系譜が高天原の神々に発するとするのは、中国少数民族に典型的な、ムラ段階社会の系譜意識の残存であるから、近代合理主義の国家段階の〈象徴王〉の根拠としては、その反合理性ゆえに違和感が生じるであろう。

「天皇ハ神聖ニシテ侵スヘカラス」は、民間の地域社会でなら民俗文化（土俗文化）として受け入れてもらえるが、近代合理主義の国家段階では無理であろう。

したがって、民主主義の現代日本においては、「万世一系」「天皇ハ神聖ニシテ侵スヘカラス」以外の根拠も示せなければ、いずれ天皇位の存続は危うくなるであろう。

そこで、天皇を、〝縄文・弥生時代以来の、アニミズム・シャーマニズム・神話世界性といった特性を、神話・祭祀・儀礼などの形で継承し続けている存在〟（工藤）とする発想が必要になる。これは、天皇存在の根拠を〝宗教以前〟の土俗文化に置くものである。ヤマト伝統の、自然と密着した土俗的なアニミズム系文化は、絶対神を頂点に置く一神教のような排他性を持たない。しかも、自然との共生と節度ある欲望というアニミズム系文化の特性は（迷信・妄想に近い反合理性の部分は除いて）、自然破壊への勢いを制御できない近代文明に抗するエコロジー思想と基盤を同じくしているという意味で、これからの地球の自然環境崩壊に抗する思想の、世界規模での「象徴」にもなりうるであろう。

大嘗祭は、「縄文・弥生時代以来の、アニミズム・シャーマニズム・神話世界性といった、ヤマト的なるものの特性」を結晶させた儀礼であり、その大嘗祭によってこそ天皇はその超越性を保証される。先にも述べたように、剣・鏡・印鑑の継承の儀や内外に即位を宣言する即位礼の儀は、舶来文化の継承という文化移入史的側面以外には、天皇位の根拠としてはあくまでも副次的なものであるから、この部分は変質・縮減・省略されてもかまわない性質のものである。

ここで、再確認のために、工藤『大嘗祭――天皇制と日本文化の源流』の「大嘗祭存続論」を、そのまま引用しておく。

①大嘗祭は、一三〇〇年余の伝統を持つことそれ自体が、多くの無形民俗文化財と同じく、手厚く保護すべき価値を持っている。

②剣・鏡などの神器が大陸伝来の舶来品であることや、即位の礼の高御座《たかみくら》その他、唐文化の模倣部分もあるが、これらもまた二〇〇〇余年以前からの異文化移入の歴史的実態を伝えるものとして、文化史的価値がある。

③大嘗祭後段の大嘗宮での行事に、太陽の衰弱からの復活、「天皇霊」の継承という意味が内在している点は、アニミズム・シャーマニズム的観念の残存したものとして、宗教学や文化人類学の対象となる貴重な事例である。

④しかし、最も貴重なのは、大嘗祭の、特に稲と造酒児《さかつこ》を主役とする前段であり、それは、古くは縄文時代晩期の粟の収穫儀礼や、弥生時代以来の水田稲作文化の収穫儀礼の、〈女〉が主体となる部分の痕跡を伝えているものである。

⑤日本文化の基層は、縄文・弥生時代に発するアニミズム・シャーマニズム・神話世界性にあり、大嘗祭の特に稲とサカツコを主役とする前段は、それらの結晶として貴重なものである。

⑥伊勢神宮の式年遷宮の価値は、弥生時代の穀物倉庫に神聖性を感じるアニミズム・シャーマニズム・神話世界性を継承し続けている点にある。同じように、大嘗祭も、特に稲とサカツコを主役とする前段は、縄文・弥生時代以来のヤマト的なるものの源に通じる文化資質を結晶させているので、可能な範囲で丁寧に復元するのがよい。

〈女〉が主役の稲収穫儀礼と縄文土偶からの模索

平安期の『儀式』『延喜式』ほかによれば、大嘗宮《だいじょうきゅう》内陣には、天皇が座る「御座《ぎょざ》（おんざ）」とアマテラスオオミカミが来臨する「神座《しんざ》（かみざ）」のほかに、中央に「白端御畳《しらべりのおんたたみ》（帖）」（八重畳）が置かれているが、この畳には天皇は上がらなかったようだ。

この畳はおそらく、東南アジアの稲収穫儀礼で、巫女《みこ》やその家の主婦が、稲の子の出産を模す儀礼で用いた寝座（ベッド）の形式が弥生時代以来のヤマトでも採用され続けていて、その残形としての寝座が稲（粟を含む）の収穫儀礼（ニイナメ）には不可欠のものとして受け継がれてきていたのであろう（稲の神・稲魂の寝所というその本来の意味は、平安期にはもちろん、六〇〇年代末の天武・持統政権下の初期大嘗祭創設の際にもすでに、不明になっていたと思われるが）。

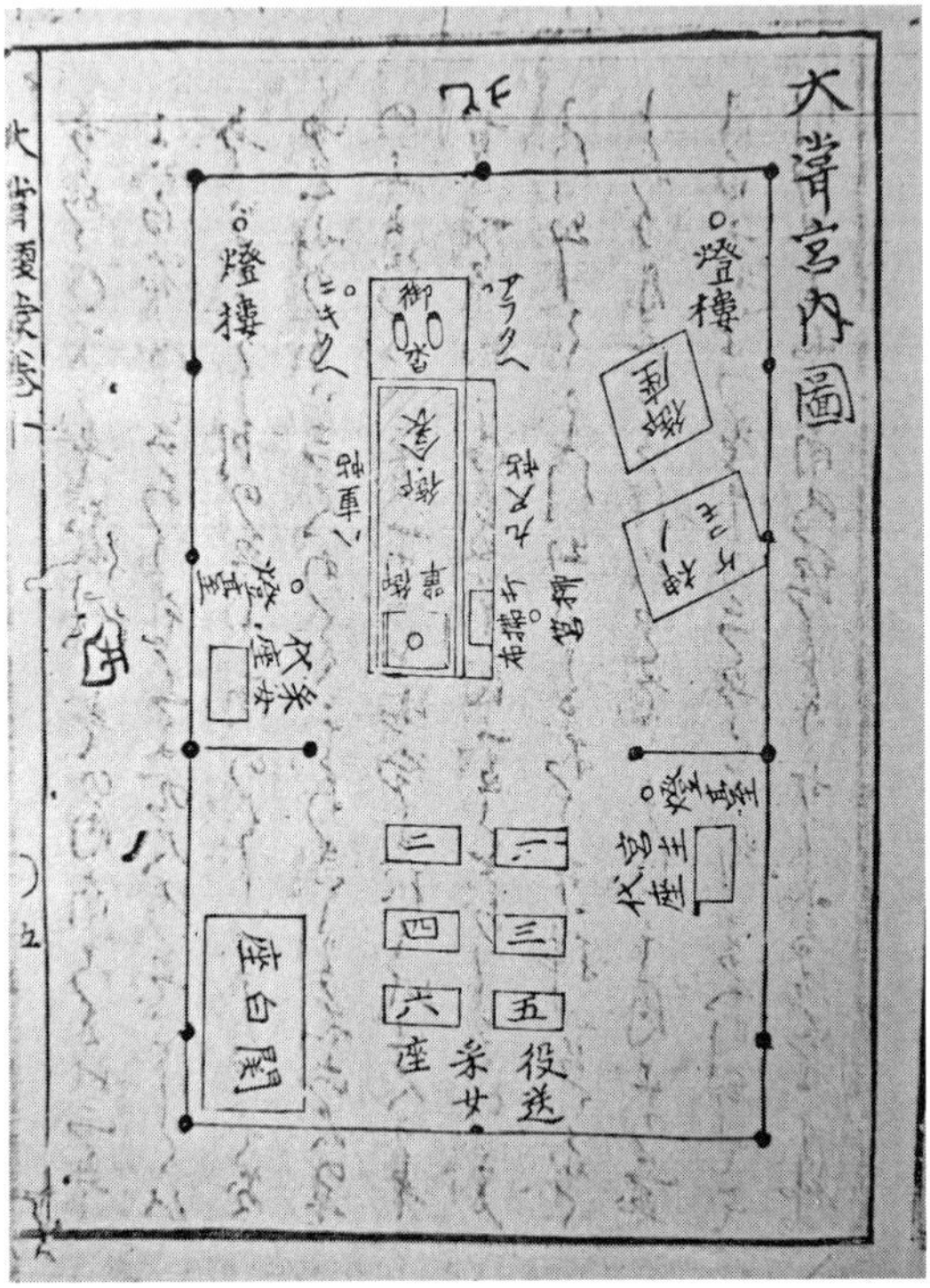

大嘗宮内図。中央に「八重帖(畳)」がある。「神ノケコモ」は「神座」と同じ。桜町天皇の再復活大嘗祭（1738年。断絶後に変化が生じたであろうあり方）の詳細を記述した『大嘗会便蒙』（早稲田大学図書館蔵）による。

ところで、縄文時代には、東北・関東地域を中心としておびただしい数の土偶が発掘されている。それらの土偶のほとんどは女性であり、しかもその多くが、妊娠しているか出産経験ありと思われる造形である。すなわち、縄文時代には、子を産む女性に特別の価値を感じ取る感性が、広い地域に分布していたようである。

また、近年の考古学研究では、西日本で同一地域に縄文文化と弥生文化が併存する遺跡の存在が報告されたり、寺前直人『文明に抗した弥生の人びと』(19)が、「合掌土偶」（青森県八戸市是川縄文館蔵）など東北の縄文土偶（特に座産を形象化したとされる「屈折像土偶」）の形式を西日本の弥生文化が移し入れていたとしている。すなわち、日本列島では縄文時代以来女性に特別な価値を見いだす観念の基盤ができていたので、弥生時代に流入してきた東南アジアの稲収穫儀礼一般の、稲の母が稲の子を産むという観念と、その儀礼の主役を〈女〉が務めるということは受容されやすかったであろう。

合掌土偶（是川縄文館蔵）。縄文後期。座って出産する「座産」の像とする説が有力。撮影：筆者（撮影許可を得た）

稲の神とアマテラスが混在する神座

『延喜式』の「神今食《じんこんじき》（かむいまけ）」の条には、次のようにある。

神今食。舗御畳於殿中央〔神座西面。御座東面。〕

（神今食は、御畳を部屋の中央に敷く。〔神座は西面し、御座は東面す。〕）

この「殿」を大嘗殿（あるいは大嘗宮）と読みかえれば、「御畳《おんたたみ》」は大嘗殿の「中央」に敷かれていることになるので、「白端御畳《しらべりのおんたたみ》（帖）」（八重畳）に対応することになる。そしてその東側に天皇が東に向かって座る「御座《ぎょざ》（おんざ）」が置かれ、これと向かい合う形で、つまり西向きに「神座《しんざ》（かみざ）」が置かれている。また、『江次第鈔《ごうしだいしょう》』[20]（十二世紀成立の『江家次第《ごうけしだい》』を一条兼良が抄録したもの、『江家次第抄』ともいう）引用の『新儀式』（十世紀後半か）の「神今食」の記述の割注でも、「八重畳」が

部屋の中央部に南北に置かれ、

其東有御座畳。其東有短畳。但向東著御。

（その【八重畳の】東に【天皇が座る】御座の畳があり、その東に短畳《みじかたたみ》（たんじょう）〔神座〕がある。ただし、【天皇は】東に向かってお座りになる。）

というふうに、八重畳の東側に「御座畳」（天皇が座る畳）があり、さらにその東に「短畳」（アマテラスが来臨する「神座」にあたる）がある。天皇は、その短畳（神座）に向かうようにして、御座の畳に座るのだという。

「神今食」は、平安期では、六月・十二月の十一日に、内裏の神嘉殿にアマテラスオオミカミを祭り、天皇がご飯（旧穀を用いる点が新嘗祭と異なる）を奉り、自身も食する神事であり、それらは平安期大嘗祭の悠紀殿・主基殿での行事に酷似している。

ところが、『江記《ごうき》』[21]（十二世紀末）によると、次に引用するように、天仁《てんにん》元年（一一〇八）の大嘗祭の大嘗殿にも、「神座」が設けられていて、この「神座」は中央の「八重帖」（八重畳）を指しているようなのだ。

（略）神座東（略）為御座、（略）以短帖陪於東戸前（略）令置衾単於悠紀殿神座上。

（神座の東に……御座とする。……短帖《みじかたたみ》を以て東の戸の前に添える。……衾《ふすま》と単《ひとえ》を悠紀《ゆき》殿の神座の上に置かしめる。）

「御座」は天皇が座る座で、「短帖」は「東の戸の前に」とあるので、外来の神（アマテラス）のための座であることがわかる。すると、「衾と単を悠紀殿の神座の上に置く」とある「神座」は、中央にある「八重帖」を指していることになる。

ということは、平安後期には、衾《ふすま》と単《ひとえ》の置かれている中央の大きな「八重帖」（八重畳、白端御畳〈帖〉）を「神座」と呼んだり、「八重帖」の東側に置かれた小さな「御座畳《ぎょざのたたみ》」の前の、もう一つの小さな畳を「神座」（アマテラスの座）と呼んだりというように、「神座」の概念に混乱のあることがわかる。

しかし、こういった「神座」についての混乱は、大嘗祭が整備された天武・持統朝においてもすでに生じていたと推測される。少なくとも平安時代には（おそらくは六〇〇年代末の初期大嘗祭でも）、中央の八重畳（白端御帖）が弥生時代にまで遡る稲収穫儀礼の痕跡（稲の神・稲魂の寝所）であることは忘れられていたのだが、古《いにしえ》からの伝統なのでそのまま継承していた。しかし、いつしか天皇氏族の氏神でかつ国家祭祀最高位の神としてのアマテラスの座も別に設けることになった、という大嘗祭生成の過程が見えてくるであろう。

大嘗宮はアニミズム系文化の結晶

大嘗殿の中心施設は、悠紀殿・主基殿から成る大嘗宮である。『儀式』『延喜式』によると、悠紀・主基両殿はまったく同じ構造であり、皮付きの「黒木」を用い、屋根には「青草《かや》」を葺き、天井には「檜竿《ひのきのさお》」を用い、「席《むしろ》」で「承《しょう》塵《じん》」（屋根裏から落ちる塵《ちり》を承《う》けるもの）を作り、「草《かや》」の「壁蔀《かべしとみ》」の表裏にも「席」をつける。地面には「束草《あつかかや》」を敷き、その上に「竹簀《すのこ》」、またその上に「席」、さらにその上に「白端御畳《しらべりのおんたたみ》（帖）」を敷き、そのタタミの南の端に「坂枕《さかまくら》」を置き、また同じタタミの上に「衾《ふすま》」と「単《ひとえ》」を置いた。全体を、柴《しば》の垣根に椎《しい》の枝をさした「屏籬《へいり》」が囲む。

ただし、『儀式』『延喜式』とも、「白端御畳《しらべりのおんたたみ》（帖）」は、地面にカヤを敷き、その上に「竹簀」、「席」を置いて、その上に設置している。ということは、『大嘗会便蒙《べんもう》』（一一五代桜町天皇の再復活大嘗祭〈一七三八年〉の詳細を記録したもの。二二一年間の断絶後に変化が生じたあり方ではあったが）に描かれた「大嘗宮図」が、高床式であるのと矛盾する。

大嘗宮を弥生時代にまで遡る源流側からの視点でいえば、長江流域以南地域の少数民族居住地域や東南アジアの農民の住居が一般的に高床式であることや[22]、ヤマトの古墳時代の建物埴輪や建物絵図に高床式が多いこと、『儀式』より一八〇年以上前に始まったと推定される伊勢神宮の遷宮の対象である内宮《ないくう》・外宮正殿《げくうしょうでん》ほか主要建物が高床式であることなどを手がかりにすると、大嘗祭の整備が開始された天武・持統天皇期（六〇〇年代末）ころの大嘗宮は高床式だったろうと推測される。

それが平安の一時期にだけ、過剰な〝原始返り〟あるいは建築の簡素化といった理由で何らかの改変が生じたのであろうか。たとえば、八〇〇年代後半からは、『古今和歌集』（九〇五年）などに象徴される国風文化が、美術工芸から衣食住全般に及んで隆盛となっていた。その流れの中で、唐風文化からの脱却の動きが、ヤマト的文化の源への、たとえば縄文時代にまで遡る過剰な回帰となり、それが大嘗宮の内部にまで及んだのだろうか。

しかし、いつのころからか天武・持統天皇期のあり方に忠実であろうとする復活への動きが出て、高床式に戻されたのであろう。

幻視を引き寄せる〝天皇の演技〟

ところで、この大嘗殿の中での天皇の所作について、私は『大嘗祭——天皇制と日本文化の源流』（二〇一七年）で次のように述べた。

天皇位継承儀礼の役割を意識した大嘗祭の最初のものは、天武天皇（四〇代）の大嘗祭だったと思われる。そして、それまで伝承されてきていたニイナメ儀礼を国家祭祀・大嘗祭として高度な水準へと上昇させるときには、このころにすでに祭祀の整備の面ではるかに先行していた伊勢神宮の祭祀のあり方が参考にされたのではないか。そして、そのときの大嘗殿内陣では、天皇はほとんど神社の神主のような所作しかしなかったのだと思われる。平安朝の儀式書によれば、内陣には天皇と共に采女《うねめ》たちも入っているが、彼女たちも基本的には神主の補佐役としての業務しかしていない。

しかし、大嘗殿での天皇の所作は高度の「秘儀」とされることによって[23]、実は「神社の神主のような所作」でしかないものが、さまざまな意味づけいわば〝幻視〟を引き寄せることができたのである。かつて私は、「天皇の演技」[24]という文章で次のように述べた。

大嘗殿の中で、天皇は一人五役の俳優人《わざおぎひと》であった。巫女（アマテラス・カムアタカシツヒメにあたる）を演じ、その巫女によって奉仕される稲の神を演じ、その稲の神の資格のもとに、自分自身が演じている巫女と婚し、そして稲の神の子としての誕生を演ずる。一方で、即位儀式の葬儀（死）↓即位（復活）パターンが重ね合され、死んだ前天皇を演じ、復活する新天皇を演ずるのである。

もちろん、新天皇が実際に「五役」を演じ分ける具体的な所作をしているのではない（神主的な奉仕の所作だけだったのだろう）のだが、外部にいる人たちの頭脳の中には、この「五役」や、あるいはそれらとは別の意味づけも幻視されていて、それがそれぞれに機能して新天皇の超越性を印象づけるのである。

例えば、タタミの上の「衾」には、タカミムスヒのみことがホノニニギのみことを「真床追《まとこおふ》（覆）衾《ふすま》」で覆って高千穂の峰に「天降《あまくだ》」らせたという、『日本書紀』神代《じんだい》（第九段本文、同「第四の一書」「第六の一書」）の神話イメージも投影されたと思われる。

なお、悠紀・主基両殿の形態・理念は、伊勢神宮の内宮・外宮正殿と基本的に同じである。高床式、茅葺屋根、掘《ほっ》立《たて》柱、直線状の破風《はふ》、破風を突き出た千木《ちぎ》、堅魚木《かつおぎ》などに特徴を持つ。一方で、持統天皇時代の大極殿《だいごくでん》・朝堂院は、大陸伝来の寺院建築、宮殿建築などを象徴する瓦屋根、土壁、礎石の上に柱を置く礎石建《た》ち、柱を彩色するなどの建築技術を用いていた。こういった、古代なりの〈近代化〉の流れに背を向けて、内宮・外宮や大嘗宮の悠紀・主基両殿は、あえてヤマト文化の原点に返ろうとしたのである。

なお、悠紀・主基両殿は、大嘗祭当日の七日前から造営を開始し、五日間で完成させる。すなわち、自然の草木だけで造られる、縄文・弥生時代以来のアニミズム系文化の伝統の結晶である。しかも、主基殿での祭儀が終了した直後の午前五時ごろには早くも大嘗宮を「壊却《えきやく》」（伝統的には焼却するのがヤマトの祭りのあり方だった）する。まさに、ヤマト文化の伝統そのままの、自然性そのものの仮宮《かりみや》であった。

したがって、二十一世紀の現代での大嘗祭においては、少なくともその核心部分にあたる悠紀・主基両殿だけは、このアニミズム系文化の伝統の結晶としての、自然性そのものの建築様式を守るべきであろう（高床式で）。

しかし令和の大嘗祭（二〇一九年）では、悠紀・主基両殿の屋根が板葺きになった。これは、伊勢神宮の内宮・外宮正殿の屋根が板葺きになったとしたら、遷宮の根源的な意義がいちじるしく減衰するのと同じように、大嘗祭の根源的な意義の減衰の始まりであり、天皇存在を根源で支える根拠の磨滅の始まりであろう（幄舎《あくしゃ》など周辺の建物は、板葺き屋根でもプレハブでもテント張りでもかまわないが）。

大嘗祭の本質にかかわる核心部分は、真冬の冬至のころに行なわれること、悠紀・主基両殿が自然性そのものの建築様式であること、原型的には稲と〈女〉が主役であったこと、にある。そのほかのいわば副次的な要素の部分は、時代に合わせて変化していくことになっても、また節減・省略されても許容されることである。しかし、アニミズム系文化の核心部分だけは極力維持されねばならない。

実利性重視の行政組織とアニミズム系祭祀機関の併存

ところで、『儀式』『延喜式』に詳述された平安期大嘗祭のあり方では、その前段では、「造酒児《さかつこ》」（『儀式』では「造酒《さかつ》童女《こ》」）という童女が稲とほぼ同格に神聖視されている（後段の大嘗宮の行事では新天皇が主役）。このサカツコには、原ニイナメ儀礼の女性原理的部分や、神話伝承の中のアマテラス・カムアタカシツヒメ、また『万葉集』東歌の、〈女〉が主役のニイナメ儀礼の残影が微かに投影されていたのではないか。

もちろん、六〇〇年代末に、新嘗祭を天皇位継承儀礼としての大嘗祭へと上昇させるときには、整備の面で先行していた伊勢神宮祭祀のあり方も参考にされたのであろうが、ニイナメ儀礼にあたるその伊勢神宮の神嘗祭《かんなめ》・月次祭《つきなみ》は、すでに原ニイナメ儀礼から多くの変質を受けていたものと思われる。

ともかく、大嘗祭とは、冬至のころの冬の極まりから春の到来をもたらす季節の再生呪術の伝統の上に、〈女〉が主役の原ニイナメ儀礼の稲の再生呪術と、新天皇の誕生（再生）儀礼を重ね合わせたものである。

このような大嘗祭を創出することによって践祚→（即位礼）→大嘗祭という形式をスタートさせた天武・持統政権は、一方で当時の先進国唐から国家建設・運営に必要な実利的知識やさまざまな技術類を、遣唐使を派遣して積極的に移入した。このように、古代なりの近代化が急速に進行しているときには、伝統的なヤマト文化は、遅れたものとして軽視されがちだ。しかし、天武・持統政権は、のちにやや詳しく触れるように、逆にヤマトの伝統的な歌や舞を積極的に保護し、また古《いにしえ》への回帰を主題とする『古事記』の編纂を支持し、縄文・弥生期以来のアニミズム系文化の伝統を伝える新嘗祭・鎮魂祭・大祓《おおはらえ》および伊勢神宮諸祭祀を柱とする神祇官《じんぎかん》祭祀を整備し、また、天皇位継承儀礼としての大嘗祭も創出した。さらに、弥生期以来の高床式穀物倉庫を正殿《しょうでん》建築とする伊勢神宮の、二十年ごとの遷宮を開始し（持統天皇）、斎宮も制度化した。

この、天武・持統天皇期にスタートした、国家運営に必要な実利性重視の行政組織と、アニミズム系文化の伝統を結晶させた祭祀機関から成る統治機構は武士政権時代に移行したあとも生き続け、明治の近代化では国家神道としてさらに強化された。敗戦後の民主国家の日本においてさえも、象徴天皇制としてその基本構造が維持されていることを見据えれば、現代日本社会の深部構造が見えてくるであろう。

4　天皇霊の問題

天皇霊継承がもたらす超越性

大嘗祭の本質を考える際に重要なのは、悠紀殿・主基殿の中央に置かれている白端御畳（八重畳）の役割をどう説明するかである。平安期大嘗祭では、白端御畳とは別に伊勢神宮のアマテラスの神座もあり、天皇はその前の御座に座って神座に供え物を捧げる。このとき、中央のベッド状の白端御畳は使用されない。この白端御畳にはアマテラスが座しているとする説もあるが、それならば、御座の前の神座（わざわざ伊勢神宮の方角に向けられている）は不要であろう。先にも述べたように、中央のベッド状のものは、原ニイナメ儀礼の残影であり、弥生時代にまで遡れば、稲の神がこのベッドにやって来たとする儀礼が行なわれていたと考えられ、おそらくはその本来の意味がわからなくなっても〝古来伝えられてきた神聖なもの〟として残され続けてきていたのであろう。

悠紀殿から始まる深夜から明け方にかけての行事は、秋→冬→春という季節（太陽）の仮の死から復活へという一連の流れを一夜に凝縮させているうえに、主基殿での行事が終わることによって初めて、季節（太陽）が復活して春が到来し、稲もまた翌年の稔りへと歩み出すとともに、新天皇の誕生も完結するのである。したがって、主基殿を副次的なものとするのは後世的（主として明治以降）であり、むしろ主基殿の儀礼こそが主にして基本のものだという、平安期以来の「主基」という漢字表記の示す理念が妥当であろう。

ところで、『日本書紀』では、「天皇霊」や「現人神《あらひとがみ》」という言葉が、類似の表現と共にいくつか登場している。

・「聖帝《ひじりのみかど》之《の》神霊《みたまのふゆ》」（十一代垂仁天皇・後紀）
・「天皇《すめらみこと》之《の》神霊《みたまのふゆ》」（十二代景行天皇二十八年）
・「皇霊《みたま》之《の》威《ふゆ》」（同四十年）
・「吾《われ》【日本武尊《やまとたけるのみこと》】は是《これ》、現人神《あらひとがみ》【景行天皇】の子《みこ》なり」（同四十年・是歳《このとし》）
・「天地諸神《あめつちのもろもろのかみ》及び天皇霊《すめらみことのみたま》」（三十代敏達天皇十年）
・「天皇《すめらみこと》之《の》霊《みかげ》」（四十代天武天皇元年）
・「皇祖《すめみおやの》御魂《みたま》」（同十年）

これら、天皇の身体の中に「霊」や「神」や「魂」が存在しているとする表現は、自然世界のあらゆる物・現象の中に、超越的・霊的なもの（カミ）の存在を感じ取るアニミズム的な観念と同質である。アニミズムでは、動物・昆虫・植物はもちろん、石や土、風や雨や炎にもカミがいて、『古事記』『日本書紀』『常陸国風土記』、祝詞《のりと》などには、「草木言語《くさきこととふ》」（草や木が言葉を発する）という語やその類似表現の語句が登場する。このようなアニミズム的感覚は、現在では、自然の生態系を重視するエコロジー思想と通じる部分がある。

なお、折口信夫は、「このまつり【大嘗祭】に設けられる天子のしとねと、さか枕は、普通死んだときの状態と考へられる。（略）枕で一時眠つて、復活をあらはすとも言へる。[25]」（「新嘗と東歌」一九五三年）というふうに、天皇が実際に「寝具」の中に入って「一時眠る」と考えた。ただし折口は、初期には、以下のようにそれとは別の解釈も述べている。

> 悠紀殿は、元の日のみ子の為のまつり殿ともなったらしい。死者に魂をつけて、復活させる事が、同時に次の日のみ子の出現と同じ事になる。新しく出《い》でられるのでなく、蘇り給うものと見るのである。だから、悠紀殿の御衾は、元の日のみ子の籠り居給うと考えたのである。主基殿のは、次の日の御子の籠らせられるもので、二つに分れていても、同じ衾一つの大御身《オホミマ》のお出《い》でになるものと信じた長い時代の後、其を形式上に長く守る様になったのだ。此の衾は、天孫降臨の際、身に被《カガフ》って居られた「真床御衾」で、地上にある。[26]（折口信夫「大嘗祭の本義（別稿）」――「大嘗祭の本義」〈一九二八年〉の草稿）

悠紀殿では「元の日のみ子」（前天皇）が衾に籠もり（実際に籠もるのか、あるいは籠もったと幻視するのかは曖昧にされている）、主基殿では「次の日のみ子」（新天皇）が衾に籠もり、「死者」（前天皇）が「復活」し、「蘇」った形で登場するという考え方である。また、以下のように、前天皇と新天皇が同じ衾の中に籠もるという発想も持っていた。

もと天皇霊の著いてゐた聖躬と、新しく魂が著く為の身体と、一つ衾で覆うておいて、盛んに鎮魂術をする。（略）生きてゐた者が出て来ても、一度死んだ者が、復活したのと、同じ形に考へた。(27)（折口信夫「古代人の思考の基礎」一九二九年）

このように、「聖躬」つまり前天皇の身体（没後の場合は遺体、譲位の場合は前天皇自身）と新天皇が「一つ衾《ふすま》」に入るという想定さえしているが、しかし、大嘗宮での行事は、前天皇没後（譲位後）少なくとも四か月以上あとに行なわれるものであるから、特に没後の場合は、遺体の腐乱の進行からみても、現実的には不可能なことであった。しかし折口は、天皇の身体を「天皇霊」を移し入れる「容れ物」であるとも考えていた。

昔は、天子様の御身体は、魂の容れ物であると、考へられて居た。天子様の御身体の事をすめみまのみことと申し上げて居た。（略）此《この》すめみまの命《みこと》に、天皇霊が這入つて、そこで、天子様はえらい御方となられるのである。(28)（折口信夫「大嘗祭の本義」一九二八年、傍線原文）

このように、天皇の「御身体は、魂の容れ物である」として、大嘗宮の中の儀礼には、新天皇が前天皇から「天皇霊」を引き継ぐという観念が存在しただろうとする折口説は、原理論としては賛成できる。

折口は、実態論としては現実的でないようなことを、それも一つや二つではなく、論証なしで思いついたままに書いてしまうところがある。一九四九年の柳田国男（この時七十五歳）との対談（活字化されたのは翌五〇年二月）の中で、折口自身（同六十三歳）が以下のように話しているのが参考になるだろう。(29)

折口信夫　（略）民俗学に関する情熱の盛んな時代には、コカインがあれば書くというようなことで、書くときは四十八時間くらいつづけて書いた。その後興奮がぱたりと絶える。そのあいだ【コカインが効いているあいだ】に滅茶苦茶に書いた。そうした書き物のうち、理屈にかなっていると思うようなものを出しました。そうでない捨てたものがたくさんあります。だから滅茶苦茶な方向から偶然筋の通ったものだけを出したわけなんですが、しかし中には、筋の通っていないものがたくさんあります。書くときの方法は悪いと思いますが、書いた後で方法がかなっていて、結論がそんなに間違っていないというようなものも、少々はあったわけなんですが、なんせそんなことをしていたため、そのあいだ【コカインが効いているあいだ】身体を動かすのがいやで、いちいち引用書を調べに立つことができませんし、頭に覚えているだけ限りの知識によったのです。頭に覚えているものがそういう状態になると相当に出てくる。勢い、思い違いや、入りかわりなどがあるが、まあいくらでも出てくる。潜在しているものが出てくる。そんなことで書いているということは、神がかりみたいなもので、恥ずかしいわけですが、それをいくらか、後で選択したというわけなのです。

折口信夫の実家は医業の家だったので、医療用麻薬としてのコカインを容易に入手できたのであろう。また、大先輩の柳田に対して罪の意識もなくコカイン使用を話せたのは、まだ麻薬に対する規制が緩かったころの時代背景や、敗戦（一九四五年）直後の日本社会の荒廃した世情がそれを許したからであろう。

それにしてもここには、コカインを使用しているかいないかにかかわらず、折口信夫の学問の手法の一端が示されている。すなわち、まず「滅茶苦茶」に書く、その中に「偶然筋の通ったもの」が現れる、「神がかりみたいな」状態で書いていると「潜在しているもの」が出てくる、というのである。

近年、折口信夫論をテーマにした著書が多数刊行されているが、その多くは、「思い違いや、入りかわりなどがある」と折口自身が認めている部分まで〝折口理論〟と受けとめて、なんとか辻褄の合う解釈をしようとしている。これは、一種の〝折口信夫神格化〟あるいは〝折口信夫依存症〟とでもいうべきものである。

先にも述べたように、折口は文化人類学的研究にも強い関心を持っていたのだが、少数民族文化の現地調査は、国際情勢ほかさまざまな時代の制約があったので、折口には実現できなかった。また、古代研究分野での科学的研究方法の水準も、全体としてまだ低いという時代の制約もあった。そのうえ折口には、コカイン中毒による「神がかりみたいな」状態で書くという異様な部分があった。したがって、折口理論には、「滅茶苦茶」な部分と「偶然筋の通ったもの」とを区別しながら接することが必要なのである。

大嘗祭論についても同じことが起きていて、折口は、悠紀殿には前天皇の遺骸あるいは生存中の前天皇自身が衾の中にいて、主基殿では新天皇が衾の中に入って一時眠る、あるいは前天皇の遺骸または前天皇自身と新天皇は「一つ衾」に入るというふうに、「滅茶苦茶」な想定をして、それをそのまま書いてしまう。しかし、そのような「滅茶苦茶」な想定には「偶然筋の通ったもの」が貫かれていた。それは、悠紀殿には、前天皇の死（譲位なら仮の死）が象徴され、主基殿には新天皇の誕生（復活）が象徴されており、この悠紀殿・主基殿の衾を介して行なわれるのは「天皇霊」の継承である、という原理論的把握である。私は、大嘗宮の儀礼では、新天皇が前天皇から「天皇霊」を引き継ぐことによって最終的に新天皇の超越性が維持されるとするこの原理論的把握には賛成できるのである。

先にも引用したように、私は、大嘗祭が開始された天武・持統期以来、悠紀・主基殿内では「天皇はほとんど神社の神主のような所作しかしなかったのだと思われる」と述べたように、天皇の所作の実際は、形式化された奉仕の所作だけだった可能性が高い。しかし、それが厳格に「秘儀」として扱われてきたことによって、折口の前述のような空想類も含めてさまざまな想像・幻視を呼び込む構造になっていた。秘儀性もまた天皇の超越性を演出する装置になっていたと見てよい。

稲と〈女〉の占める位置の大きさ

なお、『儀式』『延喜式』によると、大嘗宮内の「秘儀」の直前までの式次第の部分で最も重視されているのは、稲と、その稲から造られる神酒《みき》と、それらに密接にかかわる「造酒児《さかつこ》」（造酒童女）一人を筆頭とする六名の女性たちである。これらの儀式書から見える大嘗祭は、奈良・平安時代に形式化また洗練度を高めたものの記録ではあるが、それにもかかわらず、特に稲、酒と、それらにかかわるサカツコを筆頭とする〈女〉たちが重要な存在であったことは、原型的なニイナメ儀礼の残影の記録として重要である。

平安期大嘗祭では、旧暦八月上旬に、「御田《みた》」の稲の穂を抜く「抜穂《ぬきほ》」の行事を行なう。この抜穂では造酒児《さかつこ》が主役である。サカツコは〝酒《サカツ》の童女《コ》〟あるいは〝酒《サカツ》造《（クリ）》童女《コ》〟の意であろう。

また、大嘗祭の当日（冬至前後の卯の日）、四千人を超える大行列が大嘗宮に向かうが、この行列の中央部には、日《ひか》蔭鬘《げのかづら》（ツル草《くさ》の髪飾り）を付けたサカツコが「白木輿《しろきのこし》」（皮を剥いだ木で作った輿）に乗せられており、次には「黒木輿《くろきの》」（皮付きの木で作った輿）に稲を乗せた「御稲輿《みしねの》」が続く。すなわち、稲およびそれにかかわる〈女〉が神聖視され、特別に扱われていることがわかる。

サカツコは、桜町天皇（一一五代）の大嘗祭（一七三八年）のときの史料とされる「大嘗会図抄」（東京国立博物館蔵）にも、「造酒児《サカツコ》一人」という、緋の衣に白袴の童女の絵が残されている。『大嘗祭史料・鈴鹿家文書《すずかけもんじょ》』[30]によれば、仁孝《にんこう》天皇（一二〇代）および江戸時代最後の孝明天皇（一二一代）の大嘗祭のときの史料にも、「造酒児」の存在が明記されている。

ところが、明治天皇（一二二代）の大嘗祭には「造酒児」の姿が無い。この時期の政府の姿勢は富国強兵だったので、

中央の人物が「造酒児《サカツコ》」。「大嘗会図抄」（東京国立博物館蔵。『古式に見る皇位継承「儀式」宝典』新人物往来社、1990年、より）。

軍の先頭に立つ武人的天皇像が求められ、歌会始で恋歌が禁じられたのと同じように[31]、女性原理的なものが否定された。そのような時代の流れの中で、サカツコは不要と見なされたのであろう。これ以後、大正・昭和天皇はもちろんだが、平成・令和期の天皇の大嘗祭でさえも、民主主義時代に入ったのにその姿は見えなかった。敗戦後の新生日本は男性原理に偏った軍国主義から脱したのであるから、〈女〉が主役の稲収穫儀礼の微かな残形としてのサカツコは、平成・令和期の大嘗祭では何らかの今日的な形を工夫して復活させるべきであった。

5　天武・持統政権——日本的統治機構のスタート

律令制の開始と外来文化の移入

天皇位継承儀礼としての大嘗祭が登場するのは、天武（四十代）・持統（四十一代）天皇政権下においてである。

天武・持統政権の政治行動の概略については、以下、義江明子『天武天皇と持統天皇——律令国家を確立した二人の君主』[32]よりの引用に委《ゆだ》ねる。

> 【壬申《じんしん》の】乱に勝利した大海人は即位し、中央集権体制の確立に向けて強力な政策を推し進めていった。天武の死後は皇后の鸕野がただちに最高権力を掌握し、四年後の六九〇（持統四）年に即位儀を行い、全国的な戸籍（庚寅年籍《こういんねんじゃく》）に基づく人民支配を本格化させる。
> 六九七（文武元）年、持統天皇は孫の軽《かる》（文武）に位を譲る。有力な天武諸皇子が多数いるなかで、一五歳の軽への継承はすんなりいったわけではない。七～八世紀は王位継承方式の転換期である。仏教も祭祀も神話も、王

権正当化のイデオロギーとしてこの時期に体系化の模索が重ねられていった。持統は最初の太上天皇《だいじょう》として文武とならんで国政を担い、大宝律令完成の翌年、七〇二（大宝二）年十二月に五八歳で没する。天智の末年以来とだえていた遣唐使の発遣は同年六月である。（略）

【壬申の】乱を武力で勝ちぬいた天武は、支配層の共通課題を担い、対外的脅威をも利用しつつ、あらたな国家体制の構築に乗りだす。その第一の課題は、強力な統一的軍制の創出だった。（略）六八四（天武十三）年閏四月、天武は「凡《およ》そ政《まつりごとのぬみ》　要は軍事《いくさ》なり」として文官・武官すべてに武技と乗馬の修練を厳しく命じた。軍国体制の宣言である。

（（ ）内原文）

律令制は、天武天皇十年（六八一）二月の詔「朕《われ》、今より更《また》律令《のりのふみ》【飛鳥浄御原令か】を定め、法式《のり》を改めむと欲《おも》ふ。故《かれ》、倶《とも》に是《こ》の事を修《をさ》めよ。然《しか》も頓《にはか》に是《これ》のみを務《まつりごと》に就《な》さば、公事《おほやけわざ》闕《か》くこと有らむ。人を分けて行ふべし。」によって本格的に開始された。次いで、持統天皇三年（六八〇）六月には、「諸司《つかさつかさ》に令《のりのふみ》【飛鳥浄御原令か】一部二十二巻を班《わか》ち賜ふ。」とある。そして、文武天皇（四十二代）大宝元年（七〇一）八月三日条には、「三品《さんぼん》刑部親王《おさかべのみこ》、正三位藤原《ふぢはら》朝臣不比等《ふひと》（略）らをして律令《りちりやう》【大宝律令】を撰《えら》び定めしむること、是《ここ》に始《はじ》めて成る。大略、浄御原朝廷《きよみはらのみかど》【の飛鳥浄御原令か】を以て准正《じゆんせい》とす【基本とした】。」とある。

また、天武天皇は、道教を積極的に導入した。道教は、当時としては、近代でいえば自然科学のように見えていたことだろう。天武天皇即位前紀に「【天武天皇は】天文《てんもん》・遁甲《どんかふ》【一種の占星術】に能《よ》し。」とあり、天武天皇元年（六七二）六月には、「横河《よこかは》に及《いた》らむとするに、黒雲《くろくも》有り。広さ十余丈《とつゑあまりばかり》にして天《あめ》に経《わた》れり。時に、天皇異《あや》びたまふ。即ち燭《ひ》を挙《ささ》げて親《みづか》ら式《ちく》【陰陽道の呪具（筮竹《ぜいちく》）】を乗りて、占《うらな》ひて曰《のたま》はく、『天下両《あめのしたふた》つに分《わか》れむ祥《さが》なり。然れども朕《われ》遂《つひ》に天下を得むか』とのたまふ。」とある。また、四年（六七五）正月条には、「【五日に】始めて占星台《せむせいだい》を興《た》つ。」とある。

ヤマト的文化の積極的保護・育成

天武・持統政権は、以上のように律令制や道教など外来文化を積極的に移入する一方で、ヤマト古来のアニミズム系文化の保護・育成にも積極的に取り組んだ。まず、以前から存在していた斎宮を制度化した。斎宮とは、天皇の即位ごとに選ばれて伊勢神宮の天照大神と祭祀に奉仕した未婚の内親王（天皇の姉妹あるいは皇女《おうじょ》（娘））または女《じょ》王《おう》（じょうおう、天皇の遠戚の女性）のことである。これは、邪馬台《ヤマト》国の卑弥呼や、クニ段階の各地に存在した女性リーダーの延長線上に位置づけられる制度であった。天武天皇二年（六七三）四月条の「大来皇女《おほくのひめみこ》【天武天皇の娘】を天照太神宮《あまてらすおほみかみのみや》に遣侍《たてまだ》さむとして、泊瀬斎宮《はつせのいつきのみや》に居《はべ》らしむ。」、次いで翌三年（六七四）十月条の「大来皇女、泊瀬斎宮《はつせのいつきのみや》より、伊勢神宮《いせのかみのみや》に向《まう》でたまふ。」は、制度化された最初の斎宮の記事であった。

斎宮の起源としては、十代崇神天皇紀六年に、宮中の天照大神を豊鋤入姫命《とよすきいりひめのみこと》に託して倭笠縫邑に移したとあるのや、十一代垂仁天皇紀二十五年に、倭姫《やまとひめの》命が伊勢の五十鈴川のほとりに天照大神を祀る祠《ほこら》を建てたとする伝承がある。これを制度化したことを示すのが、前出天武天皇二および三年の記事であろう。

ヤマトの歌・舞を積極的に保護・育成

さらに、天武天皇政権は、ヤマト伝統の歌や舞などの保護・育成にも力を入れた。ヤマト伝統の歌曲は、天語《あまがたり》歌・宇《う》岐《き》歌・志《し》都《づ》歌ほか、『古事記』だけでも二十例近くが登場する。その中でも、八《や》千《ち》矛《ほこ》の神の「神語《かむがたり》（かむこと）」には、その末尾に、「事《こと》の　語言《かたりごと》も　是《こ》をば」（伝えられてきたことの　語りの言葉の　これがその言葉である）という、天語歌と同じ定型表現がある。これらを含めて、歌曲名が明示された一漢字一ヤマト語音表記の歌群は、いずれも雅楽《ががく》寮《りょう》（七〇一年設置の音楽官庁、うたまいのつかさ・うたのつかさ・うたりょう）に伝えられてきた楽曲だったのだろう。これらの楽曲を中央に集める動きは、特に天武天皇の時代に顕著である。

・天武天皇四年（六七五）二月
大倭《やまと》・河内《かふち》・摂津《つ》・山背《やましろ》・播磨《はりま》・淡路《あはぢ》・丹波《たには》・但馬《たぢま》・近江《あふみ》・若狭・伊勢・美濃・尾張《をはり》等の国に勅《みことのり》して曰《のたま》はく、「所部《くにのうち》の百姓《おほみたから》の能《よ》く歌《うたうた》ふ男女《をのこめのこ》、及び侏儒《ひきひと》・伎人《わざひと》を選びて貢上《たてまつ》れ」とのたまふ。

この記事により、天武天皇の政府が、現在の愛知・岐阜・三重・奈良・大阪・京都・滋賀・兵庫・福井などの地域から、歌の上手な男女や、滑稽芸を演じるこびと・わざひとなどを中央に集める政策をとっていたことがわかる。また、次の記事では、歌や笛の技術の継承を積極的に推進していたこともわかる。

・天武天皇十四年（六八五）九月
詔《みことのり》して曰《のたま》はく、「凡《およ》そ諸《もろもろ》の歌男《うたを》・歌女《うため》・笛《ふえ》吹く者《ひと》は、即《すなは》ち己《おの》が子孫《うみのこ》に伝へて、歌笛《うたふえ》を習はしめよ」とのたまふ。

また、次の記事では、「倡優《わざひと》」（伎人《わざひと》と同じ）や「歌人《うたびと》」が「酺《さけのみ》」（酒宴）の席で、伝承されてきた各地の歌を歌ったり、滑稽芸を演じたりしていたことが推測される。

・天武天皇朱鳥元年（六八六）一月
（十八日に）朝廷《みかど》に大きに酺《さけのみ》す。是《こ》の日に、御窟殿《みむろのとの》に御《おはしま》して、倡優等《わざひとども》に禄《もの》賜ふこと差《しな》有り。亦歌人等《またうたびと》に袍袴《きぬはかま》を賜ふ。

『古事記』序から見える、「古」への強い意志

さらに、『古事記』序から推測するところでは、天武天皇は、ヤマトの神話伝承にも強い関心を示したようである。以下、工藤『古事記誕生——「日本像」の源流を探る』（中公新書、二〇一二年）よりの要約。

〔C2〕飛鳥《あすか》の清原《きよみはら》の大宮で政治を行ないなさった天皇【天武天皇】の御世《みよ》には、【天皇は】皇太子のときから天子の資質を示し、皇太子でありながら機に応じた行動をお取りになりました。（略）陰陽の正しい運行に従い、五行の秩序も整え、（我が国固有の）神の道も整えて良俗を奨励し、優れた徳風によって国をお広めになりました。
〔D2〕そればかりではなく（「重加《しかのみにあらず》」）、【天武天皇の】英知は海のように広く、古い時代のこと（「上古」）を深く探り、心は鏡のように澄んでいて、はっきりと先（昔）の時代のこと（「先代《さきつよ》」）を理解なさいました。（現代語訳）

この部分では、〔C2〕部で天武天皇の事績をかなり詳しく述べている。省略した部分は、壬申の乱（六七二年）での天武天皇の活躍を描写した部分である。この天武天皇への賛美は、〔D2〕部とこのあとに続く段の〔D3〕部で、「古《いにしえ》」を重視する『古事記』は、現天皇（元明天皇）の叔父である天武天皇の指示によるものなのであり、けっして太安万侶の恣意的な仕事ではないのだと、予防線を張っているのである。これは、天武天皇の権威を借りて「古」性、口誦性の価値を強調するための準備になっている。そして〔D2〕部では、「上古」「先代」にこそ至高の価値が存す

るという思想を強調している。

天武天皇による権威づけ

〔D3〕そこで天皇【天武天皇】が、「朕《われ》が聞いたところでは、諸氏族の持っている「帝紀」と「本辞《もとつこと》」は、すでに真実のものとは違っていて、多くの虚偽が加わっている。今その誤りを改めなければ、幾年もしないうちに真実がわからなくなってしまうであろう。この帝紀と本辞は国家の根本、天皇政治の基礎なのである。そこで、「帝　紀《すめらみことのふみ》」を書物にまとめ、「旧辞《もとつこと》」をよく調べて、偽りを削り真実を定めて、後世に伝えたいと思う」と仰せられました。

〔E1〕このとき、舎人《とねり》がおりました。姓は稗田《ひえだ》、名は阿礼《あれ》、年は二十八歳でした。大変聡明な人物であり、目で見た資料は記憶して口頭で言うことができ、耳で聞いた話は心でしっかり記憶しました。そこで【天武天皇は】、阿礼に仰せを下して「帝　皇　日継《すめらみことのひつぎ》」と「先代旧辞《さきつよのふること》」を誦《よ》み習わさせなさいました。けれども、【天武天皇が六八六年に崩御して】時勢が移り変わり、まだその事業は完成には至っておりませんでした。

この〔D3〕部は、七〇〇年前後の天皇宮廷において、偉大な天皇と受けとめられていたであろう天武天皇自身の言葉として、「帝紀」「本辞」（旧辞）の重視を語っている点が重要である。これによって、〔D2〕部のような、「古」「上古」「先代」に至高の価値を見いだす思想が、天武天皇によって権威づけられたことになる。

ところで、この「序」の、天武天皇の直接命令で『古事記』が編纂されたとする記録は、『日本書紀』など諸史料にはいっさい見えない。ただし、「天武天皇紀」十年（六八一）条に、天武天皇が「……に詔《みことのり》して、帝紀《すめらみことのふみ》及び上古《いにしへ》の諸事《もろもろのこと》を記《しる》し定《さだ》めしめたまふ。」とあるので、天武天皇の何らかの「詔」は存在したのだろう。ともかく、『古事記』は天武天皇の直接命令による編纂だとするほうが、「古」「上古」「先代」に至高の価値を見いだす太安万侶にとっては有利に働くという計算があっての記述だったのであろう。

またこの〔E1〕部では、稗田阿礼に「誦み習い」をさせたとあるので、古伝承の音声性の重視が見える。

伊勢神宮式年遷宮の開始

『太神宮諸雑事記《だいじんぐうしょぞうじき》』[33]（八六八～九〇五年成立）によれば、次に引用するように、現在の内宮の位置での遷宮の行事（式年遷宮）が開始されたのは、持統天皇四年（六九〇）のこととされている。

持統女天皇

即位四年庚寅【六九〇】、太神宮御遷宮。

同六年壬辰【六九二】、豊受太神宮御遷宮。何東御宮地江始遷御也。

そして、遷宮を二十年に一度としたのも、『皇太神宮儀式帳《こうたいじんぐうぎしきちょう》』[34]（八〇四年）に、「常限廿箇年。一度新宮遷奉。（常に二十箇年を限り、一度新宮に遷《うつ》し奉《たてまつ》る）」とあるので、この持統四年のときからとして間違いない。

この式年遷宮は、伊勢神宮の精神の中核にある、内宮・外宮の正殿ほか主要な建物を、二十年ごとに更新するものである。先にも述べたように、内宮・外宮正殿の建築様式は、高床式、茅葺《かやぶき》屋根、掘立《ほったて》柱、白木《しらき》【皮付きの黒木のほうがより原型的だが】、直線状の破風《はふ》、破風を突き出た千木《ちぎ》、堅魚木《かつおぎ》、棟持《むなもち》柱、心御柱《しんのみはしら》などに特徴を持つ。これらの多くの要素は、中国長江（揚子江）以南の少数民族の集落では一般的な特徴であり、縄文・弥生期の日本列島文化と多くの共通点を持つ照葉樹林文化帯の特徴でもある。こういった内宮・外宮正殿の建築様式は、〈国家〉段階の祭祀であるにもかかわらず、あえて縄文・弥生期のムラ段階社会の、アニミズム系文化への〝原始返り〟が選択されたのだと思われる。先にも述べたように、この〝原始返り〟は大嘗宮でも多くの部分で共通している。

6　大宝律令に見る天皇祭祀の基本構造

天皇即位と大祓

大宝律令（正確には七一八年の養老律令に残った本文）の神祇令《じんぎりよう》には、「仲《なか》の春」から「季《すえ》の冬」までの祭りを列挙したあとに、天皇即位と大祓《おおはらえ》について次のように規定している。(35)

凡そ天皇即位したまわんときは、惣《す》べて天神地祇《てんじんちぎ》を祭れ。

（略）

凡そ践祚《せんそ》の日には、中臣《なかとみ》、天神《あまつかみ》の寿詞《よごと》を奏《そう》せよ。忌部《いんべ》、神璽《しんじ》の鏡剣《かがみたち》を上《たてまつ》れ。

凡そ大嘗は、世毎《よごと》に一年、国司事を行え。以外は年毎に所司事を行え。

（略）

凡そ六月・十二月の晦《つごもり》の日の大祓《おおはらえ》には、中臣、御祓《おんはらえ》の麻《ぬさ》を上《たてまつ》れ。東西文部《やまとかわちのふんひとべ》、祓の刀《たち》を上《たてまつ》りて、祓詞《はらえごと》を読め。

訖《おわ》りなば、百官の男女祓の所に聚《あつま》り集《あつま》れ。中臣、祓詞を宣《の》べよ。卜部《うらべ》、解除《はらえ》をせよ。

凡そ諸国に大祓すべくは、郡毎《ぐんごと》に刀一口《たちひとから》、皮一張《かわひとはた》、鍬《くわ》一口、及び雑《くさぐさ》の物等出《いだ》せ。戸別《へごと》に麻《お》一条《ひとたばり》。それ国 造《くにのみやつこ》は馬《うま》一疋《いっぴき》を出《いだ》せ。

「天皇即位」の「践祚」の日には、中臣氏が「天神の寿詞」を唱え、忌部（斎部）氏が「神璽の鏡・剣」を献上することになっている。

なおこの条には、「大嘗は、世毎《よごと》に一年、国司事を行え。以外は年毎に所司事を行え。」とあるので、神祇令の段階では、即位のときの大嘗祭と年中行事としての新嘗祭とに、名称上の区別がなかったことがわかる。

次に「大祓」では、中臣氏が「祓詞」（「六月《みなづき》の晦《つごもり》の大祓《おおはらえ》の祝詞《のりと》」、『延喜式』所収）を唱え、「東 西 文部《やまとかわちのふんひとべ》」（大和と河内に居住する朝鮮半島からの渡来人の史《ふひと》たち）が「祓詞」という漢音による道教系の呪文（「東《やまと》の文《ふみ》の忌寸部《いみきべ》の横刀《たち》を献《たてまつ》る時の呪《じゅ》」、『延喜式』所収）を唱える（災いを撃退するためになら、外来の道教系の呪術でも取り入れた）。

なお、大祓に必要な料物は、郡ごとに「刀一口《たちひとから》、皮一張《かわひとはた》、鍬《くわ》一口、及び雑《くさぐさ》の物」、各家ごとに「麻《お》一条《ひとたばり》」、国 造《くにのみやつこ》は「馬一疋《うまいっぴき》」を出せとある。この規定も、すでに『日本書紀』天武天皇五年（六七六）八月に「大解除《おほはらへ》」を命じている記事があり、国 造《くにのみやつこ》は「馬一匹《うまひとぎ》・布一常《ぬのひときだ》【一丈三尺】」を出し、郡司は「刀一口《たちひとから》、鹿皮一張《しかのかはひとはだ》・钁一口《くはひとわ》・刀子一口《かたなひとつ》・鎌《かま》一口《ひとつ》・矢一具《やひとそろひ》・稲一束《いねひとつか》」を出し、各家ごとに「麻《を》一条《ひとたばり》」を出せと命じていて、神祇令の大祓の記述より詳しい記事になっている。とすれば、祈年《としこい》の祭《まつり》・大忌《おおいみ》の祭・風神《かざかみ》の祭・相嘗《あいんべ》の祭などと同じく大祓も、天武天皇時代に本格的な整備が開始されたと推定される。

神祇令祭祀の三本柱

神祇令は、神衣《かむみそ》の祭・神嘗《かむにえ》の祭のように、天皇氏族の氏神であるアマテラスを祀《まつ》る伊勢神宮祭祀を神社体系の頂点に据えている。その基盤は、縄文・弥生期に発する自然と密着した汎神教的なアニミズム系文化にあり、世界観としては『古事記』の高天原神話に源がある。この神祇令祭祀は、以下のような三本柱で成り立っている。

①水田稲作を中心とする農作物の豊かな稔りを引き寄せるための祭り
祈年《としこい》の祭《まつり》（春二月）・**三枝《さいぐさ》の祭**（夏四月）・**大忌《おおいみ》の祭**（夏四月・秋七月）・**風神《かざかみ》の祭**（夏四月・秋七月）・**月次《つきなみ》の祭**（夏六月・冬十二月）・**相嘗《あいんべ》の祭**（冬十一月）・**大嘗《おおんべ》の祭**（ニイナメ祭、冬十一月、のちの天皇位継承の大嘗祭も）

②天皇の生命力を活性化することにより、国家全体の生命力も活性化する。太陽が最も力を弱める冬至のころに、太陽の復活に対応して復活・再生する王（天皇）を演じる呪術的政治装置でもある。太陽が年々衰弱・復活を繰り返すのと同じように、王（天皇）の生命力もまた年々再生されるのであり、先王が死去しても次の新王の誕生によって再生したと受けとめられる。
鎮　魂《おおむたまふり》の祭（冬十一月）

③社会全体を襲う自然災害・疫病・罪・ケガレなどを撃退する。王（天皇）が、自然災害などによる社会の混乱の原因を祓う側に立つことによって、責任が王の側に及ばないようにする呪術的政治装置でもある。
鎮花《はなしずめ》の祭（春三月）・**鎮火《ひしずめ》の祭**（夏六月・冬十二月）・**道饗《みちあえ》の祭**（夏六月・冬十二月）・**大祓《おおはらえ》**（夏六月・冬十二月）

神祇令祭祀は、縄文・弥生期的なムラ段階のアニミズム・シャーマニズム的文化を基盤に持ち、それが六〇〇、七〇〇年代の〈国家〉段階にまで継承され、抽象化・洗練化を経て国家祭祀へと上昇したものである。しかし、これら神祇令祭祀は庶民にとっても、自分たちの切実な願望を引き受けているように感じられるものばかりである。そして、神祇令祭祀のうちの祈年の祭・新嘗祭・大嘗祭・大祓・鎮魂祭などは、二十一世紀に入った現在でも、伊勢神宮をはじめとする全国の多くの神社や、東京の皇居において行なわれている。

7　天武・持統期に大嘗祭の本格的整備が開始された

ユキ・スキの初出

・天武天皇（四十代）二年（六七三）

十二月《しはす》の壬午《みずのえうま》の朔丙戌《ついたちのひのえいぬのひ》【五日】に、大嘗《おほにへ》に侍奉《つかへまつ》れる中臣《なかとみ》・忌部《いむべ》及び神官《かむつかさ》の人等《ひとども》、并《あはせ》て播磨《はりま》・丹波《たには》、二つの国の郡司《こほりのみやつこ》、亦以下《またしもつかた》の人夫等《おほみたからども》に、悉《ことごとく》に禄《もの》賜《たま》ふ。

この記事の前年の六七二年は、天智天皇の弟の大海人皇子が壬申の乱に勝利した年であった。大友皇子が自死して乱に決着がついたのはその年の七月二十三日であり、大海人皇子が天武天皇となる即位の儀は翌六七三年の二月二十七日に行なわれた（天皇《すめらみこと》、有司《つかさ》に命《みことおほ》せて壇場《たかみくら》を設けて、飛鳥浄御原宮《あすかのきよみはらのみや》に即帝位《あまつひつぎしろしめ》す）。したがってこの記事の二年十二月（冬）の「大嘗」は、前月の十一月に挙行されていたはずの、即位後初めてのニイナメ儀礼であった可能性が高い。「播磨・丹波、二つの国」も、のちの大宝律令の大嘗祭の悠紀国・主基国にあたる二国である可能性が高い。

・天武天皇五年（六七六）

（九月）丙戌《ひのえいぬのひ》【二十一日】に、神官《かむつかさ》奏《まう》して曰《まう》さく、「新嘗《にひなへ》の為に国郡《くにこほり》を卜《うらな》はしむ。斎忌《ゆき》斎忌、此《これ》をば踰既《ゆき》と云ふ。は尾張国《をはりのくに》の山田郡《やまだのこほり》、次《すき》次、此をば須伎《すき》といふ。は丹波国《たにはのくに》の訶沙郡《かさのこほり》、並《ならび》に卜《うら》に食《あ》へり」とまうす。

悠紀国・主基国という名称のもとに二国を選んだとする最初の記事である。また、「ユキ」「スキ」という発音注記のある貴重な史料である。ただし、これは五年の記事なので、この「新嘗」は年ごとの年中行事としての新嘗祭のことであろう。とすれば、この時期には、年ごとの新嘗祭でも、悠紀国・主基国の卜定《ぼくじょう》が行なわれていたことになる。

・天武天皇五年（六七六）

冬十月《かむなづき》（略）丁酉《ひのとのとりのひ》【三日】に、相新嘗《あひにへ》の諸《もろもろ》の神祇《あまつかみくにつかみ》に祭幣帛《いはひのみてぐらたてまつ》る。

・天武天皇五年（六七六）

十一月《しもつき》の乙丑《きのとうし》の朔《ついたちのひ》【一日】に、新嘗《にひなへ》の事《こと》を以て、告朔《ついたちまうし》せず。

神祇令では、「相新嘗」は「相嘗祭」と表記されていて、「仲の冬」（十一月）の上《かみ》の卯《う》の日に、新嘗祭に先立って、幣帛を畿内の諸社に供える祭りである。この相嘗祭《あいなめ》は新嘗祭と一連の祭儀である。また、十一月一日の記事では、年中行事としての「新嘗」が、通常の年中行事としての「告朔」（毎月朔日《ついたち》に百官の勤務日の表を天皇が見る行事）を省略する必要が出るほどに、国家祭祀として重い行事に上昇していたことを思わせる。

・天武天皇六年（六七七）

十一月《しもつき》（略）己卯《つちのとうのひ》【二十一日】に、新嘗《にひなへきこしめ》す。辛巳《かのとみのひ》【二十三日】に、百寮《つかさつかさ》の諸《もろもろ》の位有る人等《ひとども》に食《いひ》賜ふ。乙《きのと》酉《とりのひ》【二十七日】に、新嘗《にひなへ》に侍《つか》へ奉《まつ》りし神官《かむつかさ》及び国司《くにのみこともちたち》等に禄《ものたま》賜ふ。

この「新嘗」は「十一月」の「己卯」なので、神祇令の、「仲の冬（十一月）」の「上《かみ》の卯に相嘗の祭、寅《とら》の日に鎮魂の祭、下《しも》の卯に大嘗の祭」という規定に一致している。これもまた、年中行事としての新嘗祭だったとしてよい。

・持統天皇（四十一代）四年（六九〇）

春正月《むつき》の戊寅《つちのえとら》の朔《ついたちのひ》【一日】に、物部麻呂朝臣《もののべのまろのあそみ》、大盾《おほたて》を樹《た》つ。神祇伯中臣大嶋朝臣《かむつかさのかみなかとみのおほしまのあそみ》、天神寿詞《あまつかみのよごと》読む。畢《をは》りて忌部宿祢色夫知《いみべのすくねしこぶち》、神璽《かみのしるし》の剣《つるぎ》・鏡《かがみ》を皇后《きさき》に奉上《たてまつ》る。皇后、即天皇位《あまつひつぎしろしめ》す。

このように持統天皇の即位儀礼が四年にまでずれ込んだのは、故天武天皇の殯宮《ひんきゅう》（もがりのみや）行事が、二年以上にもわたる長期間のものになったことによる遅延であろう。また、この殯宮行事のあいだに、大津皇子（母は持統の実の姉大田皇女）を刑死させた事件（六八六年十月、二十四歳没）があり、さらに、次期天皇になるはずだった草壁皇子（持統の実子）の死去（六八九年四月、二十七歳没）もあって、即位は四年間も遅れることになったのであろう。

天神寿詞

「天神寿詞《あまつかみのよごと》」は、のちに「中臣寿詞《なかとみのよごと》」とも呼ばれた。藤原頼長（一一二〇〜五六年）の日記『台記《たいき》別記』(36)に、近衛天皇（七十六代）の康治元年（一一四二）の大嘗祭の際の「天神寿詞」が残っている。内容は、天孫降臨に始まり、中臣氏の祖神のアメノコヤネが、高天《たかま》の原《はら》の神《かむ》ろき・神ろみの命《みこと》から、皇御孫《すめみま》の尊《みこと》（ホノニニギ）の食事に用いる天《あま》つ水（聖なる水）を与えられたことを述べ、この十一月の中の卯の日の「大嘗会」で、悠紀・主基の斎田からもたらされた稲穂からできた御酒《みき》・御食《みけ》を天皇が食べて、天皇の朝廷が永遠に栄えていくことを祈願する、とするものである。

この「天神寿詞」の後半部には、悠紀・主基両国の神聖な稲穂を、「物部《もののべ》の人等《ひとども》・酒造児《さかつこ》・酒波《さかなみ》・粉走《こばしり》・灰焼《はいやき》・薪採《かまぎこ》り・相作《あひづく》り・稲実《いなのみ》の公等《きみら》、大嘗会《おほにへ》の斎場《ゆには》に持ち斎《ゆま》はり参《ま》ゐ来《き》て、今年《ことし》の十一月《しもつき》の中《なか》つ卯《う》の日《ひ》に、（略）献《たてまつ》る悠紀・主基の黒酒《くろき》・白酒《しろき》の大御酒《おほみき》を（以下略）」というように、『儀式』『延喜式』践祚大嘗祭条の具体的な記述のうちの、特に、稲穂、「酒造児【造酒児】」、「悠紀・主基の黒酒・白酒」など、原ニイナメの要素を伝える部分が含まれている点が注目される。伝統的なヤマトの神祇信仰にかかわり続けてきた中臣氏としては、天皇位継承儀礼の整備においても、唐模倣の即位儀礼のほかに、ヤマト古来の呪術・神話的儀礼も加えなければならないとする思想を、「天神寿詞」に込めたのであろう。

剣・鏡・勾玉・璽

神祇令（七〇一年）に「凡《およ》そ践祚《せんそ》の日には、中臣は天神寿詞《あまつかみのよごと》を奏《もう》せよ。忌部は神璽《かみのしるし》の鏡・剣を上《たてまつ》れ」とあることからみて、この持統四年（六九〇）正月一日の「天神寿詞」「神璽の剣・鏡」は、その神祇令の規定と対応している。

すでに述べたように、即位のときに新天皇に「神璽の剣・鏡」など、何らかの聖なる器物を献上するのは、かなり古い段階の大王位継承儀礼でも行なわれていたようである。武力王・行政王・財政王としての継承儀礼では、「神璽の剣・鏡」あるいは印章と組紐といった聖なる器物が新天皇に渡されることが絶対条件だったのであろう。

しかし、にもかかわらず、神話王・呪術王としての継承儀礼も不可欠だとして、「天神寿詞」という神話的呪詞を登場させ、かつ季節を真冬（旧十一月）に限定した大嘗祭の本格的整備も開始したところに、天武・持統政権の思想的意志が表れている。

持統政権は、天武天皇以来の、「古」への回帰志向を濃厚に表現した『古事記』の編纂をおそらくは支持し、神話的世界に彩られた神祇令祭祀を整備し、弥生時代の高床式の穀物倉庫を聖化した伊勢神宮の遷宮制度を開始し、斎宮も制度化し、そして弥生時代の水田稲作儀礼のニイナメ儀礼を中核に据える大嘗祭の整備も開始するなど、古《いにしえ》帰りを積極的に推進した。

・持統天皇五年（六九一）
十一月《しもつき》の戊辰《つちのえたつのひ》【一日】に、大嘗《おほにへ》す。神祇伯中臣朝臣大嶋《かむつかさのかみなかとみのあそみおほしま》、天神寿詞《あまつかみのよごと》を読む。

前年に「即天皇位《あまつひつぎしろしめ》す」とあって前段の践祚（即位）は制度的には完了していたので、この「大嘗」は、後段の、天皇位の神話・呪術的伝統を象徴する大嘗祭だったのであろう。すなわち、前段に践祚（即位）を置き、時間を経て後段に大嘗祭を行なうという形式は、この持統天皇のときに整えられたと推定できる。

なお、ここでは「大嘗」の当日にも「天神寿詞」が読まれているが、神祇令では「践祚（即位）」の日だけになっている。しかし、『儀式』『延喜式』では、大嘗祭当日の行事が、卯の日の深夜から辰の日に入って午前二時ごろからの主基殿での行事で終わり、同日朝七時半ごろから「豊楽院《ぶらくいん》」での行事が始まると、中臣氏が「天神寿詞」を読み、忌部氏が「神璽《かみのしるし》の鏡剣《かがみつるぎ》」を奉っている。つまり、「天神寿詞」や「神璽の鏡剣」奉献は、即位のときに、あるいは大嘗祭の辰の日にというように、不確定の時期があったようだ。

・皇極《こうぎょく》天皇（三十五代）元年（六四二）
十一月《しもつき》（略）丁卯《ひのとうのひ》【十六日】に、天皇新嘗御《すめらみことにひなへきこしめ》す。是《こ》の日《ひ》に、皇子《みこ》・大臣《おほおみ》、各《おのおのみづか》自ら新嘗《にひなへ》す。

元年なので、即位のときのニイナメ〈のちの大嘗祭〉の印象がある。しかも、「十一月」の「丁卯」とあるので、ニイナメ儀礼が「卯」の日に行なわれる慣行が、神祇令以前にできあがっていたことを示すものであろう。しかし、皇子や大臣が、同じ日におのおの自分でもニイナメ儀礼を行なっているので、この新嘗はのちの大嘗祭のように大規模な、国家祭祀としての天皇即位のときの儀礼ではなかったと考えられる。

8 〈古代の近代化〉の反作用としての「古《いにしえ》」への回帰

天武・持統朝の「古」への回帰は、激しく時代を変えつつあった〈古代の近代化〉の反作用の側面があった。それは、あたかも明治の近代化が、西欧的合理主義文化の移入による激変の時代に、その反作用として天皇を頂点に戴《いただ》く祭政一致の国家体制に向かったのと同じ力学であった。言い換えれば、明治の近代化が武力王・行政王・財政王と神話王・呪術王を合体させた天皇制とセットで進行したのは、すでに六〇〇年代末の天武・持統政権が創出したことの繰り返しだったのである。

天武・持統天皇は、一方では、道教・仏教・儒教を積極的に移入するとともに、行政面では律令体制も導入して、現実主義・実利主義的に〈国家〉体制を整備した。この、リアリズム（現実重視）の方向性と、神話・呪術的な反リアリズムの方向性がセットになる統治機構の源は、邪馬台国《ヤマト》の卑弥呼が創始した二重構造王権システムにあるのであり、それが天武・持統政権下では、行政性が太政官《だじょうかん》（だいじょうかん）によって、宗教性が神祇官によって担われる二官八省システムとなった。この、天武・持統天皇期にスタートした、実利性重視の行政組織と反リアリズム的アニミズム系文化の祭祀機関から成る統治機構が、敗戦後の民主国家の日本においてさえも象徴天皇制としてその基本構造を維持していることを見据えなければ、現代日本社会の深層構造は把握できない。

注

（1）工藤隆「少数民族の男系・女系系譜からみた初期天皇系譜」（『アジア民族文化研究18』、二〇一九年）
（2）工藤隆注（1）同論文
（3）飛鳥井雅道『明治大帝』（文藝春秋、一九八八年、文春学藝ライブラリー、二〇一七年）
（4）工藤隆『大嘗祭――天皇制と日本文化の源流』（中公新書、二〇一七年）
（5）アーネスト・サトウ『一外交官の見た明治維新（下）』（坂田精一訳、岩波文庫、一九六〇年）
（6）兵藤裕己『後醍醐天皇』（岩波新書、二〇一八年）
（7）「NHKスペシャル」取材班『日本人と象徴天皇』（新潮新書、二〇一七年）
（8）金子修一『古代中国と皇帝祭祀』（汲古書院、二〇〇一年）
（9）工藤隆『深層日本論――ヤマト少数民族という視座』（新潮新書、二〇一九年）
（10）宇野円空『マライシアに於ける稲米儀礼』（日光書院、一九四一年）

（11）にひなめ研究会編『新嘗の研究』１～５（第一書房ほか、一九五三～二〇〇三年）
（12）柳田国男「稲の産屋」（にひなめ研究会編『新嘗の研究　第一輯』創元社、一九五三年、『底本柳田国男集１』「海上の道」一九六二年、筑摩書房、所収）
（13）三品彰英『古代祭政と穀霊信仰』（〈三品彰英論文集　第五巻〉平凡社、一九七三年）
（14）折口信夫「大嘗祭の本義」（『折口信夫全集』第３巻、中央公論社、一九五五年）
（15）折口信夫「稲むらの蔭にて」（『郷土研究』第四巻第３号、一九一六年、『折口信夫全集』第３巻、中央公論社、一九五五年）
（16）にひなめ研究会編『新嘗の研究　第一輯』（創元社、一九五三年）
（17）関口浩「折口信夫と台湾原住民研究」（『成蹊大学一般研究報告第四十三巻』二〇〇九年）
（18）第二柳田国男対談集『民俗学について』（筑摩書房、一九六五年）
（19）寺前直人『文明に抗した弥生の人びと』（吉川弘文館、二〇一七年）
（20）『江次第鈔』（〈続々群書類従　第六輯〉続群書類従完成会、一九八四年）
（21）『江記』（〈続々群書類従　第五輯〉続群書類従完成会、一九八四年）
（22）若林弘子『高床式建物の源流』（弘文堂、一九八六年）
（23）工藤隆注（４）同書
（24）工藤隆「天皇の演技」（『歴史読本』臨時増刊、１９７５・３、新人物往来社、工藤隆『劇的世界論』花林書房、一九八四年、所収）
（25）折口信夫「新嘗と東歌」（『折口信夫全集』第十六巻、中央公論社、一九五六年）
（26）折口信夫「大嘗祭の本義（別稿）」（『折口信夫天皇論集』安藤礼二編、講談社学芸文庫、二〇一一年）
（27）折口信夫「古代人の思考の基礎」（『折口信夫全集』第三巻、中央公論社、一九五五年）
（28）折口信夫注（14）同書
（29）柳田国男注（18）同書
（30）『大嘗祭史料・鈴鹿家文書』（鳥越憲三郎・有坂隆道・島田竜雄編著、柏書房、一九九〇年）

（31）丸谷才一『袖のボタン』（朝日文庫、二〇一一年）
（32）義江明子『天武天皇と持統天皇――律令国家を確立した二人の君主』（山川出版社、二〇一四年）
（33）『太神宮諸雑事記』（神道大系編纂会編『神道大系・神宮編1』、一九七九年）
（34）『皇太神宮儀式帳』（〈群書類従　第一輯〉続群書類従完成会、一九六七年）
（35）訓読は、日本思想大系『律令』（岩波書店、一九七七年）による。
（36）『台記別記』（『増補史料大成　第24巻』臨川書店、一九六五年）

アジアの中の伊勢神宮――聖化された穀物倉庫

1 「鏡（ご神体）」は非〝ヤマト的なるもの〟

足かけ八年にわたった伊勢神宮の第六十二回式年遷宮は、二〇一三年十月にその主要行事が終了した。この中で最も重要な行事である遷御《せんぎょ》の儀（内宮《ないくう》十月二日、外宮《げくう》十月五日）では、絹垣《きんがい》（絹の帷《とばり》）で囲われた天照大神《あまてらすおおみかみ》のご神体の鏡が、闇の中を神職たちに守られて移動して行く映像がテレビで報じられた。しかし、この報道で、ご神体が「鏡」だと聞いてなにか違和感を感じた人がいたとすれば、その人は〝ヤマト的なるものとはなにか〟という問題に対して、かなり鋭敏な感性を持っている人だとしてよい。

というのは、一般の認識では、伊勢神宮に結晶している〝ヤマト的なるもの〟の中核は、木・竹・草といった自然物に霊性を感じ取るアニミズム系文化のもののはずだからである。ところが鏡は、古代では、当時の先進国家中国からの舶来品、ハイテクノロジーの人工品だった。『魏志』倭人伝にも、弥生時代末期の二三九年に、邪馬台国の卑弥呼からの使いに魏の皇帝が下賜した品物の中に、「銅鏡百枚」が見えている。このように、舶来品の鏡に対する神聖視は、遅くとも弥生時代には始まっていたことがわかるのだが、その〝外来性〟〝先進性〟がさらに数百年の時間を重ねて一つの伝統となり、アニミズム系文化の〝ヤマト的なるもの〟の中に溶け込んだ。『古事記』『日本書紀』の神話の中にも鏡は、高天原神話のいたるところに登場する。一例として、『古事記』の天孫降臨の段を引用しておく。

【天照大神と高木神は】爾《ここ》に天児屋命《あめのこやねのみこと》、布刀玉《ふとだま》命、天宇受売《あめのうずめ》命、伊斯許理度売《いしこりどめ》命、玉祖《たまのや》命、幷《あは》せて五伴緒《いつとものを》を支《わか》ち加へて、天降《あまくだ》したまひき。是《ここ》に其の遠岐斯《をきし》八尺《やさか》の勾璁《まがたま》、鏡、及《また》草那芸剣《くさなぎのつるぎ》、亦常世思金《とこよのおもひかね》神、手力男《たぢからを》神、天石門別《あめのいはとわけ》神を副《そ》へ賜ひて、詔《の》りたまひしく、「此《こ》れの鏡は、専《もは》ら我が御魂《みたま》として、吾が前《まへ》を拝《いつ》くが如《ごと》伊都岐奉《いつきまつ》れ。次に思金神は、前《まへ》の事を取り持ちて、政《まつりごと》為《せ》よ。」とのりたまひき。

以上のような、鏡が天照大神の「御魂《みたま》」だとする観念は、すでに『古事記』成立の七一二年よりはるか以前に生じていたものと思われる。伊勢神宮は、遅くとも弥生時代以来の、鏡を神聖視する観念とそれに基づく神話とを基盤に置いて、結果として〝外来性〟〝先進性〟〝アジア性〟をご神体という中核部分に込めたことになる。

なお、「皇太《こうたい》神宮儀式帳」[1]（八〇四年）にも、天照大神については「御形鏡坐」（御形《おんかたち》は鏡でいらっしゃる）と記述されているので、天照大神のご神体が鏡だとする観念は、〈古代の近代〉すなわち六〇〇、七〇〇年代の伊勢神宮の関係者の中にしっかりと定着していたのであろう。

伊勢神宮の前身にあたる施設の成立自体は、次の記事（『日本書紀』垂仁天皇二十五年三月）のような伝承から推測するに、遅くとも古墳時代（四〜六世紀）くらいまでは遡ることができる。

【倭姫命が】更《さら》に還《かへ》りて近江国《あふみのくに》に入《い》りて、東《ひむがしのかた》美濃《みの》を廻《めぐ》りて、伊勢国《いせのくに》に到《いた》る。時に天照大神《あまてらすおほみかみ》、倭姫命《やまとひめのみこと》に誨《をし》へて曰《のたま》はく、「是《こ》の神風《かむかぜ》の伊勢国《いせのくに》は、常世《とこよ》の浪《なみ》の重浪《しきなみ》帰《よ》する国なり。傍国《かたくに》の可怜《うま》し国なり。是の国に居《を》らむと欲《おも》ふ」とのたまふ。故《かれ》、大神《おほみかみ》の教《をしへ》の随《まにま》に、其《そ》の祠《やしろ》を伊勢国に立てたまふ。因《よ》りて斎宮《いはひのみや》を五十鈴《いすず》の川上《かはのほとり》に興《た》つ。是《これ》を磯宮《いそのみや》と謂《い》ふ。即《すなは》ち天照大神《あまてらすおほみかみ》の始《はじ》めて天《あめ》より降《くだ》ります処《ところ》なり。一《ある》に云《い》はく、天皇《すめらみこと》、倭姫命《やまとひめのみこと》を以《も》て御杖《みつゑ》として、天照大神に貢奉《たてまつ》りたまふ。是《ここ》を以て、倭姫命、天照大神を以て、磯城《しき》の厳橿《いつかし》の本《もと》に鎮《しづ》め坐《ま》せて祠《まつ》る。然《しかう》して後《のち》に、神の誨《をしへ》の随《まにま》に、丁巳《ひのとのみ》の年の冬の十月《かんなづき》の甲子《きのえねのひ》を取りて、伊勢国の渡遇宮《わたらひのみや》に遷《うつ》しまつる。

また、この記事で注目すべきは、垂仁天皇が倭姫命を天照大神の「御杖《みつゑ》」（『皇太神宮儀式帳』では「御杖代《みつゑしろ》」）としたという点である。この「御杖」は天照大神の霊が乗り移っている存在であり、木製とイメージされていたと思われる。

先にも述べたように、天照大神を鏡だとするのは、中国大陸からの青銅器文化伝来以後の価値観である。それに対して、次に引用する『日本書紀』（神功皇后摂政前紀の仲哀天皇九年三月にあたる部分）の記事のように、伊勢神宮の前身の施設だった時代の天照大神は、アニミズム系文化の「榊《さかき》」と同種の、自然界の生命力の象徴の樹木であった可能性がある。

【神功《じんぐう》皇后に憑依した神が審神者《さには》の問いに答えて自らの名を言った】「神風《かむかぜ》の伊勢国《いせのくに》の百伝《ももづた》ふ度逢県《わたらひのあがた》の拆鈴《さくすず》五十鈴宮《いすずのみや》に所居《ま》す神、名《な》は撞賢木厳之御魂天疎向津媛命《つきさかきいつのみたまあまさかるむかつひめのみこと》」と。

伊勢神宮（「拆鈴五十鈴宮《さくすずいすずのみや》」）の女神（「媛命《ひめのみこと》」）は、古墳時代にあたる仲哀天皇九年段階では現在の外宮の位置にあった〝祠《ほこら》〟のような施設の神であったのかもしれない。その神は、外宮の主祭神の豊受《とようけ》大神のように「ケ（食物）」の神だったのかもしれないので、同じく植物である「榊」を比喩としても違和感がなく、神聖な榊（「撞賢木《つきさかき》」）のように厳《いか》めしく（「厳之《いつの》」）、荒々しい（「天疎向津《あまさかるむかつ》」）と形容されることになったのかもしれない。ここには、銅鏡の神聖視観を取り入れる以前の、自然と密着した「榊」というアニミズム系文化のイメージがある。

また、先に引用した垂仁天皇二十五年の記事に「伊勢国の渡遇宮《わたらひのみや》に遷《うつ》しまつる」とあったのと同じく、ここにも「度逢県《わたらひのあがた》」とある。この「度逢」は、同じ「度逢県」の中でも、現在の内宮の位置ではなく、その北西約二キロメートルにある現在の外宮の位置だった可能性がある。古くから外宮に奉仕するのは渡会《わたらい》氏であり、その渡会氏は「古くよりの宮川下流の居住地」（『国史大辞典』吉川弘文館）すなわち現在の外宮の地に居住していたのであり、そのときの外宮の神は現在の豊受の神のような食物の神、あるいは少なくとも「榊」を神格化したようなアニミズム系文化の神だったのかもしれない。

古墳時代末期の伊勢の社《やしろ》は、『日本書紀』に次のように登場する。

是《こ》の皇女《ひめみこ》【稚足姫《わかたらしひめの》皇女】、伊勢大神《いせのおほみかみ》の祠《やしろ》に侍《はべ》り。（雄略天皇元年（四〇〇年代末）三月）
是《これ》【荳角皇女《ささげのひめみこ》】伊勢大神《いせのおほみかみ》の祠《やしろ》に侍《はべ》り。（継体天皇元年（五〇七）三月）
菟道皇女《うぢのひめみこ》を以《も》て、伊勢《いせ》の祠《やしろ》に侍《はべ》らしむ。（敏達天皇七年（五七八）三月）
酢香手姫皇女《すかてひめのみこ》を以《も》て、伊勢神宮《いせのおほみかみのみや》に拝《め》して、日神《ひのかみ》の祀《まつり》に奉《つかへまつ》らしむ。（用明天皇即位前紀（五八五）七月）

前の三つは「祠《やしろ》」だが、用明天皇即位前紀（五八五）に至って「伊勢神宮」となっている。これらは、いずれも「皇《ひめ》女《みこ》」が伊勢の社に奉仕する記事なので、「斎宮《さいぐう》」のことかとも考えられるが、用明天皇即位前紀のは「伊勢神宮」と称されているので、五〇〇年代末期ごろには、まだ斎宮、外宮、内宮の区別がはっきりついていなかった可能性がある。

先に引用した『日本書紀』垂仁天皇二十五年の記事に「斎宮《いはひのみや》を五十鈴《いすず》の川上《かはのほとり》に興《た》つ」とあるのも、この「斎宮《いはひのみや》」が「斎宮《さいぐう》」（斎宮祉は外宮の北西約十一キロメートルにある）のことなのか、あるいは「五十鈴の川上に興つ」とあるので、五十鈴川近くの現在の内宮の位置の社のことなのかがはっきりしない。

ともかく、「ケ（食物）」や「榊」のようなアニミズム系文化の神がもともとの伊勢在地の神だったのだが、それが、おそらくは古墳時代末期（五〇〇年代末）ごろには現在の内宮の位置にも神殿を据えて、先に引用した垂仁天皇二十五年の記事のように、大和政権の中央から移されてきた異質な天照大神が鎮座することになった。そして、その伊勢にとっては外来の神である天照大神には、そのご神体は鏡だとする観念がすでに付着していたのであろう。

ところで、もともとの伊勢在地のアニミズム系文化の神の社は、稲などの穀物を収納する高床式倉庫の形態だったのではないかと思われる。そしてその形態が、外宮正殿《しょうでん》だけでなく、内宮正殿の建築にも延長されたということなのではないか。なお、内宮・外宮の別宮の十四社の中には、内宮正殿とほとんど同じ建築形態のものがあり、その中でも特に「御稲御倉《みしねのみくら》」は、高床式、茅葺《かやぶき》屋根、掘立柱、白木、直線状の破風《はふ》、千木《ちぎ》、堅魚木《かつおぎ》、棟持《むなもち》柱などの点でほとんど正殿と一致している（ただし、内宮正殿の堅魚木が十本なのに対して、ここでは五本）。ここには、神宮神田で収穫された稲が籾の状態で保管されているというから、内宮正殿もまた、その原点においては、まさに「穀物倉庫」にその源があったことになるだろう。

論を元に戻せば、第六十二回式年遷宮をめぐっての報道・言及では、伊勢神宮や遷宮は〝日本人の原点〟や〝日本的なるものの始まりのときへの回帰〟を示している、といった把握が一般的だったが、天照大神のご神体を鏡だとしていることに典型的なように、〝日本人〟や〝日本的なるもの〟の原点は、まずは、舶来品崇拝が始まった弥生時代くらいまでは遡らねばならない。しかし、鏡という舶来品・人工品の部分まで取り除くならば、さらに縄文時代のアニミズム系文化にまで遡らなければならないのである（石器時代は文化的に水準が低すぎるので、さしあたり視界の外に置いておくことにする）。

2　ヤマトの「古《いにしえ》」への強い意志を示した正殿建築

現在の内宮の位置での遷宮の行事が開始されたのは、「太神宮諸雑事記」(2)（八六八〜九〇五年成立）によれば、持統天皇四年（六九〇）のこととされている。

持統女天皇
即位四年庚寅【六九〇】、太神宮御遷宮。
同六年壬辰【六九二】、豊受太神宮御遷宮。何東御宮地江始遷御也。

そして、遷宮を二十年に一度としたのも、「皇太神宮儀式帳」（八〇四年）に、「常限廿箇年。一度新宮遷奉。（常に廿箇年を限り、一度新宮に遷し奉る）」とあることから、この持統四年のときからとしてほぼ間違いないだろう。

それ以前の、おそらくは現在の外宮の地にあった〝祠《ほこら》〟のような施設の伊勢神宮でも、時に応じて神殿の修繕・改築は行なわれていただろうが、しかしそれを現在の内宮の地で二十年に一度の式年遷宮へと上昇させたのは、次に引用するように、壬申の乱における大海人皇子（天武天皇）の勝利は、大海人皇子の伊勢神宮遙拝によるものだとする観念が存在したことが背景にあったのだろう。

【大海人皇子＝天武天皇が】丙戌《ひのえいぬのひ》【二十六日】に、旦《あした》に、朝明郡《あさけのこほり》【現在の三重県の一部】の迹太川《とほかは》の辺《へ》にして、

天照太神《あまてらすおほみかみ》を望拝《たよせにをが》みたまふ。（『日本書紀』天武天皇元年（六七二）六月）

その結果、伊勢神宮だけでなく、神社全体に対する崇敬の念が強調されるようになり、それが『日本書紀』（天武天皇十年（六八一）一月）の「己丑《つちのとのうしのひ》【十九日】に、畿内《うちつくに》及び諸国《くにぐに》に詔《みことのり》して、天社地社《あまつやしろくにつやしろ》の神の宮を修理《をさめつく》らしむ。」という記事になったのであろう。このようなアニミズム系文化としての神祇《じんぎ》（あまつかみ・くにつかみ）重視の流れの中で、持統天皇四年（六九〇）に内宮遷宮が定式化され、その際に、現在まで伝わる内宮正殿の建築スタイルも確定されたのではないか。

この時期には、すでに大陸からの宮殿建築、寺院建築などの技術が伝わっていたのであるから、六〇〇、七〇〇年代の〈古代の近代化〉の流れに合わせるのだとすれば、正殿建築は、瓦屋根、土壁、礎石の上に柱を置く、柱を彩色するなどの建築技術を導入するはずであった。しかし、実際にはその逆で、内宮・外宮の正殿の建築様式は、高床式、茅葺《かやぶき》屋根、掘立柱、白木、直線状の破風《はふ》、破風を延長して突き出る千木《ちぎ》、堅魚木《かつおぎ》、棟持《むなもち》柱、心《しん》の御柱《みはしら》など、〝原始性〟の強いものであった。その原始性は、のちに詳しく触れるように、水田稲作文化の弥生式時代の高床式穀物倉庫の建築スタイルを範とするものであった。

ここで、日本列島内の、六〇〇年代末までの宗教的世界の推移を、簡潔にまとめておこう(3)。

縄文・弥生期のアニミズム・シャーマニズム系文化を基盤とした、ごく初期の神祇信仰形成段階

↓

その風化現象が生じ始める（道教・儒教なども流入してきている）時期

↓

朝鮮半島百済からの仏教公伝（六世紀半）による神祇信仰の一層の動揺（『日本書紀』欽明天皇十三年〔五五二〕）

↓

物部氏に対する蘇我氏の勝利（五八七年）による仏教への傾斜

↓

仏教を多氏族、複数民族を一つにまとめる普遍性をもった思想として重視するとともに、在来の縄文・弥生期のムラ段階の神祇信仰の役割も再認識してそれを意図的に補強（『日本書紀』推古天皇十五年〔六〇七〕の詔「群臣《まへつきみたち》、共に為に心を竭《つく》して、神祇を拝《ゐやびまつ》るべし」）

↓

神祇祭祀の整備が徐々に開始される（『日本書紀』天智天皇九年〔六七〇〕「山御井《やまのみゐ》の傍《ほとり》に、諸神《かみたち》の座《みまし》を敷きて、幣帛《みてぐら》を班《あか》つ、中臣金連《かねのむらじ》、祝詞《のりと》を宣《の》る」）

↓

伊勢神宮を遙拝して壬申の乱に勝利し（六七二年）、アニミズム・シャーマニズム系文化を基盤とした神祇祭祀や神話の、〈国家〉段階に見合った再構成、創出、整備が大規模に開始される。

↓

全国の神社の大規模修造（天武天皇十年〔六八一〕）

↓

伊勢神宮の遷宮開始（持統天皇即位四年〔六九〇〕）

この最終の、壬申の乱以後の状況の中で、伊勢神宮の内宮・外宮の正殿の建築様式は、〈国家〉段階の祭祀であるにもかかわらず、縄文・弥生期のムラ段階社会の、アニミズム・シャーマニズム系文化への〝先祖返り〟が選択されたのだと思われる。

3　出雲大社本殿は〝混ぜ合わせ（ハイブリッド）建築〟

ちなみに、伊勢神宮と並び称されることの多い出雲大社本殿について言及しておく。まず、伊勢神宮の遷宮にあたる「遷座」には、二十年に一度を原則とする伊勢神宮ほどの規則性がなく、二〇一三年の遷座も六十年に一度のものであり、しかも全面新築ではなく部分改築であった。したがって、現在の出雲大社神殿がどれほど古風を伝えているかには疑問が付く。

さらに言えば、屋根は檜皮葺《ひわだぶき》である。伊勢は茅葺《かやぶき》屋根であり、素材の茅萱《ちがや》はイネ科であるから、弥生時代の水田稲作文化との深い結びつきを表わしている。しかし、出雲の檜皮葺では、素材は檜の皮だから、稲作文化とは直接の関係がない。

また、出雲大社では、柱を礎石の上に据え、破風には緩やかな反りがあり、千木は単なる飾りの置千木で、棟持柱は退化し、代わりに本殿全体を実質的に支える中心の柱（いわゆる大黒柱）が重要になっている。現在の出雲大社側が「心御柱《しんのみはしら》」（伊勢神宮内宮・外宮正殿の床下にある柱の称――後述）と称している中心の柱も、渡辺保忠が次のように述べている(4)ように、もともとは別の名称だったと考えられる。

大社には、それが往古の神殿の図だと伝承している金輪造営図とよばれるものがある。その図では、うず柱は神魂神社よりさらに出が大きく、ほとんど四分の三近くが外に出て描かれている。こうしたところから、この「うず柱」は、もとは伊勢の棟持柱と同じように、建物から離れて独立して立っていたと推理され、また金輪造営図も、「うず柱」の出の大きさから逆に、古さを物語る証拠にされている。

ところでこの図では、中心の柱には「岩根御柱《いわねのみはしら》」と記入されているが、棟持柱にあたる柱には、その名の記入がない。そして「うず柱」の名称は、慶長造替の平面を写したとされる『匠明《しょうめい》』の大社の図では、中心の柱の名として記入されている。つまり大社本殿では近世まで中心の柱だけが特別の名をもち、古くは「岩根御柱」、近世では「うず柱」とよばれていた。それが明治にはいってから、伊勢神宮の「心御柱」をならって呼び方を変え、また棟持柱への学問的な注目と関連して、「うず柱」をその呼び名に転用したというのが真相のようである。

したがって、出雲大社本殿の建築は、縄文・弥生期のアニミズム・シャーマニズム系文化とは別次元のものであった可能性がある。出雲大社本殿の復原推定説では、高さが四十八メートル、さらには九十六メートルという案もあるように、この建物の本来の目的は〝高いこと〟にあったのではないか。あえていえば、本殿の原型は、日本海からやって来る船を監視するなどの目的を持った物見櫓だったのではないか。

たとえば、縄文時代の三内丸山遺跡および弥生時代の吉野ヶ里遺跡では、物見櫓と思われる六本柱の穴が発見されている。また、鳥取県淀江町の稲吉角田《いなよしすみた》遺跡(5)（弥生中期）発掘の土器に描かれた絵画には、長い四本柱の単純な構造の建物（図1）があるが、これなどは物見櫓とみることもできる。佐原真も、この長い四本柱の土器絵画などをめぐって、「弥生時代には高い建物がありました。遠望を目的とした建物だったのでしょう。」と述べている。(6) この稲吉角田遺跡土器絵画の建物は、地域的に出雲と近接している遺跡の遺物として注目してよい。

なお、二〇一三年は、伊勢神宮の遷宮と出雲大社の本殿遷座が重なったこともあって、伊勢神宮と出雲大社の〝同質性〟が強調されることが多かったが、もともと両者はかなりの〝異質性〟の中にあったことを忘れてはならないだろう。

たとえば、『古事記』の国譲り神話でいえば、高天原のヤマトの側は出雲への侵略勢力である。高天原から派遣されたタケミカヅチは、武力を見せつけて、オオクニヌシの子のコトシロヌシに「この国は天照大神の御子に奉ります」と言わせた。しかし、もう一人の子のタケミナカタすなわち抵抗軍は、侵略軍を象徴するタケミカヅチと戦ったが敗北して信濃の諏訪に逃げ、「私を殺さないでください。この国は天照大神の御子の要求通りに献上いたします」と宣言した。オオクニヌシもまた、「この国は、天照大神の御子の要求通りに献上いたします。ただし、私の住み処《か》として立派な建物を作ってください」と条件闘争に転じ、その建物（おそらくはこれが出雲大社の起源）に籠もった。つまり、武力では屈服したが、出雲在地の信仰に根ざした祭祀の場は確保したのである。

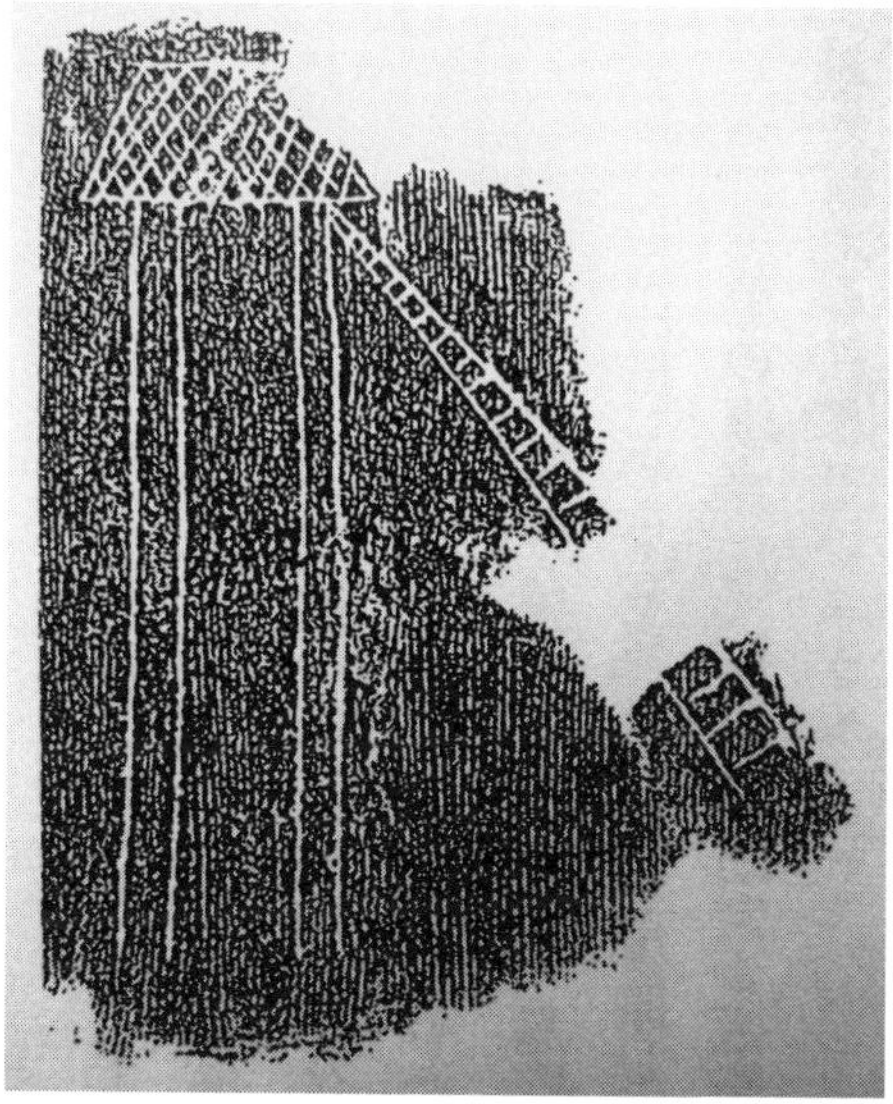
図１　稲吉角田遺跡土器絵画の高い建物。佐々木謙「鳥取県淀江町出土弥生式土器の原始絵画」、より。

『日本書紀』（斉明天皇五年（六五九））に、「出雲国《いづものくにの》造《みやつこ》に命《おほ》せて、神《かみ》の宮《みや》を修厳《つくりよそ》はしむ」とあるのは、出雲大社（島根県八束郡の熊野神社という説もある）の建設が中央ヤマトに管理されていたことを示しており、すなわち『古事記』の国譲り神話の背景に中央ヤマトによる出雲征服の歴史的事実が存在していただろうことを思わせる。

さらに、『日本書紀』（崇神天皇六十年七月）には以下のような記事もある。天皇が「出雲大神の神宝を見たい」と言ったので、臣下を出雲に派遣して神宝を検校《けんぎょう》（監督・管理）しようとした。神宝は出雲臣の出雲振根《ふるね》が管理していたのだが、このときは九州に行っていて留守だったので、弟の飯入根《いひいりね》が神宝を朝廷に献上してしまった。あとで帰ってきた出雲振根は激怒して、飯入根を殺してしまう。そこで、朝廷側は、出雲振根を殺した、とある。このあとさらにヤマト朝廷側は、『日本書紀』（垂仁天皇二十六年八月）によれば、物部十千根大連《もののべのとをちねのおほむらじ》を派遣して、神宝を管理させた。すなわち、もともと出雲側には、高天の原神話をもつヤマト朝廷側とは異質な信仰・祭祀が存在していたと思われるのだが、国譲り神話が示すようにいったんは確保したかに見えた祭祀権も、結局はヤマト側に奪われたことになる。

また、七〇〇年代から八〇〇年代には、出雲の国 造《くにのみやつこ》（出雲地域では「こくそう」と発音）の独特の新任式の記録がある（『続日本紀』）。その内容は、新任の国造はまず朝廷から「負幸物《おいさちもの》」（玉・太刀・鏡・絹織物・葦毛の馬・白鵠《くぐい》など）を賜わり、出雲に帰って一年間「潔斎」したあとで入朝し、京外の場所に飾りの献上物を置き、さらに出雲に帰って一年間「潔斎」し、また都に戻って「出雲《いづも》の国 造《くにのみやつこ》の神賀詞《かみよごと》」を朝廷で奏上するというものである（『延喜式』）。「出雲の国造の神賀詞」は、大穴持命《おほなもちのみこと》（大国主神）が、自分の和魂《にぎみたま》をヤマトの三輪山に配し、また自分の子のアヂスキタカヒコネの御魂《みたま》を葛城に、コトシロヌシを雲梯《うなて》に、カヤナルミの御魂を飛鳥に配して、「皇孫《すめみま》の命《みこと》【天皇】の近き守り神」として「貢り置《たてまつ》」きます、と誓うものである。これらは、政治的には、出雲が大和朝廷の支配下にあることを繰り返し確認する服属儀礼であるが、一方で出雲在地の信仰・呪術・祭祀の独自性も尊重して、それらの呪的エネルギーを吸収して天皇国家の側の生命力を強化する呪術的儀礼でもあったのだろう。

したがって、天皇国家の側の伊勢神宮と、天皇国家によって征服され支配下に置かれた出雲側の出雲大社とには、〝同質性〟だけでなくかなりの〝異質性〟が存在していただろうことを忘れてはならない。

簡潔に言えば、出雲大社など出雲の神社の建築様式は、在地の出雲的様式に、外来のヤマトの様式が重なり合ってできているのではないか。在地の出雲的様式の最たるものが、物見櫓など「遠望を目的とした建物」（佐原真）の様式だったのであり、それが〝高いこと〟を目指す精神として残り、それ以外の部分では、ヤマトの建築様式のうちの、伊勢神宮正殿にくらべてかなり後世的な、つまり〝原始性〟を薄めた様式を取り込んだ結果、出雲大社本殿という〝混ぜ合わせ（ハイブリッド）建築〟の神殿が生み出されたのであろう。

4　正殿建築は長江流域文化圏に属していた

論を伊勢神宮正殿《しょうでん》の建築様式に戻せば、それは、古代天皇国家が、特に弥生時代の稲作文化と連続する原始性の強い建築様式、特に稲の収蔵倉庫の形態をあえて選択することによって、ヤマトの「古《いにしえ》」の精神を視覚的に表現しようとする強い意志を示したものだったとしてよい。

ところで、神宮正殿のこれら原始性の強い建築様式については、これこそはヤマト的なるものの純粋結晶だとする、国粋主義に向かいがちな思考が根強く存在している。特に、一九四五年の敗戦までの国家神道の時代には、明治維新以来の天皇神格化の強固な流れの中で、伊勢神宮はまさに国粋主義思想の拠点そのものとして機能した。しかし、敗戦後の現在では、国際的視野の研究水準の中で正殿建築を相対化することが可能になっている。それによれば、正殿の原始性の強い建築様式の根源は、実はアジア全域の文化資質の一角を占めるものであり、特に中国長江（揚子江）

流域の少数民族文化圏に属しているものであることがわかってきた。

ここで注意しておきたいのは、〝属している〟という把握のし方である。というのは、一般に源を日本列島の外に求めるときには、それを外部からの〝影響〟だとすることが多いからである。たとえば、伊勢神宮正殿では、次に引用する渡辺保忠説(7)のように、「居玉《すえだま》」などがその〝影響〟にあたる。

正殿の高欄の上だけにつけられた居玉《すえだま》は、（略）。この居玉とよばれる宝珠《ほうじゅ》は、唐の建築や青銅棺の飾りなどに見られ、唐朝美術の影響であろうといわれている。日本が唐に第一次の遣唐使を送り交渉をもったのは、舒明天皇の二年（六三〇）であった。（略）正殿の建築は、一方において千木・堅魚木のような古風な装飾形式をもちながら、また、この居玉のように、それとまったく次元の異なる装飾形式も加わっている。このことは、神宮の建築の成立において、少なくとも七世紀中ごろ以降に、正殿形式の荘厳《そうごん》化をはかる画期的な変革があったことを物語っている。

それに対して、〝長江流域文化圏に属している〟という場合には、地域の広大さと、期間の長さに着目する必要がある。特に期間の点では、大陸と日本列島が海で遮断されて縄文時代が始まったのが仮に紀元前一万一〇〇〇年ころだったとするなら、六〇〇、七〇〇年代の〈古代の近代〉期以前に、弥生時代・古墳時代を含めて一万二千年間以上の〈古代の古代〉の時期があったことになる。すると、この〈古代の古代〉の時期には、生産形態、生活習俗、文化形態などが、どちらからどちらへ〝影響〟したというよりも、一万二千年以上の時間をかけて、まことにゆったりと広がり、浸潤し、また交流して、共通の文化圏を形成したと考えるべきなのである。

したがって、この〈古代の古代〉の基層的文化については、「居玉《すえだま》」のように〝影響〟ととらえるのではなく、〝長江流域文化圏に属していたことによる共通性〟とするのがよい。

しかし、日本の〈古代〉を日本の国境の内側に視界を限定して考えているかぎりでは、もともとは〝長江流域文化圏に属していた〟ものであったにもかかわらず、それがあたかも〝ヤマトに固有で、独自のもの〟と見えてしまうことになる。これが、国家神道の時代には、国粋主義思想の基をつくった。

ところで、無文字時代の、縄文・弥生・古墳期の一万二千年余の〈古代の古代〉の日本列島文化のあり方を推測するには、文化人類学（一部分は民俗学も）の資料に基づくモデル理論と、遺物が実在する考古学の資料とに頼る以外にない。そのうえで、『魏志』倭人伝（三世紀末）など中国古典籍や、〈古代の近代〉のヤマト側の文字資料『古事記』（七一二年）、『日本書紀』（七二〇年）などを補助資料として援用することになる。

文化人類学的資料についていえば、できるかぎり、縄文・弥生・古墳期に日本列島と実態的な交流があり得た地域の民族のものが望ましい。たとえば、かつて中国長江流域のほとんどは、濃い常緑のカシ、シイ、クスノキ、タブ、ツバキ、サザンカ、サカキ、ヒイラギなど、葉に厚みとつやがある樹木を特徴とする照葉樹林帯であった。そしてその分布は、日本列島の少なくとも関東地域あたりにまで及んでいた。サカキ・オガタマノキ・シキミ・ユズリハ・ヒイラギなど、日本で神事に用いられてきた樹木もすべて照葉樹である。(8) また、この照葉樹林帯文化には、高床式建物はもちろん、焼畑、水田稲作、もち米、麹酒《こうじ》、納豆、なれずし、身体尺、鵜飼、独楽回《こま》し、闘牛、相撲、下駄、歌垣《うたがき》、兄妹《けいまい》始祖神話そのほか、日本文化と多くの文化的共通点がある。

なお、のちに資料を示すが、棟持柱や千木をもった高床式の建物は長江流域少数民族の集落でも見られるし、長江流域雲南省の前漢時代の青銅器にも見られる。そして、のちに考古学資料を示すように、ヤマトの弥生時代の土器絵画・銅鐸絵画にも同系統のものが見られるので、伊勢神宮正殿の建築様式の原始性は、その最古層ではアジア全域にまたがる〝国際性〟の中にあったことになるだろう。

日本古代文化は、石器時代を含めた最古の時代から日本列島に吹きだまって来ていたアジアの北部、西部、南部のさまざまな文化が、大陸と海によって遮断された紀元前一万一千年ごろから長い時間をかけて固有性、独自性へと変質したものである。伊勢神宮のような神社文化も、こういった広大な地域性と、期間の長さを経て、特に長江流域文化的なものが日本列島内で固有化し、それらがさらに国家成立の段階で高度に洗練されて成立したのであろう。

そもそも、天照大神が登場する『古事記』[9]の天《あめ》の石屋戸《いわやと》神話自体も、その最古層の部分は、長江流域のミャオ族・イ族・プーラン族その他の少数民族の神話ときわめて類似している。天の石屋戸神話の話型は、太陽が何らかの理由によって恐怖する→太陽が洞窟に隠れて世界が真っ暗になる→人々が知恵を働かせて（鶏鳴かせや生命力復活の呪術を行なって）太陽を引き出す→世界が再び明るくなる、という構造である。ミャオ族・イ族・プーラン族の神話は、洞窟に隠れるのが太陽と月であり、それらはもともと複数だったのが弓矢で射落とされてそれぞれ一個ずつになった、という点に天の石屋戸神話との違いはあるが、「話型」の大筋の点ではほとんど同じである。

すると、遷御の儀で、午後八時前、明かりが消された闇の中で、神職が鶏の鳴き声をまねて「カケコウ」と三度唱えていたのも、天の石屋戸神話で、八百万《やおよろず》の神々が、天安《あめのやす》の河原に集まって、常世《とこよ》の国の長鳴鳥《ながなきどり》（鶏）を集めて鳴かせたとあるのと対応しているのだろう。そして、この「鶏」もまた、長江流域のミャオ族・イ族・プーラン族などの神話に登場する「雄鶏《おんどり》」に原型があることになる。

実をいえば、伊勢神宮の遷宮開始と同時代の『古事記』の分析においても、文化人類学資料に基づくモデル理論と考古学資料による実証的理論の両方が不可欠なのである。『古事記』の誕生という場合、西暦何年何月何日に完成したという「点としての誕生」と、その「点」としての年月日以前の、少なくとも一万二千年以上の時間に及ぶ、無文字時代の生成過程である「線としての誕生」とがある。このうちの、「線としての誕生」に迫るためには、どうしても文化人類学に基づくモデル理論と考古学資料による実証が必要なのである。

しかし、従来の伊勢神宮や『古事記』の研究は、ヤマトの側では五〇〇年代くらいからしか自覚されなかったとされる〈国境〉の内側に視界が閉じられていることが多く、結果として国粋主義的思考に陥りやすかった。国家神道が排された一九四五年の敗戦以後の二十一世紀の現在においても、伊勢神宮および『古事記』の研究の主流は、この国境の内側に閉じられた思考の中にとどまっている。しかし二十一世紀の現在は、伊勢神宮や『古事記』を従来の偏狭な国内主義だけで見るのではなく、それらを最古層の〝国際性〟〝アジア性〟の結晶として把握し直すことが可能な時代になった[10]。このことを、以下に、伊勢神宮正殿の建築様式に焦点を絞って説明しよう。

5 ムラ段階・クニ段階・国家段階の柱信仰と木曳き

まず、伊勢神宮の建築全体で顕著なのは、掘立柱、白木、棟持《むなもち》柱、心《しん》の御《み》柱《はしら》など「樹木」の重要視である。この中でも、特に神聖視の度合いが高いのは内宮・外宮正殿の心の御柱である。

心の御柱は、「皇太神宮儀式帳」（八〇四年）に「正殿心柱……其柱名号称忌柱。」とあるように、「忌柱《いみばしら》」（聖なる柱）とも称されていた。また、「豊受《とようけ》皇太神宮御鎮座本紀」[11]（鎌倉時代成立）には、「心御柱一名天御柱。亦名日忌柱。亦名天御量柱。」とあり、「忌柱」と称されるとともに、『古事記』（神代）に登場するのと同名称の「天《あめ》の御《み》柱《はしら》」とも称され、また「天《あめ》の御《み》量柱《はかりばしら》」という別名ももっていたという。

この心の御柱の実態は、以下に引用するような把握でほぼよいだろう。

「心の御柱」については、語ることを憚《はばか》ることが、祭りに奉仕する神宮神職の心得とされてきた。（略）中世の文献によると、御柱の長さは約一メートル五〇センチ、太さは一二センチほどの大きさで、五色の絹にまかれ、四本の添え柱に支えられる。御柱の三分の二にあたる約一メートルが地上に露出しており、地中に五〇センチほど埋め込まれ、地表には一五センチくらいの石が積まれる。(12)（岡田荘司）

神宮は二十年に一度遷宮の儀式があるが、社殿が建てられていない以前の敷地の古殿地には玉石が敷かれ、その中央に小さな覆屋《おおいや》がある。心の御柱の覆屋であるが、心の御柱は、正殿の中央、神体の鏡の真下にあって、その高さは床まで達しない。柱の周囲は榊で囲まれ、最も神聖視されてきたといわれる。(13)（千田稔）

さて、伊勢神宮の内宮、外宮の正殿では、実質的に建物を支えているのは、長方形の部屋の四面に配された十本の柱である。したがって、両宮正殿床下の心の御柱は、あくまでも〝天空など高いところにある神々の世界と繋がっている〟ことを象徴的に表わす呪術的役割のものだとしてよい。

なお、心の御柱の役割については、丸山茂が、「心柱は正殿を立てる前に正殿の中心位置を示すために立てられた。その神聖な位置を示すために心柱は榊で飾られるものであった」と述べて、中心位置を示すための建築技術上の実用目的だったことを強調している。(14)私は、心の御柱の初期の目的にこのように実用性が存在していた可能性を認めつつ、しかしのちにその柱自体が神聖視される方向に傾斜していったのには、もともとその柱そしてその樹木自体への神聖視も同時に存在していたからだろうと考えている。

このような呪術的役割が重視されている柱としては、他にも長野県の御柱祭で諏訪大社の神域の四隅に建てられる「御柱《おんばしら》」が思い出されるであろう。この御柱も建物を支える実質的役割はまったくもっていないので、伊勢神宮の心の御柱と同じく、〝天空など高いところにある神々の世界と繋がっている〟ことを象徴的に示す役割を果たすものだとしてよい。

ところで、伊勢神宮の心の御柱およびそのほかの「御用材」は、山に生えている樹木を伐り出して、それを伊勢神宮の神域にまで運んでくるのであるから、それらの点では、御柱祭の御柱でも同じことが行なわれるわけである。

二〇一三年の伊勢神宮の遷宮では、二〇〇五年五月二日に、ご用材を採る「御杣山《みそま》」（長野県と岐阜県の県境に位置する木曽山）の入り口に坐《ま》す神をまつる「山口祭」が内宮の神路山《かみじ》で、また外宮の高倉山で行なわれ、続いて六月三日には、「御杣山《みそま》」において、ご神体を納める「御樋代《みひしろ》」のご用材を伐り出す「御杣始祭《みそまはじめ》」があった。翌二〇〇六年四月十二日からは、正宮や別宮の重要な部分に当てられる「役木《やくぎ》」というご用材の奉曳が始まり、奉曳団の人々が道路を曳き、また最後の六月九日には、「御樋代《みひしろ》」の用材を五十鈴川の中で川曳きをして、内宮に曳き入れた。(15)

このような過程は、諏訪の御柱祭でも基本的に同じである。あえていえば、伊勢神宮のほうが祭式としての形式化・権威化が強く、また全国規模の広がりをもっていて、経費も二〇一三年の遷宮では約五五〇億円が民間から調達されたというように莫大である。

このような、遷宮の大規模化の背景には、伊勢神宮には、一九四五年までの国家神道の時代には国家による強力な支えがあったうえに、さらに千三百年以上を遡れば、すでに日本古代国家成立の時期に伊勢神宮が国家と直結していたという歴史がある。

〈古代の近代〉の時期には、伊勢神宮や『古事記』には、〈古代の古代〉の時期の、日本列島の各地域のムラ的社会に存在していたと推定される最も原型的な文化の層と、弥生末期の邪馬台国などのようなクニ段階社会の文化の層も継承された。そして、六〇〇、七〇〇年代の〈古代の近代化〉の過程で本格的な〈国家〉が成立してくることによって大きく変質した最も新しい層も加わったことであろう。

〈国家〉は、法律（大宝律令）をもち、それに基づく官僚・行政機構をもち、徴税制度、戸籍、軍隊を整備し、中央集権を志向し、広い地域の領土意識をもち、中央政府の行政の中心地としての都（大規模都市）を形成し、同時に文字文化をもっている段階である。伊勢神宮を頂点に置く神祇官体制や『古事記』は、このような国家段階において登場したのである。

それに対して、諏訪大社は、すでに〈国家〉が成立していた〈古代の近代〉の時期にあっては、〈地方〉の行政権の中の神社であった。したがって、邪馬台国などと同じく、基本的にはクニ段階の社会に位置づけてよいだろう。

さて、それでは、〈国家〉やクニより前のムラ段階の社会の場合は、伊勢神宮の心の御柱・「役木《やくぎ》」や諏訪大社の御柱にあたる樹木は、どのように扱われていたのだろうかということになると、日本国内にこれといった具体例が見られない。しかし、アジア全域に目を転じると、まだ少数民族などのムラ段階的社会が残存しているか、あるいはごく最近まで残存していたそれらの社会に、伊勢神宮の遷宮、諏訪大社の御柱祭などの、より原型的と思われる事例が実在する。たとえば、次のはネパールの例。

ネパールのカトマンズ盆地にインドラ・ジャートラという祭りがあります。（略）祭りの最初はナラという森から松の木――諏訪でも昔御柱に松の木を使っていましたが――を伐り曳いてきて里に立てる祭りです。柱の神を鎮めるために占星術師によって時間が決められ、ヤギの血で慰撫が行われます。見立てあり、伐採あり、曳行あ

り、川越しあり、そして柱立てといい、まさに御柱祭と同じです。[16]（北村皆雄）

ほかにも、御柱や心の御柱に類する樹木信仰は、アジア全域の諸民族の文化の中にも広く存在していることが知られている。[17]その中でも、「御柱曳き」（御柱祭）、「御木曳《おきひ》き」（伊勢神宮遷宮）と類似の行為を伴っているものとしては、中国雲南省のワ（佤）族の木鼓《もっこ》曳きがある。[18]

ワ族の木鼓は、首狩り儀礼のときに叩く音響装置としての役割があるが、それと同時に木鼓には「万物の創造神とすべての神々」を意味する「ムイジ」という神が宿っている。この木鼓は、普段は集落の中の木鼓小屋に置かれているが、新村を作るときや古い木鼓が腐って作り替えるときなどに、新たに作られる。森の中で木を切り倒して全長二メートルくらいにしたものに藤ヅルを通し、晴れ着を着た村人が総出で集落まで曳いてくる。

その映像としては、一九九三年に『天地楽舞』の取材班が依頼して復元してもらって撮影したものがある。[19]これ以前のものとしては、一九五〇年代に中国側調査団によって撮影された白黒映像記録があり、これを見た私の記憶では、ムラ段階の祭式の小さな規模のものとはいえ集落あげての盛大な行事であった。

また、中国貴州省（長江流域）のトン（侗）族の事例[20]では、鼓楼を建てるための杉の木を森の中で選び、伐採する杉の木の前で儀礼を行ない、伐採したその杉の木を森の中から運び出し、途中では急斜面での木落としや川の中を運ぶといった木曳きを行なう。柱建てのときには、四本の柱にそれぞれ呪文を唱え、生け贄にした鶏の血を付ける。

このような、アジア全域、特に長江流域少数民族のムラ段階社会における木曳き、柱建てなどの儀礼を手がかりにすれば、諏訪の御柱祭や伊勢神宮の遷宮の古層に、アジア全域にまたがり、縄文・弥生期にまで遡るムラ段階の祭式が隠れていることを推定できるであろう。

6　高床式・千木・棟持柱の原型

先に、正殿の原始性の強い建築様式の根源も、「鏡」の場合と同じく、純日本文化というよりも、アジア全域の文化資質の一角を占めるものであり、特に長江流域の少数民族文化圏に属しているものであると述べた。このことを、特に高床式、千木、棟持柱に焦点を絞って説明しよう。

まず、高床式建物は、長江流域以南の少数民族の集落ではごく普通であり、中には、千木や、切妻《きりづま》の側柱の外で棟を支える、伊勢神宮など神明造《しんめいづくり》に見られる棟持柱をもつものもある。

高床式建物は、食料保管倉庫としては北方アジアの先住民族社会にも存在した。しかし、中国南部や東南アジアでは、たとえば中国のタイ（傣）族の集落がそうであるように、居住するための家も高床式であり、面積も広い。それに対して、伊勢神宮正殿のように小さなものは、稲などの穀物用の倉庫であることが多い。

図2　アカ族の高床式穀倉。若林弘子『高床式建物の源流』弘文堂、1986年、より。

たとえば、タイのアカ族（中国ではハニ族）の高床式穀倉（図2）は、高床式であると同時に、千木、棟持柱も見えていて、伊勢神宮正殿の建築にきわめて近いことがわかる。

特に千木については、図3が示すように、長江流域以

図４　石寨山出土の家屋の青銅器。『雲南省博物館』文物出版社、1991年、より。

図３　ラワ族・カレン族・アカ族・ラフ族・リス族・タイ族の高床式住居の千木。若林弘子『高床式建物の源流』弘文堂、1986年、より。

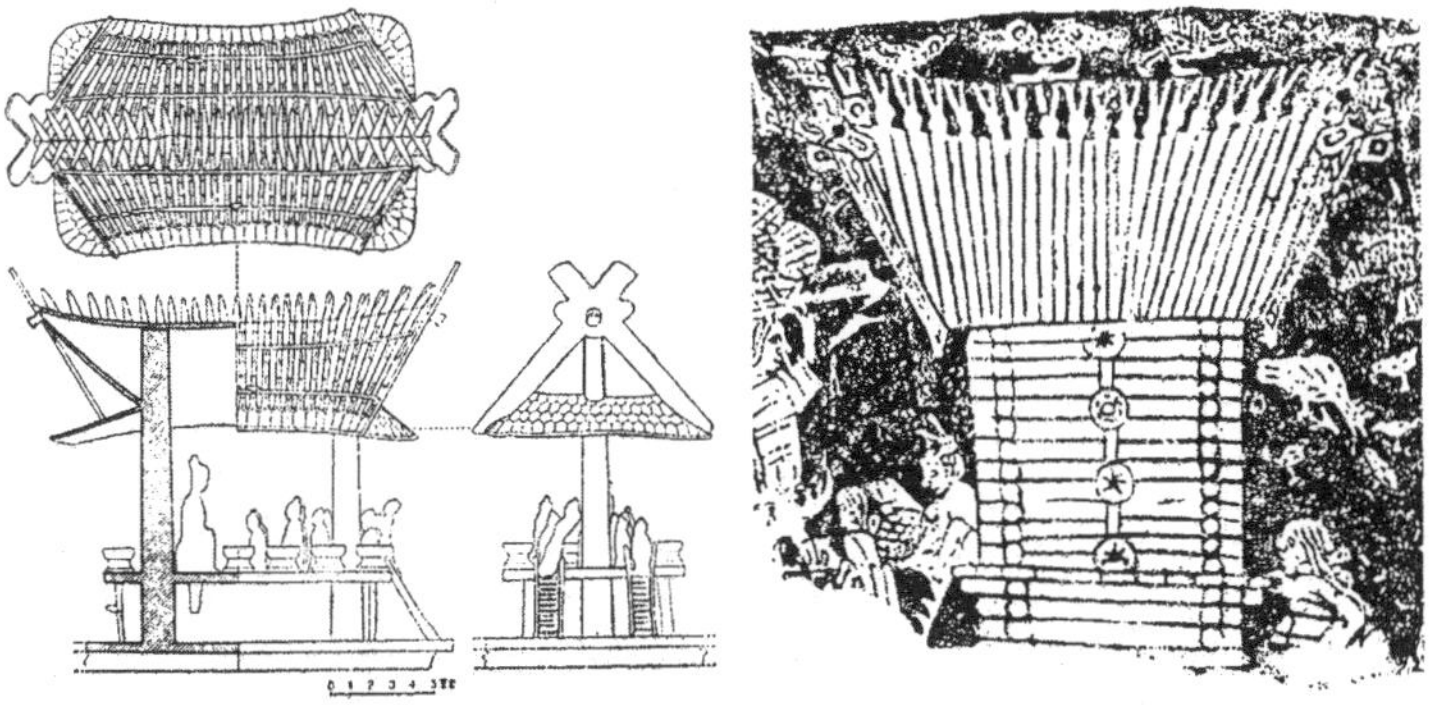

図５　（左）雲南省石寨山漢墓青銅貯貝器蓋の祭殿模型　（右）同腰部の糧倉図（拓本）。田中淡「干闌式建築の伝統─中国古代建築史からみた日本」『建築雑誌』1981年２月号、より。

南の少数民族の集落ではごく一般的である。

また、前漢（前二〇二～後八年）の、中国雲南省（長江流域）石寨山《せきさいざん》出土の家形青銅器（図4）には、屋根の両側を外側から支える棟持柱と思われる柱が見える。ここには、両側の千木およびその中間に何本もの垂木が見えている。また、同じ石寨山出土の青銅貯貝器《ちょばいき》の食糧倉庫図、また蓋《ふた》の祭殿模型（図5）でも、棟持柱や校倉《あぜくら》（板壁）や千木の形式が見て取れる。

中国における高床式建物の分布については、次の田中淡の指摘[21]が簡潔にして要を得ている。

中国にあって干闌式【高床式】建築の伝統をもっていた民族は、いわゆる「正史」の記述では、辺疆・蛮夷の異民族にほとんど限られている。その漢民族による呼称は、おどろおどろしい蔑視をなによりも露骨にしめす表現であるが、しかし、ついでにいえば、華北・中原の伝統と正統的な史書に載らなかったこれら蛮夷の伝統とは、もとよりそれぞれ異質の始祖をもっていたにちがいない。惜しむらくは、干闌式建築の比較的古い時代の完全な遺構が現存しないことではあるが、しかし民族学などの調査によると、中国で民家に干闌を用いているのは、雲南、貴州、広西、台湾等各省のタイ、ミャオ、チンポー、ハニ、プイ、チワン、トン、パラウン、ワ、高砂（カオシャン）等の各民族であり、この系統が東南アジア、ミクロネシア等に分布していることも、いまさらいうに及ばぬ。ただし、干闌式建築の伝統は、単に東洋史でいわゆる塞外文化圏、あるいは少数民族などに限定されるものではなく、長江流域にも育まれていた木造建築の高度な技術水準の悠久な伝統であることに注意しなければならぬ。

石寨山《せきさいざん》出土の青銅器については、井上章一も次のように述べている[22]。

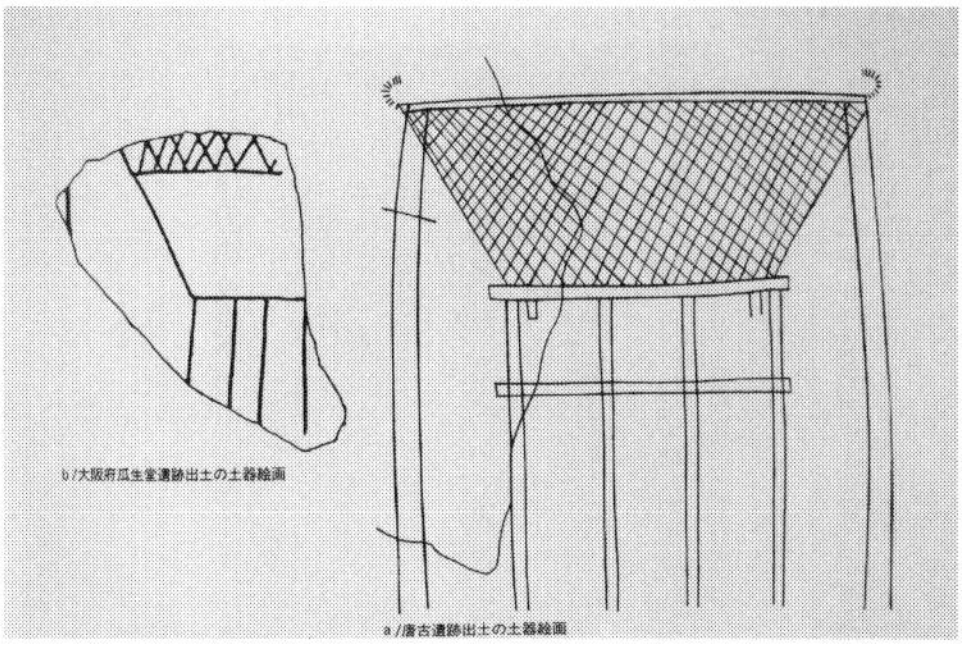

図6　唐古・鍵、瓜生堂遺跡の土器絵画。右（唐古・鍵）が（a）、左（瓜生堂）が（b）。若林弘子『高床式建物の源流』弘文堂、1986年、より。

一九五〇年代後半からは、（略）浙江、江蘇、湖北、雲南各省で、木でできた柱や柱跡が、ぞくぞく見つかりだす。長江流域以南は、漢化がおよぶまで、木造地帯であったことが、わかってきたのである。
また、同じ一九五〇年代後半には、雲南の石寨山《せきさいざん》古墳群から、興味深い青銅器が出土した。銅鼓《どうこ》形の貯貝器である。そして、その上蓋には、棟持柱《むなもちばしら》をもつ高床式建築の模型がのせられていた。のみならず、その貯貝器には干闌式【高床式】と言ってよい校倉《あぜくら》の図も、えがかれていたのである。
古墳じたいは、前漢時代のものである。「滇王之印」も同時に見つかったため、漢族の支配者たちがいとなんだ墳墓だとされる。そして、そのころには、棟持柱をもつ高床建築の建てられていたことが、判明した。

古代の日本列島においては、弥生式時代以後の遺物から、高床式、千木、棟持柱の存在が推定できる。唐古・鍵遺跡（奈良県磯城郡田原本町、弥生時代前期〜古墳時代）出土の土器絵画および瓜生堂遺跡（大阪府東大阪市西岩田、弥生時代〜平安時代）出土の土器絵画（図6）について、若林弘子は次のように述べている。[23]

（a）は、奈良県の唐古遺跡から出土した大形壺形土器の破片（縦四センチ×横六センチ）である。（略）それには線刻で高床式建物が描かれており、銅鐸絵画に見られる梯子は描かれていないが、それはたぶん取りはずし可能の梯子だったからであろう。

（略）

もう一つ（b）は、大阪府瓜生堂遺跡から出土した土器片である。同じような高床式建物で、強く転んだ妻がはっきり描かれている。そしてわずかに残されている一本の線は棟持ち柱であろう。ここにも銅鐸絵画B【伝香川県出土銅鐸】および土器絵画（a）と同じ構法が使用されている。

図7　伝香川県出土銅鐸の絵画。右下が高床式建物。国立歴史民俗博物館編（構成・佐原真）『銅鐸の絵を読み解く』小学館、1997年、より。

また、伝香川県出土銅鐸の絵画（図7）の右下の建物は、唐古・鍵遺跡の土器絵画（図6の右図）と同じく、明らかに高床式でかつ棟持柱がある。また石寨山《せきさいざん》出土の青銅器の家（図4、図5）と同じく、屋根には何本もの垂木の延長のようなものが見えている。

なお、棟持柱については、纏向遺跡（奈良県桜井市の北部、三輪山の西北の平地に位置する）の建物群跡（三世紀後半から四世紀か）のうちの四棟の建物（西から建物A、B、C、Dとする）について、黒田龍二が次のように述べている。(24)

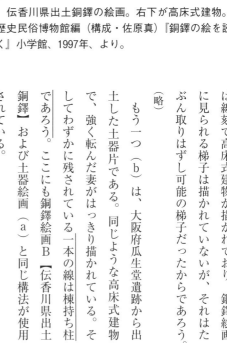

【建物Cは】南北三間【長辺八・一メートル】、東西一間【短辺五・四メートル】で、北面と南面中央に柱筋より外にたつ近接棟持柱をもつ建物である。／遺構だけからは、平地建物、高床建物のどちらとも決め手はない。／遺構の立地と年代からは、ここは初期ヤマト王権の中枢部と考えられる。つまり伊勢神宮との関係が想定できるとともに、建築形態の類似が明らかである。(略)この建物Cは伊勢神宮正殿類似の形態に復元する根拠がはるかに強い。

また黒田が、次のように、正殿の建築が「原始的」であり、かつその建築様式の選択は「強い意志」にもとづくものだと述べているのは、私と同趣旨である。

神宮の整然とした建物配置は、大陸の影響を受けたものに相違ない。一方、その建築様式はきわめて意図的に寺院建築職を排除したものである。(略)寺院建築は、その頃までに法隆寺、薬師寺などが建設されている。これらが当時の建築意匠の最先端であり、(略)その建築技術は著しく高度なものであり、神宮の建築はそのような建築と共存していたのである。それにしては、棟持柱、掘立柱、茅葺、千木、堅魚木、直線的な形態などどれをとっても原始的である。皇族、貴族、大工も新しい建築技術を知らなかったはずがないのだから、単に古い形式を墨守しているわけではない。そこには強い意志が働いている。

また、池上曽根遺跡(大阪府和泉市、泉大津市。中期を中心とする弥生時代)の柱跡から、棟持柱の家が復原できるという報告もある[25]。ただし、この建物は、長辺約一九・三メートル、短辺約七メートルなので、伊勢神宮内宮正殿の長辺約一〇・八メートル、短辺五・四メートルにくらべると、長辺が二倍近くもある点に疑問が残る。

いずれにしても、纏向遺跡・池上曽根遺跡という弥生式時代の遺跡から棟持柱跡と推定されるものが発見されているのは、伊勢神宮正殿の源が弥生時代のおそらくは穀物倉庫にあったことを示す補強材料となるだろう。

なお、棟持柱の役割については、次に引用するように、稲垣栄三が「棟持柱を立てて棟木を支えた」としている[(26)]のに同意する。

伊勢の多くの社殿で、かつて板倉形式だったものが中世末以来ふつうの柱をもった形式に変わったという事実は、もし両形式のあいだに時間的な前後関係があるとするならば、板倉の方が古い形式だということを暗示している。このことは構造的にもうなずけることであって、二、三の特徴が板倉の場合に構造上十分な必然性をもつのに対して、正殿のような形式においてはかならずしもそうではない点が認められる。棟持柱はその一つであって、板倉の場合、板が互に組み合う力で壁が支えられており、構造上強固とはいえないので、屋根の重さをすべて板壁に負わせるのを避けるために、棟持柱を立てて棟木を支えたと考えることができる。

7　千木と堅魚木

ところで、古墳時代の埴輪の建築物では、千木だけのもの、堅魚木《かつおぎ》（鰹木）だけのもの、千木と堅魚木の両方が揃っているもの、そのどちらも無いもの、とがある。私の知るかぎりでは、最も多いのはどちらも無いもので、最も少ないのが千木と堅魚木の両方が揃っているもの、である。

ただし、千木だけ、堅魚木だけのものについては、渡辺保忠が、「堅魚木にくらべて千木の実例は少な」いと述べている。(27)

一般に家形埴輪では、堅魚木にくらべて千木の実例は少なく、家形埴輪が写実性を失った象徴的な表現の後期のものに、千木らしきものの例が多いことは注目される。そこで推測されるのは、堅魚木だけでなく千木やその他をも加え、高貴性の象徴要素をたくさん併用して、屋根をきらびやかに飾る意識が強まるのは、古墳時代後期から末期にかけてのことだろうということである。そしてこの傾向は、大陸では、漢代末の南支系文化に属する雲南省出土の銅鼓にえがかれた建物の屋根にもみられるから、大陸の南北朝時代の南朝晋《しん》と交渉が強まった五世紀以降に受容されたものであろう。

しかし、図3のラワ族・カレン族・アカ族・ラフ族・リス族・タイ族の高床式住居では、千木のほうが圧倒的に多い。これらをモデルとして推定すれば、構造上からも破風《はふ》を突き出させて結ぶほうが実用性があり、すると突き出た部分がV字形に交錯して千木の形になるので、弥生式時代にまで遡れば、千木のある屋根のほうが一般的だったのではないか。

ここで、伊勢神宮の正殿建築を再確認しておくと（図8）、千木と堅魚木の両方が揃っているのがわかる。

しかし、この伊勢神宮正殿のように、千木と鰹魚木の両方が揃っている家形埴輪は、私の知るかぎりでは以下の四例しかない。

図８　伊勢神宮（内宮）正殿　長辺約10.８メートル、短辺5.４メートル。松平乗昌『図説・伊勢神宮』河出書房新社、2008年、より。

群馬県上植木出土（五世紀）（図９）
群馬県権現山古墳（六世紀）（図10）
今城塚古墳（大阪府高槻市、六世紀）　高さ一七〇センチメートル（図11）
百舌鳥《もず》古墳群（大阪府堺市、五世紀半ば）の御廟山《ごびょうやま》古墳　高さ三八センチメートル（図12）

群馬県出土の二つ（図９、図10）は別として、今城塚古墳（図11）と御廟山古墳（図12）はいずれも大阪市なので、地理的には伊勢地域との距離は近いといえる。

先に引用したように、渡辺保忠は「高貴性の象徴要素をたくさん併用して、屋根をきらびやかに飾る意識が強まるのは、古墳時代後期から末期にかけてのことだろう」と述べている。そのような流れを受けて、六〇〇年代末の伊勢神宮の本格整備においては、「屋根をきらびやかに飾る意識」の表現として千木と堅魚木の両方を揃える建築様式が固定化されたのであろう。

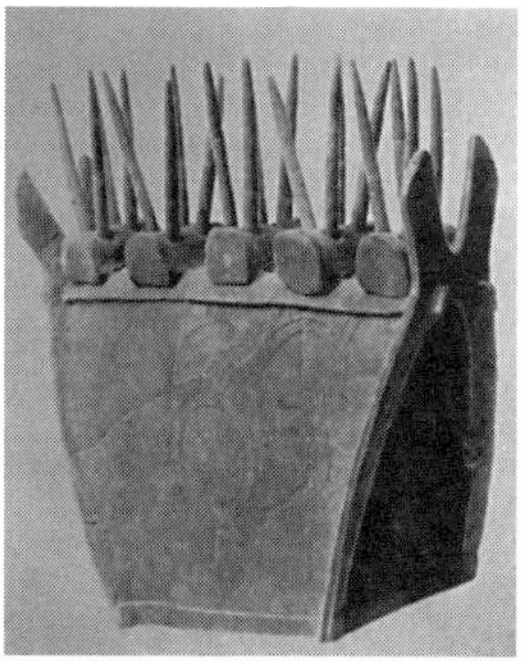

図10　群馬県権現山古墳。渡辺保忠『伊勢と出雲』平凡社、1964年、より。

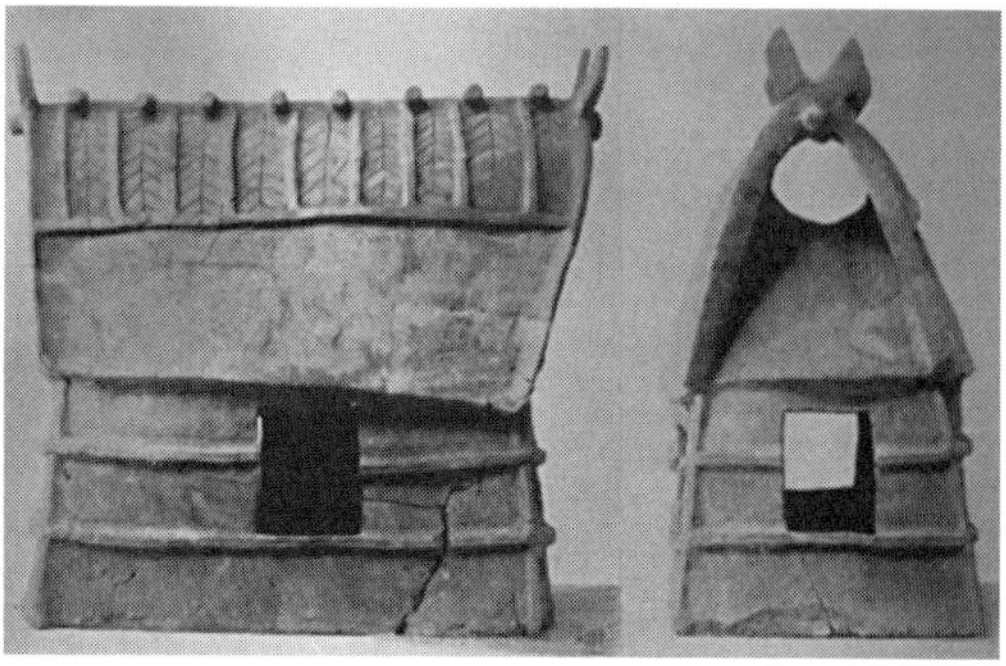

図９　群馬県上植木出土。渡辺保忠『伊勢と出雲』平凡社、1964年、より。

図12　御廟山古墳の千木・鰹魚木付きの家形埴輪。文化庁編『発掘された日本列島2013』朝日新聞出版、2013年、より。

図11　今城塚古墳の千木・鰹魚木付きの高床式家形埴輪。森田克行『よみがえる大王墓・今城塚古墳』新泉社、2011年、より。

8　記紀・祝詞と千木・堅魚木

ところで、『古事記』『日本書紀』では、千木と堅魚木が登場する例は、非常に少ない。まず堅魚木は、次に引用する『古事記』雄略天皇段の一例のみである。

初め大后【若日下部王】、日下《くさか》に坐しし時、日下の直越《ただごえ》の道より、河内《かふち》に幸行《い》でましき。爾《ここ》に山の上に登りて国の内を望《みさ》けたまへば、堅魚《かつを》を上げて舎屋《や》を作れる家有りき。天皇【雄略天皇】其の家を問はしめて云《の》りたまひしく、「其の堅魚を上げて舎《や》を作れるは誰《た》が家ぞ。」とのりたまへば、答へて白ししく、「志幾《しき》の大県主《おほあがたぬし》の家ぞ。」とまをしき。爾に天皇詔《の》りたまひしく、「奴《やつこ》や、己が家を天皇の御舎《みあらか》に似せて造れり。」とのりたまひて、即ち人を遣はして其の家を焼かしめたまふ時に、其の大県主懼《お》ぢ畏みて、稽首《のみ》白ししく、「奴《やつこ》に有れば、奴随《やつこなが》らに覚《さと》らずて、過《あやま》ち作りしは甚畏《いとかしこ》し。故《かれ》、能美《のみ》の御幣《みまひ》の物を献らむ。」とまをして、布《ぬの》を白き犬に繋《か》け、鈴を著《つ》けて、己が族《うがら》名は腰佩《こしはき》と謂ふ人に、犬の縄《なは》を取らしめて献上《たてまつ》りき。故、其の火を著くることを止《や》めしめたまひき。

これは、「堅魚《かつを》を上げて舎屋《や》を作れる家（堅魚木を屋根に付けている家）」があり、それが「天皇の御舎《みあらか》に似せて造れり（天皇の宮殿を真似て造った）」と非難されて、処罰されそうになったという話である。これは、先に引用した渡辺保忠の「屋根をきらびやかに飾る意識が強まるのは、古墳時代後期から末期にかけてのことだろう」という指摘に従えば、堅魚木は、「古墳時代後期から末期に」天皇権力の権威感の象徴となったのであろう。その権威感が神宮正殿の屋根にも反映されて、千木と堅魚木の両方を備えた形式が選択されたのであろう。

千木については、『古事記』上巻に三例、『日本書紀』神武天皇段に一例登場する。

『古事記』上巻

【スサノヲのみこと】黄泉比良坂《よもつひらさか》に追ひ至りて、遙《はろばろ》に望《みさ》けて、大穴牟遅神《おほなむち》を呼ばひて謂《い》ひしく、「其《そ》の汝《いまし》が持てる生大刀《いくたち》・生弓矢を以《も》ちて、汝が庶兄弟《ままあにおと》をば、坂の御尾《みを》に追ひ伏せ、亦河の瀬に追ひ撥《はら》ひて、意礼《おれ》、大国主神と為《な》り、亦宇都志国玉神《うつしくにたま》と為《な》りて、其の我が女《むすめ》須世理毘売《すせりびめ》を嫡妻《むかひめ》と為《し》て、宇迦能《うかの》山の山本《やまもと》に、底津石根《そこついはね》に宮柱《みやばしら》布斗斯理《ふとしり》、高天《たかま》の原《はら》に氷椽多迦斯理《ひぎたかしり》て居《お》れ。是《こ》の奴《やつこ》。」といひき。

「底津石根《そこついはね》に宮柱《みやばしら》布斗斯理《ふとしり》、高天の原に氷椽多迦斯理《ひぎたかしり》て（地下の堅固な岩盤に宮殿の柱をしっかり据え、高天の原に千木を高々と突き出させて）」という表現であるが、これは以下に示すように、宮殿の立派さを褒め称《たた》えるときの常套表現であったようである。なお、『古事記』では千木はいずれも「氷椽《ひぎ》（氷木《ひぎ》）」と表記されており、また祝詞でも「比木《ひぎ》」と表記されている例があるので、おそらくは「ヒギ」が古い発音だったのであろう。「氷《ひ》」は上代特殊仮名遣いでは甲類であり、「日《ひ》」と同じなので、〝太陽のように聖なる〟といった語感があったのであろう。

【大国主神】答へ白《まを》ししく、「僕《あ》が子等《こども》、二はしらの神【事代主神、建御名方神】の白す随《まにま》に、僕《あ》は違《たが》はじ。此《こ》の葦原中国は、命《みこと》の随《まにま》に既に献《たてまつ》らむ。唯《ただ》僕《あ》が住所《すみか》をば、天つ神の御子の天津日継《あまつひつぎ》知らしめす登陀流《とだる》天《あめ》の御巣《みす》如《な》して、底津石根《そこついはね》に宮柱《みやばしら》布斗斯理《ふとしり》、高天の原に氷木多迦斯理《ひぎたかしり》て治《をさ》め賜はば、僕《あ》は八十坰手《やそくまで》に隠《かく》りて侍《さもら》ひなむ。亦《また》僕《あ》が子《こ》等《ども》、百八十神《ももやそがみ》は、即ち八重事代主神《やへことしろぬし》、神の御尾前《みをさき》と為《な》りて仕《つか》へ奉《まつ》らば、違《たが》ふ神は非《あら》じ。」とまをしき。如此《かく》白して、出雲国の多芸志《たぎし》の小浜《をばま》に、天《あめ》の御舎《みあらか》を造りて、（略）

これは、大国主神が、高天の原ではない出雲なのに、ここに立派な宮殿を建ててほしいと求める部分でも「高天の原に」という表現を用いている点が、「底津石根《そこついはね》に宮柱《みやばしら》布斗斯理《ふとしり》、高天の原に氷木《ひぎ》多迦斯理《たかしり》て」という常套句の強固な伝統を感じさせる。

【天照大御神がホノニニギのみことを】筑紫の日向《ひむか》の高千穂《たかちほ》の久士布流多気《くじふるたけ》に天降《あまくだ》りまさしめき。（略）其の天忍《あめのおし》日《ひの》命、天津久米命《あまつくめの》是《ここ》に詔《の》りたまひしく、「此地《ここ》は韓国《からくに》に向ひ、笠沙《かささ》の御前《みさき》を真来《まき》通りて、朝日の直刺《たださ》す国、夕日の日照る国なり。故《かれ》、此地《ここ》は甚吉地《いとよきところ》。」と詔りたまひて、底津石根《そこついはね》に宮柱《みやばしら》布斗斯理《ふとしり》、高天の原に氷椽《ひぎ》多迦斯理《たかしり》て坐《ま》しき。

これは、いわゆる天孫降臨の場面であるから、天孫の宮殿として「底津石根《そこついはね》に宮柱《みやばしら》布斗斯理《ふとしり》、高天の原に氷椽《ひぎ》多《た》迦斯理《かしり》て」という表現がふさわしい。

『日本書紀』（神武天皇元年）
古語《ふること》に称《ほめまう》して曰《まう》さく、「畝傍《うねび》の橿原《かしはら》に、宮柱《みやはしら》底磐《したついは》の根《ね》に太《ふとしき》立て、高天原に搏風《ちぎ》峻峙《たかし》りて、始馭天下之《はつくにしらす》天皇《すめらみこと》」【と曰《まう》し】、号《なづ》けたてまつりて神日本磐余彦火火出見天皇《かむやまといはれびこほほでみのすめらみこと》と曰《まう》す。

これは初代天皇神武の宮殿なので、「宮柱《みやはしら》底磐《したついは》の根《ね》に太《ふとしき》立て、高天原に搏風《ちぎ》峻峙《たかし》りて」という表現がふさわしいのであろう。「古語《ふること》に称《ほめまう》して曰《まう》さく」とあるので、この常套表現が、かなり古くから伝承されてきた「古語《ふること》」だったことがわかる。

祝詞では、この常套表現が多数見いだされる。祝詞の文字化資料自体は平安期のものだが、神社などでの唱えごとは、古くから伝えられてきたものを厳守するのが原則であったろうから、『古事記』『日本書紀』に匹敵する資料として用いてよさそうである。

・皇神《すめがみ》の敷《し》きます、下《した》つ磐《いは》ねに宮柱太《みやばしらふと》知り立て、高天《たかま》の原に千木《ちぎ》高知りて、皇御孫《すめみま》の命《みこと》の瑞《みつ》の御舎《みあらか》を仕へまつりて

（「祈年《としごひ》の祭祝詞」）

・四《よ》柱の皇神《すめがみ》等に白《まを》さく、「（略）春日の三笠の山の下《した》つ石《いは》ねに宮柱広《みやばしらひろ》知り立て、高天の原に千木《ちぎ》高知りて、（略）」

（「春日の祭祝詞」）

・この所の底《そこ》つ石《いは》ねに宮柱広《みやばしらひろ》敷き立て、高天の原に千木《ちぎ》高知りて

（「平野の祭祝詞」）

以下、類句が、「久度《くど》・古関《ふるせき》」「六月《みなづき》の月次《つきなみ》」「六月《みなづき》の晦《つごもり》の大祓《おほはらへ》」「御魂《みたま》を斎戸《いはひど》に鎮《しづ》む祭」「四月《うづき》の神衣《みそ》の祭」「六月《みなづき》の月次《つきなみ》の祭」（「比木《ひぎ》」）、「【豊受の宮の】同じ神嘗《かむにへ》の祭」（「比木《ひぎ》」）、「祟神《たたりかみ》を遷《うつ》し却《や》る」の各祝詞、また「出雲《いづも》の国造《くにのみやつこ》の神賀詞《かみよごと》」にも見える。

ところが、「堅魚木」は、『古事記』『日本書紀』はもちろん祝詞にも、荘厳化定型表現としてはいっさい存在しない。先に引用した『古事記』雄略天皇段のように、天皇の宮殿の象徴だとするような観念は、やはり、古墳時代末くらい

からのものなのであろう。

ところで、『日本書紀』（顕宗天皇即位前紀）には、以下のように、新築の家を褒める「室寿《むろほき》」が記録されている。長江流域少数民族の世界でも家の新築儀礼はごく普通に行なわれているので、それらから類推すれば、この「室寿《むろほき》」の原型は弥生時代あるいは縄文時代くらいまで遡る可能性がある。

億計王《おけのみこ》、起《た》ちて儛ひたまふこと既に了《をは》りぬ。天皇《すめらみこと》【弘計王《をけ》＝顕宗天皇】、次に起ちて、自《みづか》ら衣帯《みそおび》を整《ひきつくろ》ひて、室寿《むろほき》して曰《のたま》はく、

築《つ》き立つる　稚室葛根《わかむろかづね》、築き立つる　柱《はしら》は、此《こ》の家長《いへのきみ》の　御心《みこころ》の鎮《しづまり》なり。取《と》り挙《あ》ぐる　棟梁《むねうつはり》は、此《こ》の家《いへの》長《きみ》の　御心《みこころ》の林《はやし》なり。取《と》り置《お》ける　椽橑《はへき》【垂木】は、此《こ》の家長《いへのきみ》の　御心《みこころ》の斉《ととのほり》なり。取《と》り置《お》ける　蘆萑《えつり》【垂木の上に並べる竹や葦】は、此《こ》の家長《いへのきみ》の　御心《みこころ》の平《たひらか》なるなり。取《と》り結《ゆ》へる　縄葛《つなかづら》は、此《こ》の家長《いへのきみ》の　御寿《みいのち》の堅《かたまり》なり。取《と》り葺《ふ》ける　草葉《かや》は、此《こ》の家長《いへのきみ》の　御富《みとみ》の余《あまり》なり。（略）

ここでは、家の構造のうちの、「稚室葛根《わかむろかづね》（柱の根元）」「柱」「棟梁《むねうつはり》」「椽橑《はへき》（垂木）」「蘆萑《えつり》（垂木の上の竹や葦）」「縄《つな》葛《かづら》」「草葉《かや》」は描かれていても、堅魚木はもちろん千木も登場しない。

結――正殿は聖化された穀物倉庫

以上の記紀・祝詞の文字資料と文化人類学・考古学の資料を組み合わせれば、伊勢神宮正殿建築の誕生は、だいた

い次のようなものになるだろう。

縄文時代末期の焼畑農耕時代の食料保存倉庫や、水田稲作が流入した弥生期のムラ段階社会の穀物倉庫は、高床式、千木、棟持柱が基本的形態だったのだろう。それらは長江流域を中心とした東南アジア全域の建築文化圏に属するものであったと考えられる。それらが、日本列島内で固有性を獲得して、洗練度を高めていくと同時に、のちの神道の方向へと形を整えつつあったアニミズム系・シャーマニズム系文化の伝統とも結びついた。そのような流れの中で、高床式、千木、棟持柱に堅魚木を加えた穀物倉庫は、古墳時代末のころには〝ヤマト的なるもの〟の結晶と目されるようになり、神聖な建築様式だという認識が一般化したのであろう。

そして、六〇〇年代末の遷宮開始にあたって、ヤマト的なるものへの〝先祖帰り〟を強調するとともに、あらためて国家段階の政策として、高床式、千木、棟持柱の穀物倉庫に、堅魚木を加えたものを神聖化して、〈古代の近代〉のヤマト国家の精神的核に据えたのである。

六〇〇、七〇〇年代の〈古代の近代〉期には、中国国家からの、国家運営に必要なあらゆる分野の新しい知識・技術が流入した。このときの、異質な外来文化の圧倒的な流入は、ヤマト的なるもの、すなわちヤマト族の存在の根拠をなすアイデンティティーの危機の意識を浮上させたであろう。

このような状況の中で、藤原不比等を中心とする勢力は、中国から移入した知識で法律（大宝律令）、官僚・行政機構、徴税制度、戸籍、軍隊を整備するなどして国家運営のリアリズム性（現実主義、実利主義）を追求する一方で、それとは逆方向の、ムラ段階の神話的・呪術的世界の反リアリズム性の伝統の強力さも認識し、それらを整備・再構成して残存させる道を選んだ。その時代状況が、文字による書記物としては、ヤマトの「古《いにしえ》」への回帰志向の強い『古事記』を誕生させたのである。(28)

『古事記』に結晶した神話的世界の特徴の一つは、内向きであることである。もともとムラ段階の社会の神話は、その社会の内側の秩序づけに主関心があるので、自分たちの外側の社会との関係は重視しない。また、そのようなムラ段階の神話は、国家運営に必要なリアリズム性（現実主義、実利主義）が欠落しているので、国家段階にまでは生き延びられないのが普通だ。しかし、日本古代国家は、ムラ段階の神話や呪術、恋歌文化などを国家の中枢部において継承し、書物としては『古事記』や『日本書紀』（神代紀）、そして『万葉集』を誕生させた。また祭祀面では伊勢神宮を頂点とする国家祭祀体系を整備した。

このような〝ヤマト的なるもの〟への回帰という〝時代の力学〟を神殿という場で顕著に示したのが、伊勢神宮の中核である正殿であった。正殿は、高床式、千木、棟持柱、茅葺屋根、堅魚木、掘立柱、白木、直線状の破風という、穀物倉庫の神聖化されたものだったのであり、そこにさらに原始的な樹木崇拝の痕跡を残す心の御柱が組み合わさっているのである。

注

（1）「皇太神宮儀式帳」（群書類従第一輯、続群書類従完成会、一九五九年）
（2）「太神宮諸雑事記」（神道大系・神宮編一、神道大系編纂会編、一九七九年）
（3）詳しくは、工藤隆『大嘗祭の始原――日本文化にとって天皇とはなにか』（三一書房、一九九〇年）、参照。
（4）渡辺保忠『伊勢と出雲』（平凡社、一九六四年）
（5）佐々木謙「鳥取県淀江町出土弥生式土器の原始絵画」（『考古学雑誌』67巻1号、一九八一年）
（6）『佐原真の仕事5　衣食住の考古学』（岩波書店、二〇〇五年）
（7）渡辺保忠注（4）同書。
（8）中尾佐助『栽培植物と農耕の起源』（岩波新書、一九六六年）、佐々木高明『照葉樹林文化とは何か――東アジアの森が生み出した文明』（中公新書、二〇〇七年）。

なお、古代朝鮮半島を含む北方アジアには、歌垣と兄妹始祖神話の要素がきわめて少ないことについては、工藤隆「アジアの歌文化と日本古代文学――あとがきにかえて」（岡部隆志・工藤隆・西條勉編『七五調のアジア――音数律からみる日本短歌とアジアの歌』大修館書店、二〇一一年）を参照してほしい。歌垣と兄妹始祖神話は、『古事記』など日本古代文学において大きな位置を占めているので、これらを共通要素として持つ長江流域の照葉樹林文化は、古代日本論との密接度がきわめて高いのである。

(9) この三つの民族の神話は、その日本語訳を、工藤隆『古事記誕生――「日本像」の源流を探る』（中公新書、二〇一二年）に掲載した。

(10) 伊勢神宮そして天照大神をアジアの中に位置づけようとする本としては、千田稔『伊勢神宮――東アジアのアマテラス』（中公新書、二〇〇五年）がある。ここで千田は、伊勢神道の「思想的な体系化」は、「鎌倉時代に外宮の神官であった渡会氏を中心に芽生えた」ものであり、そこには「中国の五行思想、老子、儒教などの典籍からの引用がさまざまな点でなされている」と述べて、伊勢神道への中国思想の影響を指摘している。ただし、天照大神の原郷を対馬・朝鮮半島あたりに推定しているのは、私のように、天照大神や伊勢神宮正殿の原郷を中国南部、長江流域、東南アジア全域の中に見ようとする立場からは、「東アジアの」という限定付けがいかにも窮屈であり、狭いということになる。

(11) 「豊受皇太神宮御鎮座本紀」（続群書類従第一輯、続群書類従完成会、一九五九年）

(12) 岡田荘司「謎の「心の御柱」」（『伊勢神宮と日本の神々』朝日新聞社、一九九三年）

なお、「心の御柱」についての資料としては、渡会行忠撰「心御柱記」（鎌倉時代）という古文書が注目される（山本ひろ子「心の御柱考」『自然と文化』33、一九九一年、に詳しい）が、いずれにしても「語ることを憚る」秘中の秘なので、「心御柱記」も正確な資料であったかどうかは決められない。したがって、さしあたり岡田のような把握でよしとすることにする。

(13) 千田稔「言とう草木」（林屋辰三郎編『木』思文閣出版、一九九四年）

(14) 丸山茂「心柱ノート」（『跡見学園短期大学紀要』31、一九九五年）

(15) 以上、DVD版、神宮司庁／神宮式年造営庁「第六十二回神宮式年遷宮――御木曳篇」、同「第六十二回神宮式年遷宮――御神木篇」、による。
(16) 北村皆雄「映像で見るアジアの柱」(『諏訪市博物館紀要1』一九九三年)
(17) 北村皆雄「諏訪とアジアの贄柱」(『諏訪市博物館紀要5』二〇一〇年)、萩原秀三郎『神樹――東アジアの柱立て』(小学館、二〇〇一年)、諏訪春雄編『巨木と鳥竿』(勉誠出版、二〇〇一年)、他。
(18) 以下「木鼓」についての知識は、張正軍「ワ族の木鼓儀礼――中国雲南省西盟ワ族自治県を中心にして」(『諏訪市博物館紀要5』二〇一〇年)による。
(19) 『天地楽舞』西南編11「ワ族」(日本ビクター・中国民族音像出版社、一九九五年)
(20) 「杉の海に甦る巨大楼閣 中国貴州省・森の民トン族」(NHK総合テレビ、一九九八・十一・三)
(21) 田中淡「干闌式建築の伝統―中国古代建築史からみた日本」(『建築雑誌』一九八一年二月号)
(22) 井上章一『伊勢神宮と日本美』(講談社学術文庫、二〇一三年、原本二〇〇九年)
なお同書は、伊勢神宮の建築様式の源を、北方アジア、中国雲南、東南アジアに求める視点がすでに一九〇〇年代初頭にも登場していて、鳥居龍蔵・西村真次・伊東忠太その他の先駆的研究が存在したことを詳しく紹介している。その後軍国主義ファシズム下の皇国史観による視界狭窄の時代が続いたが、敗戦によってその状態から脱した戦後には、自由な研究環境の中で若林弘子注(23)書のように建築学的にきわめて実証的な研究成果が公開され、さらに注(8)書のような照葉樹林文化帯論が登場するなどして、私の本論文のような論理展開が可能になってきたのである。
(23) 若林弘子『高床式建物の源流』(弘文堂、一九八六年)
(24) 黒田龍二『纏向から伊勢・出雲へ』(学生社、二〇一二年)
(25) 秋山浩三『弥生実年代と都市論のゆくえ――池上曽根遺跡』(新泉社、二〇〇六年)
(26) 稲垣栄三『神社と霊廟』(小学館、一九六八年)
(27) 渡辺保忠注(4)同書。
(28) 詳しくは、工藤隆『古事記の起源――新しい古代像をもとめて』(中公新書、二〇〇六年)参照。

＊本稿は、アジア民族文化学会のシンポジウム「伊勢神宮とは何か」（二〇一三年十月二十六日）における発表「アジアの中の伊勢神宮——木曳きと棟持柱を中心に」を論文化したものである。論文化にあたって、副題を「聖化された穀物倉庫」に変えた。

中国雲南省ワ（佤）族文化調査報告

中国雲南省のワ族文化については、一九九六年一月二十日～一月二十七日に第1回調査を行ない、二〇〇二年九月六日～九月十六日に第2回調査を行なった。本報告書は、そのうちの第2回調査のものである。

調査者：工藤隆
中国語↓日本語通訳：張正軍
最終日本語訳調整：工藤隆
写真・記録：工藤綾子
同行者：岡部隆志

・以下、【　】内は、工藤隆による注、コメント。（　）内および＊も工藤隆による補。
・聞き書きの際の質問者の中心は工藤隆だが、岡部、工藤綾子が質問していることもある。

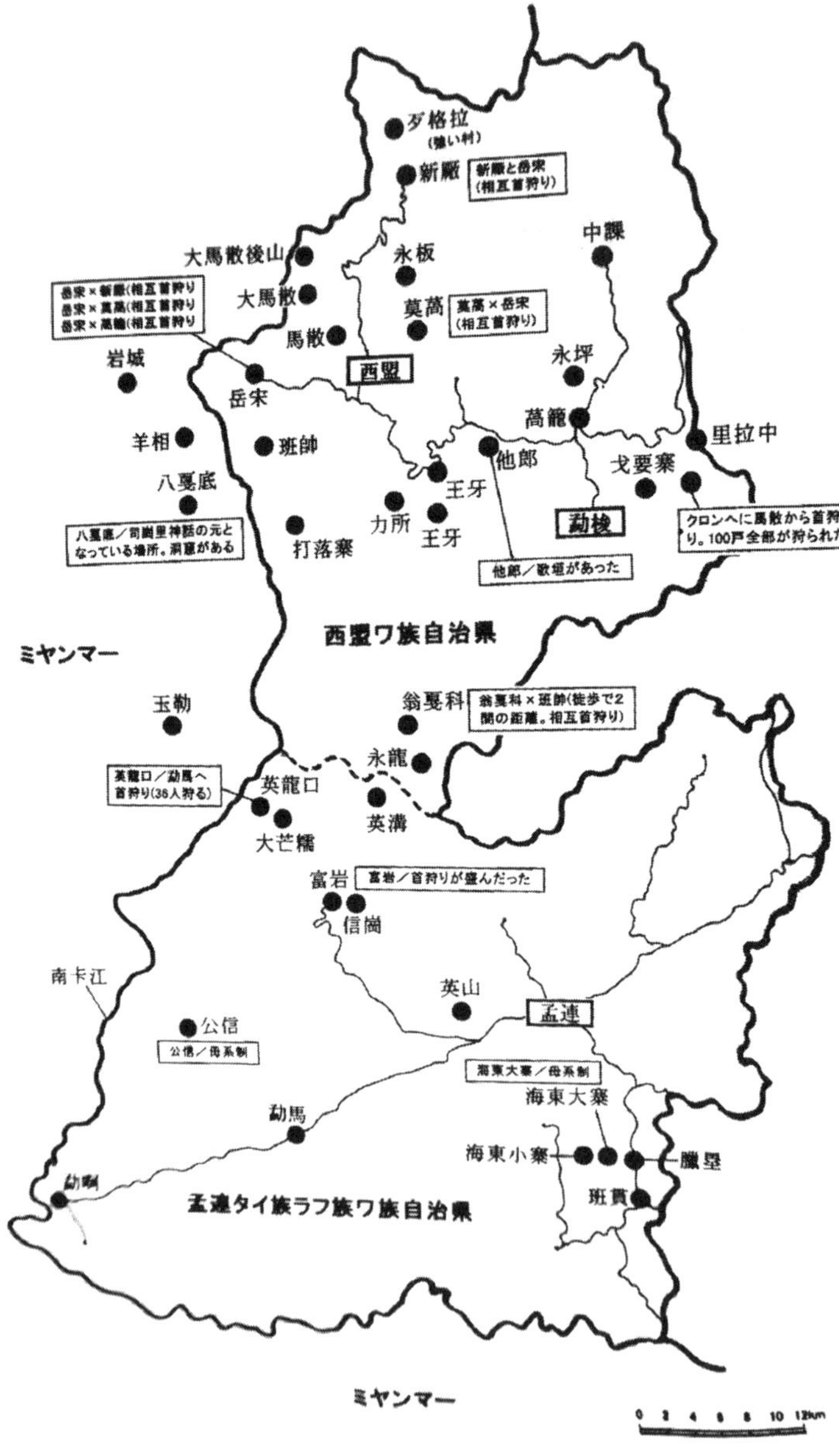

岁格拉
(強い村)
新廠
新廠と岳宋
(相互首狩り)
大馬散後山
大馬散
馬散
岳宋×新廠(相互首狩り
岳宋×莫蒿(相互首狩り
岳宋×蒿籠(相互首狩り
永板
莫蒿
莫蒿×岳宋
(相互首狩り)
中課
永坪
西盟
岩城
岳宋
蒿籠
里拉中
羊相
班帥
他郎
戈要寨
八戛底
王牙
力所
王牙
勐梭
八戛底／司崗里神話の元となっている場所。洞窟がある
打落寨
他郎／歌垣があった
クロンへに馬散から首狩り。100戸全部が狩られた
西盟ワ族自治県
ミヤンマー
玉勒
翁戛科
翁戛科×班帥(徒歩で2間の距離。相互首狩り)
永龍
英龍口／勐馬へ首狩り(36人狩る)
英龍口
英溝
大芒糯
富岩
富岩／首狩りが盛んだった
信崗
南卡江
英山
孟連
公信
公信／母系制
海東大寨／母系制
海東大寨
勐馬
海東小寨
臘壁
勐啊
班貫
孟連タイ族ラフ族ワ族自治県
ミヤンマー
0 2 4 6 8 10 12km

雲南省西南部の図〔『アジア民族文化研究 4』2005年、のp2の図〕。

二〇〇二年九月六日（金）

昆明空港　15：10→16：22　思茅《スーマオ》空港

タクシーで思茅地区民族宗教事務局の中の思茅民族委員会に行く。林成紅氏（39歳）と、第1回調査（一九九六年一月二十日〜一月二十七日）以来六年半ぶりに再会。

17：30　緑都大酒店（ホテル）、六五一二室、標高一三〇〇メートル。18：00〜19：30　劉志剛弁公室主任、林氏と、陽光風情園（傣《タイ》族料理）で夕食。

九月七日（土）

8：30　緑都大酒店を出発。車は、TOYOTA　PRADO（ランドクルーザー）。市街地を出るとまもなく、舗装された有料道路。両側は緑豊か。時速70〜80キロメートルで走れる快適な道路で、四年前（一九九八年）にできたという。10：00　那瀾《ナーラン》通過、水稲とトウモロコシが多い。10：20　瀾滄《ランツァン》江を渡り、糯柞渡《ヌオヂャードゥー》、瀾滄県虎跳石《フーティアオシー》を通る。虎跳石では市が開かれていた。このあたりでは、一般に稲の収穫は一回だが、もう少し暑い所では二期作もある。11：00　標高一〇〇〇メートルくらいの地域を通過。このあたりでは棚田が多いが、水稲のほかに陸稲（旱稲）も目立つ。愛尼《アイニ》（哈尼《ハニ》族）の居住地域。11：30　瀾滄（瀾滄拉祜《ラフ》族自治県の県都）を通過。道路沿いの山の斜面で焼き畑が行なわれていた。12：00　竹塘《ヂュータン》の宝来賓館（標高一四三〇メートル）で昼食。

13：25　出発。ラフ族の村が多い地域。林成紅氏の話しでは、キリスト教を取り入れた村が増加しているとのこと。道は、舗装道路よりは走りにくい石埋め道路（弾石路）となり、工事中の部分も多い。両側の山の斜面には、水稲、陸稲（旱稲）、トウモロコシ、サトウキビ、茶などの畑が混在。

13：41〜14：28　瀾滄拉祜《ラフ》族自治県三岔河《サンチャーフー》温飽試点村（衣服と食べ物を援助する実験村）を訪問。ラフ族、三八戸、二六八人。

・村内を案内してくれた小学校の42歳の教師（22歳でこの村の男性と結婚した漢族女性）の話：「昔は歌垣（対歌）をやっていたが、今はない。ラフ族の呪術師はモーパあるいはカシと言う。この村にはモーパはいない。」

村内の一軒の家で、戸口の内側の所に竹の皮を置き、その上に「人形《ひとがた》」を置いていた。竹の皮の前には線香が二本。この家の男性が一人で、病気の鬼を祓う呪《まじ》ないをやっていた。この家に病人が出たからだという。私たち外来者は、家の中に入ってはいけないとのことだった。

山の斜面の上のほうには、村の神の小祠があった。八月十五日と年越しのときにはここで祭りを行なうという。

15：31　分岐点を左に入り、舗装道路を走って、15：43　西盟《シーモン》ワ族自治県の新県都勐梭《モンスオ》に到着。標高一一六〇メートル。宿は、龍潭《ロンタン》大酒店四〇五号室。勐梭《モンスオ》は、かつての県都だった西盟《シーモン》が不便すぎるということで二年前から作られ始めた人工的な街であり、すべての建物が新しい。

西盟ワ族自治県民族宗教事務局の局長の毛蓮英（ワ族名、娜英《ナーイン》）氏（女、40歳）と、同事務局の岩祥《アイシアン》氏（男、ワ族、39歳、第1回調査以来六年半ぶりに再会した）と夕食。

九月八日（日）

9：00〜11：56　岩聡《アイツォン》（「聡」は「沖」とも表記）氏、張暁玲氏に、四〇四号室に来てもらって取材。ワ語→中国語：岩祥《アイシアン》。

岩聡氏（ワ族）は、42歳の民間の歌い手（男）で、馬散《マーサン》村小馬散娜妥壩に住んでいる。張暁玲氏は、岩聡氏の姉、西盟県歌舞団団長、44歳。ワ族名は「西俄赫娜《シオフナ》」（「赫娜《フナ》」が名前。「西《シ》」は姓だというが、ワ族では女性の名前には姓をつけないのが伝統なので、後世的な変化であろう。「西《シ》（俄《オ》）」は四番目という意味）。以下の聞き書きは、この二人の話しを合成したもの。

岩聡氏の村は三四戸で、一家族は四、五人。モーパは何人かいることはいるが、神話などはあまり歌えないという。

Q／岩聡さんはモーパではないのに、どうして神話やいろいろの歌を歌えるようになったのか。

A／自分は「民間芸人」（民間の歌い手）だが、モーパと呼んでもかまわない。自分の家は、代々「頭人《とうにん》」（集落長）を務める家で、その最後の家だったので、神話などは親から子に受け継がれてきた。

Q／モーパは世襲か。

A／世襲ではない。モーパの呪術などはほかのモーパから習うこともあるが、私は歌や踊りを父から学んだ。

Q／家の系譜は覚えているか。

A／できる。司崗里《スガンリ》（ワ族の始まりの場所とされる洞窟）から現在に向かってくる歌い方もあるようだが、私はできない。私のは、現在から始まりに遡る系譜だ。ワ族の場合は、父系の系譜であり、女性は自分の父の系譜を語る。女性には姓がない。

司崗里《スガンリ》という洞窟から出たばかりの人間は、まだ言葉が話せなかったが、㉓ングー・ゲン（三代目）の人間から話せるようになった。

A〔岩聡《アイツォン》氏の家譜〕 以下の系譜（ニゥシゥ）は、約18秒で唱え終わった。

①アイ・シオン（息子）②シオン・チョン（岩聡、自分）③チョン・ヂャン（父）④ヂャン・ソン（祖父、「頭人」だっ

た偉大な人）⑤ソン・ケヤン ⑥ケヤン・ラ（ロ）ー ⑦ラ（ロ）ー・シャン ⑧シャン・ロイ ⑨ロイ・チュー ⑩チュー・ティ ⑪ティ・ポン ⑫ポン・ケヤン ⑬ケヤン・シエン ⑭シエン・カイ ⑮カイ・カ（ク）ロウ ⑯カ（ク）ロウ・ニヤッ ⑰ニヤッ・セイム ⑱セイム・チョイ ⑲チョイ・レン ⑳レン・ヒユム ㉑ヒユム・プッ（モーパの最初の人、鶏の占いができる人、占いが吉と出ると戦争に行く、この人から戦争が始まった）㉒プッ・ングー ㉓ングー・ゲン（言葉を話せるようになった）㉔ゲン・ガン（司崗里《スガンリ》の「崗《ガン》」、人間の始まり）㉕ガン・リ（司崗里《スガンリ》の「崗里《ガンリ》」で、洞窟の中から出られないでいた人間：まだ普通の人間としては認められていない人間）

＊最後に、「リ、オイ（終わり）」という決まり文句を言って終了した。

＊㉑ヒユム・プッから②シオン・チョン（岩聡、自分）までは、全部がモーパであり、④ヂャン・ソン（祖父）は頭人（集落長）でもあったという。

【一般に中国少数民族の系譜は、「父子連名」といって父の名の後半を尻取り形式で子が受け継ぐという形式であり、また源を起点にして現在に向かって進んでくるものである。すると、ワ族のこの系譜は、「父子連名」という点では同じだが、現在を起点にして源に遡って行く点に大きな違いがあることになる。

この現在を起点にする系譜語りは、のちの九月十二、十三日の取材資料でもわかるように、むしろ、同じワ族でも母系制をとっているワ族の系譜感覚であるようだ。したがって、このA（岩聡氏の家譜）を含むJ（岩随氏の家譜）までのすべてが現在を起点にする系譜だったのは、この地域のワ族が現在は父系制でありながら、母系制だった（と推測される）時代の感覚を残していることになる。したがって、西盟を中心とする地域のワ族の系譜は、父系制の諸民族の系譜語りのうちの「父子連名」は継承したが、歴史感覚としては現在を起点にする母系の系譜感覚を色濃く残したということになる。】

・ウーロン（木鼓小屋の管理人）は世襲。上記の系譜のなかにはウーロンはいない。
・隋嘎《スイガー》氏（一九九六年の第1回調査で取材した人）はモーパではなく、ウーロンの家系である。

Q／家譜はモーパに限らず、どの家にもあるのか。

A／どの家にも家譜がある。たとえ奴隷でも家譜は持っている。

Q／母の系譜を伝えている地域はあるか。

A／娘が父の名前の一部をつけることはあるが、母の名前の一部をつけることはない。

Q／財産を母系で継承していく地域はあるか。

A／解放以後（一九五〇年代初め以後）は男女平等なので女性の継承もあるが、解放以前は女性の継承はなかった。

【のちの九月十二、十三日の調査資料でもわかるように、同じワ族でも、孟連《モンリエン》地域の海東《ハイドン》地区では入り婿による母系制が普通なので、財産を含めて戸主権は女性が継承する。しかし、氏族名（姓）は入り婿の夫の姓を継承するということなので、どちらの地域のワ族も女性にはもともと姓がなかったということなのかもしれない。】

　父の身分は長男が継ぐ。②シオン・チョン（岩聡、自分）は三男だったので、③チョン・ギャン（父）は④ギャン・ソン（祖父）の頭人職を継がなかった。頭人職を継いだのは③チョン・ギャン（父）の一番上の兄（長男）だった。

　女性は外に嫁に行くので、外に撒かれた水と同じように、その系譜は語られることがない。したがって、系譜を語るときは、男性戸主だけを語る。その妻や娘のことは語らない。女性が家譜を語るときは、自分から始まって夫に進み、それからあとは夫（男性戸主）の系譜になる（後出D〔岩友《アイヨウ》氏の妻が唱えた家譜〕参照）。

Q／戦争の原因は何か。

A／戦争とは、普通は首狩りのことだが、ほかの村の女性を奪ったとか、土地をめぐる紛争などで起きるものもあった。

Q／モーパが首狩りに行くことはあるか。

A／モーパは首狩りには行かない。首狩りに行く人を決めて送り出し、家で待機していて、首が運ばれてくると儀式を主宰する。

Q／首狩りから守るための濠《ほり》は残っているか。

A／残っている。濠を掘って水が流れるようにする。濠の縁には刺《とげ》のある植物を植える。村の入り口には門を設けて、そこで防ぐ。

Q／一九九六年に訪問した際に、死んだ家族を家の前の庭に埋めていると聞いたが、なぜそうするのか。

A／老人は庭に埋め、歯の出る前の赤ん坊は家の敷居の下に埋める。死んだあとでも家族と一緒に生活していることになる。村の外に埋めるとほかの村の人に首を取られることがあるからでもある。

難産で死んだ女性、戦争や事故などによる異常死者は村の外に埋める。こういう首は、ほかの村の人も持って行かない。

〔家造りの歌を歌った〕（歌の旋律も弦楽器の伴奏ももの悲しく、哀愁を帯びたメロディーと音色。先のA〔岩聡氏の家譜〕を歌ったときのメロディーと同じ）

大意：「家ができました、みんなに来てもらって歌ったり踊ったりしましょう、酒も持って来ました、牛も引いてきました、一緒に食事をしましょう」

【創世神話「司崗里《スガンリ》」には、人間が岩ツバメの巣の作り方を学んで初めて家を造ったという一節があるが、この家造りの歌の全体は「司崗里」のその部分まで遡っていく内容のものだという。頭人（集落長）が先に歌い、みんなが随《つ》いて歌うという。なお、以下、創世神話「司崗里」の活字化されたテキストとしては、「佤族歴史故事〝司崗里〟的伝説」*（雲南省編輯委員会編『佤族社会歴史調査（二）』雲南人民出版社、一九八三年）に記録された「司崗里」を参照した。】

＊この全文訳は、工藤隆・遠藤耕太郎・張正軍訳で、『古事記の起源を探る・創世神話』（工藤隆・真下厚・百田弥栄子編、三弥井書店、二〇一三年）に収録された。

〔「司崗里《スガンリ》」の一節を歌った〕（最初は歌い【中国語では「唱《チャン》」】、途中から動物、植物、などの名前の部分は〝ダ・ダ・ダ・ダ・ダ〟という感じの調子で唱えた【中国語では「念《ニエン》」】。全部を楽器の伴奏付きで歌うと時間がかかるとのこと）。

大意：「司崗里という洞窟【ワ族は一般に、この洞窟はミャンマーの八戛底《バーガディ》（羊相《ヤンシアン》から地図上の直線距離南に約二キロメートル）にあると言い伝えている】を出たばかりのときは、人間とほかの物の区別はなかった。ムジュ（天の神）、ムタ（地の神）のおかげで、人間、動物、植物、石などが分かれた。また、言葉も話せるようになった。」

〔歌垣（対歌）について〕

・即興の歌を掛け合うものだった。

・農村（たとえば馬散《マーサン》村）では、現在でも歌える中高年者がいるが、若者は歌えなくなった。

●歌舞団の創作恋歌を岩聡氏の姉張暁玲氏が歌った。

大意：「私はあなたが好きです、あなたは私のそばに来てくれませんか、私のそばに来て、心の思いを打ち明けて一緒に語り合いませんか」

・〝七音の句＋「ノン（彼）ア（私たち二人）エ（私）」（決まり文句）〟を連ねて、思いを充分に表現できたと思ったらその句を終わりにする（句数の決まりはない）。

・一般には男が先に歌い掛けるが、状況によっては女から歌い掛けることもある。

・歌垣は、木鼓曳きの祭り、新しい火を迎える、家造り、新たに水を村に導入するときなどに行なった。また、山で働いているときや、道で偶然に出会ったときなどにも行なった。男が、好きな娘の家の外に行って三弦を弾くと、娘がその弾き方やメロディーでそれが誰かがわかって外に出て来て、その場所で、あるいは親の同意があれば家の中に男を入れて歌を掛け合うこともあった。

二人の関係を親に知らせると、父親が鶏の骨で占いをして、吉と出れば親は二人の結婚に同意し、両方の家の親同士が協力する。結婚の吉日も占いで決め、当日には、花嫁を迎えた新郎の側は牛や豚を殺してご馳走し、花嫁はその日から新郎の家で暮らす。牛や豚のご馳走は、新郎の側が貧しければ結婚式のときではなく、二人のあいだに生まれた息子が大きくなってからその息子が行なうこともある。

・一般に歌垣はほかの村の男女同士で行なうが、同じ村の中の者同士でもかまわない。

同じ村の男女で、もともと知り合いだった者同士の場合は、「兄と妹は愛でつながっている、きょうは互いに愛し合いましょう、私たち二人は白髪が出るまで一緒に暮らしましょう」といった愛の誓いや、結婚したあとはどのように家計を維持するかといった生活計画などを歌う。

・首狩りを行なっている敵対関係の村の男女が歌垣で互いに好きになったら、村の頭人（集落長）同士が話し合って決める。結婚を認めないという結論になったら、二人はそれぞれの村を出て別の所に住めば一緒に暮らすことはできる。

・敵対関係の村の男女が結婚するのは極めて稀れだった。

・心の底から相手を愛している場合は、真心を互いに歌で表現することが大事になるので、最終的に男性の魅力の重点は歌のうまさにある。

親の立場からは、男性がよい働き手かどうかが優先される。私（岩聡氏の姉）の母の場合で言えば、母の父親が相手の男性（新郎になる人）を呼んで、一日、畑の種まきや薪割りや芭蕉の幹切りをやらせ、働きぶりを見てから承認した。

私（岩聡氏の姉）の父母は、同じ村の中の家だが、仲の悪い家だったので、親同士は反対だった。しかし、若い二人が好き合っていたので、結局賛成した。

〔木鼓曳きの歌を歌った〕

・モーパは、村人によって切り倒された木鼓の木に向かって、次のような呪文を唱える（歌う）。

大意：「木はもう倒れたので、これから村に行ってください。曳いて行く人に怪我をさせないようにしてください」

・モーパが木鼓の木の上にまたがり、木の枝を手に持って歌う。歌がうまくないと、皆が木鼓の木（アマハラ：紅毛樹）を曳かない。

〔首狩りのときの歌〕

・首狩りをしなくなって何年も過ぎたので、今の世代は知らない。

〔牛殺しの歌を歌った〕

・牛を殺したあとでモーパが歌い、周りの人がそれに随《つ》いて歌う。

・メロディーは何種類かある。

大意：「牛はもう殺しました。みんなで肉を切りましょう。牛のおかげで穀物が良く稔りますように」

・この肉はもともとは村人全員に配られたが、のちには、男たちが刀を持って切り、奪い合うようになった。たくさん手に入れた人は英雄になる。ときには、刀で自分の手に怪我をすることもあった。二組に別れて奪い合いをすることもあった。

・牛を殺すときは、牛を杭につないでおく。

・一回で殺せないときは、ほかの二人の男が殺す。

・結婚式では牛は普通の殺し方で殺すが、そのほかの儀式のときは鏢《ひょう》《（ビャオ）》（槍状の物）で殺す。

・これとは別に、首狩り祭祀のときには牛の尾を着る儀礼もあり、その尾は屋根の上に投げた。

〔老人などの死者を死者の世界に送る歌を歌った〕

・モーパが歌い、周りの人がそれに随《つ》いて歌う。

大意：「あなたは死んだ老人です、この世にはもういられません。どうぞ安心して向こうの世界に行ってください。これからも私たちを守ってください」

【ハニ族・イ族そのほかの、アニミズム・シャーマニズムを基本にしている〝原型生存型民族〟は、死者に対して、死者を死者の世界に送り、生者の世界と絶縁させることに主眼を置いた葬送歌を歌うのが一般的である。このワ族の歌も同趣旨と見ていい。】

・死者の霊魂は、英雄なら空に送る。一般の人は家の庭の野菜畑など、埋葬する場所に霊魂も行く（家族と一緒にいる）。

・異常死の場合は、村の外側に埋める。

・首を狩られた人の胴体は、山の中などに捨てられたままにしておく（家族でも見つけられないことがある）。

・普通の死に方をした死者は恐くないが、異常死の死者は恐い。

・病人が出たときは、モーパを呼んできて祓ってもらう。

原因になっている「鬼」によって、捧げる生け贄、呪文の内容、メロディーが異なる。山の鬼、水の中の鬼など、鬼にはいろいろある。鬼の種類は鶏で占うが、その鶏も鬼の種類によって羽の色が違う。芭蕉の葉を使う。

12：30〜13：20　昼食

〔岩《アイ》聡《ツォン》氏とその姉張暁玲氏からの聞き書き〕

・水牛の頭をたくさん飾るのは豊かさの印し。立派な水牛は、一頭で三〇〇〇元。

・「酒を勧める歌」は酒造りの由来を歌う。一人で歌っても、二人で掛け合いで歌ってもよい。

14：40〜15：56

神の名、天、石、祖先その他を呪文として唱え、天の神と地の神に1滴ずつ酒をこぼしてから客に酒を勧める。

〔鐘成学氏からの聞き書き〕

景東彝族自治県《ジンドンイ》出身のイ族、現在西盟県政府調研員、西盟県で37年間勤務。一九九六年一月に来訪して彼から聞き書きをしたときは、西盟の文化館の館長だった（翌二〇〇三年一月十〜十二日に開催された第一回「木鼓節」の中心運営者）。

・来年（二〇〇三年）開催予定の「木鼓節」では、西盟県にある六つの郷、二つの鎮が、各十個ずつの木鼓を、随時準備する。さらに二十個を西盟県政府（役所）が準備し、計一〇〇個になる。これら一〇〇個の木鼓を事前にここ（新県都勐梭《モンスオ》）に運び、近くの山の中などに作った木鼓小屋の中に置いておく。牛も殺す。踊りも行なう。傣族《タイ》の水掛け祭りのような祭りになるよう期待している。

・中国少数民族の中で木鼓を持っているのはワ族だけだ。

・ワ族は精霊信仰（アニミズム）だ。

・最高神はモイ（男女の別なし）で、木鼓はこのモイの化身。

【第1回調査（一九九六年）の際の隋嘎《スイガ》氏からの聞き書きでは、「モ（ム）」は最高神を指し、「イ」は先祖神を指しているとのことだった。】

伝承：「最初のころの木鼓は音が出なかった。ところが、あるとき、ある人の夢の中にモイが出てきて、自分の腹を叩きながら『私の腹を叩くと音が出るよ』と言った。そこで、女性の腹の形にして、女性の生殖器のような穴を掘れば中が空洞になるので、叩くと音が出るようになった。」

・マノン（女）もヤトン（女）も母系社会の時代の先祖の神だ。

モイ（男女の別なし）との関係はわからないが、とにかく万物を創造した神だ。

・木鼓小屋には二つの木鼓があるが、そのうちの一個を毎年新しくする。したがって、どちらかが雄《おす》でどちらかが雌《めす》だというわけではない。
・昔は、狩猟で大きな獣を獲たときにも木鼓の祭りをした。
・一九五八年にワ族の代表が北京に招かれて周恩来に会い、首狩りをやめることになった。この時以前は、木鼓を叩けば必ず誰かの首が狩られたので、木鼓を叩くことと人を殺すことは同じであった。そこで、この時以後、首狩りの禁止と同時に木鼓を叩くことも禁止された。木鼓も壊された。
・昔は、一つの名字（姓）の村人ごとに一つの木鼓と木鼓小屋があった。一つの村には、三、四の名字があった。
・陸稲を収穫したら、翌年の種まきまでのあいだに、モーパが日を選び、村人が木を切って運んで来て木鼓を作る。木鼓の神モイは、村の安全を守り、作物の豊作を与えてくれる。

〔木鼓曳き行事の具体的内容について〕

①鶏の鳴き声で占う。吉なら山へ行き、凶なら帰って来る。
　ある村では、木を紐で縛り、翌日にそれを見に行って、紐がゆるんでいたら凶で、ゆるんでいなければ吉とする。
②ある村では、木の梢を銃で撃って鬼を祓ってからその木を切る。別の村では、切った木が倒れた方向に銃を撃って鬼を祓う。
③夕方に木を切り、夜に村まで曳いてくる。
　倒した木を木鼓の長さに切り、藤ヅルの通る穴を四つ作り、引っ張ってくる。村人は民族衣装で盛装する。モーパは木鼓曳きの歌を歌う。村までの道は、モーパの占いで決め、簡単に変えてはならない。ときには、途中

で牛を殺したり、木鼓に酒を掛けることもある。木鼓に、少しでも早く村に行ってもらうためだという。

④木鼓の穴を本格的に掘るときには、ある村では卵を割って掛ける。ある村では、鼠の干し肉を供える。

⑤木鼓は村の外側で造る。その木鼓をいつ木鼓小屋に持って行くかは、モーパが鶏の占いで決める。このとき水酒を飲む。また、村の入り口の門の所に芭蕉の葉を敷き、その上に鼠の干し肉を置く。生卵を割って木鼓の上にかける。仲良くしている村同士では手助けをすることもある。金持ちの家は、無事息災を祈り、また豊かさを示すために牛を殺して木鼓小屋に供える。多いときには、牛四〇頭、少なくても三〇頭くらい殺した。この牛は、外から買ってくる。

村人は木鼓小屋の周りで踊る。それからあとのいつかに、人間の首や、虎のような大きな獣の首を供えて祭りをする。一九五〇年代までは、人間の首でなければ、虎、豹などの頭を供えることもあった。これらを同時に供えるものもあった。しかし、最良のものはやはり人間の首だ。

・ワ族は、野カワ、家カワ、生カワ、熟カワ、大カワ、小カワに区別された。

西盟はワ族の中心地域で、野カワ、生カワ、大カワが住んでいた。漢族文化の影響もなく、首狩りの伝統は最も強かった。

周辺地域には漢族文化の影響が及んだので、家カワ、熟カワ、小カワと呼ばれ、首狩りの伝統も弱かった。なかには、模擬的な儀式だけ行なうとか、死体を掘り出してその首で儀式を行なうといったふうに、簡略化されていった。

15：58～17：30

〔岩翁《アイウォン》氏からの聞き書き〕

岩翁氏は班帥《バンシュアイ》村出身、西盟県政治協商会議副主席、52歳。

7歳（一九五七年）と19歳（一九六九年）のときに首狩りを実際に見たことがある人で、鄧啓耀『鼓霊』（江西教育出版社・海天出版社、二〇〇〇年、九三ページ）に「班帥出身の県人民武装部部長の話しでは」として、以下のような彼からの聞き書きが掲載されている。

「彼が小さかったときに、首狩り穀物祭祀を目撃した。村人は、狩られた首の髪の毛を細かく切って各家に配って保存させ、その髪の毛で豊作を祈った。穀物祭祀のよく見られた方法は、新たに刈り取ってきた人間の頭を草木の灰の上方に置き、血を滴《したた》らせ、その血の混ざった草木の灰を各家に配り、穀物の種に混ぜてから種まきをした。」

（工藤訳）

〔岩翁《アイウォン》氏が7歳（一九五七年）のときに目撃した首狩り〕

・翁戛科《ウォンガーカー》村（班帥《バンシュアイ》村からの地図上の直線距離南南東に約二三キロメートル）で首を狩って、力所郷《リースオ》（班帥村からの地図上の直線距離南東に約一〇キロメートル）を経由し、徒歩で二日間かけて班帥村に持ち帰った。（襲われた翁戛科村は別の機会に、報復のために班帥村を狙った）。なぜ翁戛科村を襲ったかといえば、だいぶ前に翁戛科村に襲われたことがあったので、その復讐のためでもあった。

・私（岩翁氏）の祖父が、首狩り部隊（七、八十人）の一人だった。大勢で行くのは、遠い所の場合は少人数だと敵に負けてしまうことがあるからだ。

・30～40歳の女性の頭だった。女性の頭は髪の毛が長いので、女性の頭を狩ることが多かった。髪の毛は村人が分け合って、家に持ち帰る。現在でも、「髪の毛踊り」が伝わっている。また、女姓は抵抗する力が弱いからという理由もある。

【森田勇造『秘境ナガ高地探検記』（東京新聞出版局、一九八四年）によれば、インドのナガ高地に住む諸民族の首狩りにおいては、「最も称賛されるのは、若い女性を生きたままで村に連れ帰ること」であり、「次に称賛されるのは髪の長い女性の首。髪は装飾品として欠くことのできない貴重品」であり、「最後が男の首」だという（九三ページ）。班帥村の首狩りが女性の髪を重視するのは、このナガ高地の事例と共通している。】

・班帥《バンシュアイ》村では、三月になって陸稲の芽が一寸（三センチメートル強）くらい伸びたころに首狩りを行なう（ほかの村では、種まきの前に行なうとする例もある）。芽を出した稲が早く伸びるようにという願いがある。

村人を、首狩り組、牛殺し組、酒造り組に分ける。モーパの鶏占いの結果に従って出発する。首狩りに成功すると、村から一キロメートルくらいの所で銃を撃って村人に知らせる。村中の人が木鼓小屋に集まって来て、そこで七日間、昼も夜も歌ったり踊ったりして楽しんだ。今はもう班帥村には木鼓小屋はないが、そこにあった大きな木は残っている。

・首を切り落とした人は、その首の髪の毛を多めにもらえる。その髪の毛は、家の内側に飾ってある水牛の頭の角に穴をあけて、そこに結びつける。この髪の毛付きの水牛の頭は神聖なものなので、その前を通ったり、その前に座ったりしてはいけない。

・村の周辺には濠《ほり》が作られてあった。濠の両側には刺《とげ》のある植物（その実は食べられる）を植えた。また濠の底には、切って尖らせた竹をたくさん刺して、人が入れないようにしていた。村の裏には門（入り口）が一つだけあり、私（岩翁氏）の父はその門の見張り役だった。朝七時に門を開け、夜八時に門を閉めた。この濠のあとは今はもう無くなっている。

・首の置き場所は環濠の外だった。私の記憶では、六個の首が並んでいるのを見たことがある。一九六九年にミャンマー（ビルマ）の羊相《ヤンシアン》村では、二〇～三〇個の首が並んでいるのを見た。

・実際に首を切り落とした人は英雄視されるから、私の祖父も英雄の一人として人望が厚かった。生涯に一度でも首を狩れば、一生働かなくてもいいくらいに尊敬された。皆が食べ物を運んできてくれた。

【『佤族社会歴史調査（二）』によれば、〝首を狩った人が村に帰り着くと、まず自分の家に祭り、その次は生け贄の牛を供出した家に祭り、続いてその他の家に祭り、最後に木鼓小屋に運ぶ〟（一二九ページ、要約）とある。】

・水牛の頭は家の中に飾るが、人の頭は必ず外に置く。

【台湾の少数民族や前出インドのナガ高地の諸民族の場合は、屋内に飾る例がある。】

〔首狩り一般についての聞き書き〕

・西盟地域の首狩りは一九六〇年代で終わった。

Q／西盟地域の首狩りは一九七〇年代末まで行なわれていたという説（鳥越憲三郎『稲作儀礼と首狩り』雄山閣、一九九五年、六四ページ）があるが、どうか。

A／それはミャンマー（ビルマ）地域のワ族がやったことではないか。

・拉祜《ラフ》族の首は狩らない。ラフ族もワ族も共に山の上で暮らしていることもあり、互いに交流している。ラフ族はワ族の病気を治療してくれる。もしラフ族の首を狩ると、ラフ族にワ族の竹と茅の家は焼かれてしまう。

【黄堯『世紀木鼓』（雲南人民出版社、一九九八年、三四～三八ページ、要約）によれば、〝仏教信者のラフ族の武人朱阿霞がいて、満州族の清の一八七三年に土一揆（反乱）を起こしたが、政府軍に敗れてラフ族の村に逃げ帰った。一八九八年に、馬散村のワ族がラフ族の村を襲って、ラフ族の首を一〇〇余個も狩って持ち帰り、木鼓に供えて祭りをした。それを知ったラフ族の武人李通明は、三千人の武装部隊と共にその村を包囲した。ワ族は大いに恐れ、牛を生け贄にしてラフ族に捧げて謝罪し、それ以後はラフ族の首は狩らなくなった〟とある。

このように、ワ族がラフ族の首を狩らなくなった真の理由は、ワ族がラフ族の武力に屈服したことにあるのだろうが、それを、次の私のQ／（質問）にあるように、「ラフ族の首がワ族の肩に噛みついたので」と説明する物語を生み出したところに、歴史的事実から神話物語への転換の力学が窺える。

いずれにしても、ワ族とラフ族の棲み分け関係と影響関係を把握する必要がある。首狩りに限らずワ族文化をより深く知るためには、同じ地域に居住してきたラフ族の文化の調査が必要だということがわかった。】

Q／「ラフ族の首を狩って帰るときに、ラフ族の首がワ族の肩に噛みついたので、それ以後はラフ族の首は狩らなくなった」という話を聞いたことがあるが、こういう話を知っているか。

A／そういう話は聞いたことがない。

【よく、「ワ族の神話では……」とか「ラフ族の神話では……」という言い方をするが、実態としては、同じ民族の神話でも、地域差、系統差、語る人の年齢差などによって多様であることを心しておかなければならない。】

・馬散《マーサン》村は力所郷《リースオ》（馬散村からの地図上の直線距離南に約一三キロメートル）の首を狙う。当然のことながら、力所郷は、報復として馬散村の首を狙う。

・昔はどの村も、規模は五〇～七〇戸（人口は三〇〇人前後）だった。

【『佤族社会歴史調査（二）』（七六ページ、一〇二ページ）によれば、いくつかの村が連合することがあり、弱い村はその連合に所属して身を守ったという。】

・襲う村の距離は、だいたい日帰りのできる距離というのが多い。

・首を狩ってきたあとの儀式で唱える呪文では、穀物の豊作祈願のほかに、病気にならない、火事が起きない、自然災害が起きない、家畜が殖えることなどを祈願する。

・陸稲の芽が一寸くらいになったとき以外には首狩りはしない。この時代の村の掟は今よりも厳しくて、喧嘩や男女の不倫なども起きない。【台湾の少数民族やパプアニューギニアやインドのナガ高地の諸民族には、成年儀礼などのときに男が自分の勇敢さを示すためだけに首狩りをする例があるが、と質問したのに対して】私たちワ族は、穀物の豊作祈願のため以外に首は狩らない。

首を狩った年は、特に喧嘩をしてはいけない。

【近代社会の感覚でいえば首狩りは〝犯罪〟である。したがって、首狩りをワ族社会が公認しているということは、いわば〝犯罪〟をこの首狩りに集中させることによって「喧嘩」そのほかのいわゆる〝犯罪〟一般を抑制していることになる。これは、たとえばファシズム国家において、その国家体制自体が〝犯罪〟であることによって、国民の〝犯罪〟は少なめに押さえられる場合がある（強権による監視が行き届くということでもあるが）のと似ているかもしれない。】

・翁戛科村《ウォンガーカー》では、首狩りは五年に一度だった。しかし、自然災害があったときには、臨時に、しかしやはり三月に行なう。八月に災害があったら、十二月に木鼓の木を切り、一月にそれを村に曳いて来て木鼓を雄・雌同時に二つ作り、三月に首狩りを行なう。雄の木鼓は大きいが、雌の木鼓は小さいので壊れやすい。

・ワ族が司崗里という洞窟を出たときから穀物を栽培できるようになり、同時に木鼓の祭りも始まった。そのころは母系だったということだ。

〔岩翁《アイウォン》氏が19歳（一九六九年）のときに目撃した首狩りについて〕

・ミャンマー（ビルマ）の羊相《ヤンシアン》村で目撃した。

・六月のある日の午後六時ごろに、陸稲畑で夫婦が働いていた。四〇～五〇人の男たちが畑を取り囲んだ。男性は逃げたが、女性は首を狩られてしまった。部隊の一人の男性が長い刀で女性の首を切ると、血が高く吹き上がった。男たちは、その頭を袋に入れて立ち去った。

【岩翁氏は、国民党軍についての情報収集のためにこの地域に入っていて、たまたまこの現場に遭遇したのだという。】

B〔岩翁氏の家譜〕（記憶は確かでないとのことだった）

①アイ・ウォン（岩翁、自分）②アイ・パイ　③アイ・カー　④アイ・ディー　⑤アイ・ワー　⑥アイ・プー　⑦アイ・ソン　⑧アイ・ムー　⑨アイ・ポー　⑩アイ・コー　⑪アイ・クー　⑫アイ・ファン　⑬アイ・シャン　⑭アイ・タイ　⑮アイ・ピー　この先は「司崗里《スガンリ》」

＊これは尻取り形式の「連名」になっていない。「アイ」は長男の意。

【戸主は長男が継ぐことに決まっているので、家譜には一々「アイ」は付けないのが普通である。ただし、『佤族社会歴史調査（二）』

の「佤族創世神話『司崗里』」（一九五七年取材）で語られた系譜はこれと同じ形式だ。その系譜部分のみを以下に引用する。

「私の名は艾掃（アイ・シャオ）だ。私の父の名は艾洛依（アイ・ロイ）と言い、祖父の名は艾索外其（アイ・ショイク）と言う。それより上は、艾魯阿（アイ・ルア）、艾可恩（アイ・コン）、艾可栄（アイ・クロン）、艾可克（アイ・コク）、艾掃（アイ・シャオ）、艾没恩（アイ・ムン）、艾見（アイ・チェン）、艾呀姆【アイ・ジャム】、だ。」

この『司崗里』は一九五七年に取材したものであり、しかもその創世神話の中に現れる系譜だから、この形式のほうがより古態だったのかもしれない。とすれば、もともとワ族の系譜は、「父子連名」も無く、ただ現在を起点にして長男の名を源に向かって連ねていく形式のものだった可能性が出てくる。】

・母系の系譜を語るワ族の村は知らない。

母親の名前の一部を前につけてから父親系の名前を付けるワ族の村の例は、中課《ヂョンカー》郷、新廠《シンチャン》郷にあると聞いたことはあるが……。

【後述のように、九月十一日の中課郷の萵籠《ウォロン》村での調査では、このような母系の痕跡を示す事例には出合えなかった。】

九月九日（月）

10：10〜12：17

〔岩友《アイヨウ》氏からの聞き書き〕

馬散《マーサン》（小馬散）村（勐梭《モンスオ》からの地図上の直線距離西北に約二五キロメートル、標高一七〇〇メートル）にて。岩友《アイヨウ》氏は、モーパ、79歳。

高床式住居の囲炉裏の前で家譜を唱える岩友氏（右端）。その隣は岩聡氏。2002年9月9日。撮影：工藤綾子

〔酒を口にする前に、天の神・地の神に捧げる呪文を唱えた〕

・天の神、地の神への感謝と、客の来訪に感謝し、客のこれからの無事を祈る内容も入っていた。

C〔岩友《アイヨウ》氏の家譜〕（約2分）

①アイ・ユウ（岩友、自分）②ユウ・タン（父）③タン・サン ④サン・リウ ⑤リウ・キィー ⑥キィー・リウ ⑦リウ・クイ ⑧クイ・クロー ⑨クロー・コㇰ ⑩コㇰ・ソー ⑪ソー・ムン ⑫ムン・ジャン ⑬ジャン・ジャム ⑭ジャム・クㇽー ⑮クㇽー・ソン ⑯ソン・ケヤッ ⑰ケヤッ・ジェン ⑱ジェン・エルン ⑲エルン・ジョン ⑳ジョン・ロン ㉑ロン・リー（司崗里から出た最初の人間、だという）

＊最後に、「リ、オイ（終わり）」という決まり文句を言って終了した。

＊最も偉大な存在は、「㉑ロン・リー」で、最初の

人間にして最初のモーパだったという。これ以後現在の①アイ・ユウ〔岩友、自分〕に至るまで、すべてモーパである。

D〔岩友《アイヨウ》氏の妻が唱えた家譜〕〔約2分〕

①モ・セム〔自分〕②セム・ロン③ロン・ソン④ソン・ケヤン【ここから、A〔岩聡氏の家譜〕の⑤ソン・ケヤン以下と同じ。これは岩友氏の妻と岩聡《アイツォン》氏とがいとこ関係にあることから来ている。しかし、同じ名前でも人によって発音に大きく違いが出ることを示すために、発音に違いのあるもののみA〔岩聡氏の系譜〕の発音を〔 〕で示す】⑤ケヤン・ルオー〔ケヤン・ラ〔ロ〕ー〕⑥ルオー・シアン〔ラ〔ロ〕ー・シャン〕⑦シアン・ロイ〔シャン・ロイ〕⑧ロイ・チュー⑨チュー・ティン〔チュー・ティ〕⑩ティン・プㇽ〔ティ・ポン〕⑪プㇽ・キヤン〔ポン・ケヤン〕⑫キヤン・シエン〔ケヤン・シエン〕⑬シエン・カイ⑭カイ・カ〔ク〕ロウ⑮カ〔ク〕ロウ・ニャッ⑯ニャッ・サム〔ニャッ・セイム〕⑰サム・チョイ〔セイム・チョイ〕⑱チョオ・レン〔チョイ・レン〕⑲レン・ヒユム⑳ヒユム・プッ㉑プッ・ングー㉒ングー・ゲン㉓ゲン・ガン〔司崗里《スガンリ》の「崗《ガン》」、人間の始まり〕㉔ガン・リ〔司《ス》崗里《ガンリ》の「崗里《ガンリ》」で、洞窟の中から出られないでいた人間

＊最後に、「リ、ウ〔オイ〕〔終わり〕」という決まり文句で終了。

〔「司崗里」の一節を歌った〕〔最初は歌い【中国語では「唱《チャン》」】、途中から動物、植物、などの名前の部分は唱えた【中国語では「念《ニエン》」】。全部を楽器の伴奏付きで歌うと時間がかかるとのこと〕。

・大意：「司崗里という洞窟から人間が出て、いくつかの民族が分かれてきた〔岩祥《アイシアン》氏は、歌の言葉なのでこれ以上の

意味はよくわからなかったということなので、以下岩聡《アイツォン》氏に助けてもらった）。長男（岩《アイ》＝ワ語で長男の意）はワ族で、二番目は漢族。三番目、四番目はまた別の民族だ。（天と地がどのようにして分かれたかも歌った）。イナゴが、司崗里の中で人間の声がするのを聞いたが、なにもできなかった。しかし、雀が洞窟に穴をあけたので、人間は外に出ることができた。しかし、外には虎がいて、出て来た人間を食ってしまった。そのとき鼠が虎の尾に噛みついたので、痛さのあまり虎が向きを変えて鼠を追い始めた。その隙に人間たちは洞窟の外に出ることができた。」

〔岩友氏夫妻の結婚について〕

・私たちは村は同じでも姓が異なるので結婚できた。

・歌を掛け合って結婚を決めた。歌を掛け合うことでお互いの心を確認できたので結婚した。

●歌垣（対歌）での歌を思い出しながら即興で歌ってもらった。

男側（岩友氏が歌った）、女側（岩友氏の妻が歌った）とも、ゆっくりとしたメロディーで、それぞれ二分三〇秒前後。

大意：〔男〕私はあなたが好きです
　　あなたがどこへ行っても私はあなたを探しに行きます
　〔女〕私はまだ小さいです
　　大人になったらそのとき話しましょう

・各句は、ワ語で五音が普通。ときには七音、三音もある。

・句の数をいくつで終えるかは自由。
・歌を掛け合うのは長くても二時間くらいだった。
・普通は夜に、女性の家に行って入れてもらえれば家の中で歌を掛け合う。そうでないときは外でも歌う。
・家の中では、女性の側の両親など家族がいるが、歌を掛け合っても特に恥ずかしいとは感じない。
・私たち（岩友氏夫妻）の世代の人はほとんどが歌垣で結婚相手を決めていた。若者同士が好きになると、モーパの所に行って鶏の占いをしてもらう。その結果が吉と出たら、親の許しを得て婚約の段階に入る。現在は、こういう、歌垣から結婚へという習慣はなくなった。
・大勢の人の前で歌うのは遊びの歌掛けで、真剣なときは二人だけで歌う。

〔首狩りについての岩友氏からの聞き書き〕
・むかし見たことがある。
・毎年首狩りがあった。
・陸稲の種をまいたあとの四月に首狩りに行った。
・翁戛科村《ウォンガーカー》（馬散村《マーサン》からの地図上の直線距離南に約二九キロメートル）、勐梭郷《モンスオ》の里拉中村《リーラーヂョン》（同地図上の直線距離南に約二九キロメートル）、大馬散後山（同地図上の直線距離北西に約一〇キロメートル）の近くのヨンリン（ミャンマー地域の地名か）に首狩りに行ったが、一番多かったのは翁戛科村だった。歹格拉村《ダイガーラー》（同地図上の直線距離北に約一五キロメートル）からは、よく首狩りにやって来た。この村は強い村なので、行っても負けるからこちらからは行かない。
翁戛科村、里拉中村、歹格拉村からは首狩りに来なかった。こちらのほうが強かったからだ。

・馬散村は、ほかの村と連合して防御するということはなかった。馬散村は、武力の強いほうの村だった。現在は、小馬散と大馬散を合わせると一〇〇〇戸近くあり、昔でも四〇〇戸くらいはあった。

馬散村では、ほかの村から首を盗んだり、お金を出して買ったりしたことはない。

・最後の首狩りは一九五九年だった。

・こちらが恨みをいだいている村の人のならば、男性でも女性でも、どんな頭でもかまわない。

・女性の頭の髪の毛を集めて飾るということはなかった。

・首を家の中に飾ることもなく、必ず木鼓小屋に安置した。

・首狩りには、村の男性は全員行かなければならない。

・一九五九年には岩友《アイヨウ》氏は36歳だったが、首狩りには行かなかった。行きたくなかったからだ。その前の首狩りにも参加しなかった。モーパの修行をしていたので、行かなくても許された。

自分は、モーパとして首狩りを主宰したことはない。

・首狩りの経験者は、今は誰も生きていない。

・首を狩って帰ったその日は、首は濠の外に置いておいた。モーパが首を調べて、良い頭だと判断されたら翌日村に入れる。悪いと判断されたら、病気など欠点のない水牛と黄牛（アカウシ）を一頭ずつ殺して儀式をしてから、首を狩った元の村の近くにその首を持って行って、捨ててしまう。

●首を首載せ台に載せるときに唱える呪文を唱えた。

大意:「この頭で、私たちの村が安全無事でいられるように守ってください。私たちの頭がほかの村の人に狩られないように守ってください。穀物が豊かに稔るよう、お願いします」

首狩りに行くときはこっそり行くので、途中で歌う歌はない。
・どの村にも濠があるので、濠の内側にまでは入らない。首を狩られるのは、何かの用事で村の外に出たときだ。
・首を狩られた死体（胴体）は、その村の村人も放置しておく。首を狩られたこと自体が不吉なことだから、同情する気持ちはない。

Q／首狩りをやっていた時代と、首狩りをやらなくなった現在とでは、どちらのほうがいいか。

A／現在のほうがいい。

Q／首狩りを行なわなくなってから、穀物の収穫は悪くなったか。

A／以前と変わらない。

Q／首狩りを行なわなくなったあと、豊作のために何か特別なことを始めたか。たとえば、供える牛の頭を増やすとか。

A／そういうことはない。化学肥料を使うように変わっただけだ。


【ワ族の首狩りには、〝穀物の稔りを良くするため〟という目的があったはずだが、そういった〈生産〉的目的とは別次元に、ワ族共同体を維持していくにあたって、〈浪費〉を年中行事として構造化していた側面がある。個人の一生自体が、いずれ死によって無になる生を生きているのだから〈浪費〉だという視点もあるし、人類社会の歴史は、戦争・犯罪など破壊行為や娯楽などの〈浪費〉なしに存在したことはないともいえる（こういった〈浪費〉論について、より詳しくは工藤『演劇とはなにか――演ずる人間・演技する文学』三一書房、一九八九年、参照）。その意味では、命の〈浪費〉であるワ族の首狩りは、ワ族にとってはワ族社会を維持していくために不可欠な〈浪費〉の一形態であったのかもしれない。】

〔岩聡《アイツォン》氏の案内で環濠の跡を見た際の聞き書き〕

・司崗里《スガンリ》から出た人間たちは、まずこの馬散のあたりに住み着いたのだという。

・この馬散村には、門が複数あった。

・ワ族はすべて土葬。馬散村では、異常な死に方をした人は、村の外側の小川の向こうに捨てる（放置する）か埋める。

・深さ二〜四メートル、幅一〜二メートルほどの濠が村の周囲を取り巻いていた。

・濠は内側にもあって、二重になっている所もあった。

・畑は濠の内側にあった。

・村の南西のはずれに、木鼓小屋があった。そのすぐ近くに、首を載せた杭が並ぶ鬼樹林（「鬼林」と同じ）があった。

【この鬼樹林のあった所まで来たとき、岩聡氏は、火をつけたタバコを地面に置いて「鬼」への供養とした。】

・一九五九年に、木鼓小屋を壊し、鬼樹林も切り払って、火を付けて燃やしてしまった。首はこのあたりに埋めた。村人は気味悪がって、このあたりには近づかなかった。

・私（岩聡氏）の祖父は、このあたりで国民党軍と銃撃戦になって死んだ。人民解放軍のトーチカがあった。戦争で死んだ兵隊の首は祭りに使うことはなかった。

この地域には、一八〇〇年代にはイギリス軍が侵入し、第二次世界大戦では日本軍が侵入した。

・木鼓小屋と鬼樹林のあった所の近くに、ヒューと呼ばれる大木がある。病気祓いの呪術や、年越しのときの儀式はこの木の前で行なう。

・この村では、水が少ないので水田稲作はできない。

九月十日（火）

10：30〜12：00
岳宋村《ユエソン》（勐梭《モンスオ》からの地図上の直線距離西北に約二九キロメートル、標高一一九〇メートル）で、岩武氏《アイウー》（モーパ、70歳）から聞き書きをした。
岩邵氏《アイシャオ》（岳宋郷岳宋村委員会）の案内を受けた。

E〔岩武氏の家譜〕（約18秒）　岩武氏の家の露台での取材。
①ヌン・ウォ（息子）　②ウ・クィ（自分）　③クィ・ハオ（父）　④ハオ・ロイ（祖父）　⑤ロイ・チャオ　⑥チャオ・シェイ　⑦シェイ・ポー　⑧ポー・カム　⑨カム・ンギャー　⑩ンギャー・マム　⑪マム・ビョン　⑫ビョン・アン　⑬アン・プイ　⑭プイ・ガン（司崗里《スガンリ》の「崗《ガン》」、人間の始まり）　⑮ガン・リ（司崗里《スガンリ》の「崗里《ガンリ》」で、洞窟の中から出られないでいた人間）　⑯リ・モ　⑰モ・オイ
＊最後の、「リ、ウ〔オイ〕（終わり）」という決まり文句がなかったが、「⑯リ・モ　⑰モ・オイ」がその変化したものかもしれない。
＊この家譜のなかにはモーパはいない。岩武氏は、父ではないモーパから教えを受けたという。
＊創世神話「司崗里」は歌えないとのことだった。

〔首狩りについて岩武氏からの聞き書き〕

・木鼓曳きは見たことがあるが、私は関係したことはない。

岳宋には木鼓小屋は、村人の姓の違いに応じて四個あった。

・首を狩って来ると、実際に首を切った人の姓の木鼓小屋にまず飾り、続いて順番にそのほかの木鼓小屋に飾る。

・古い頭蓋骨を並べる鬼樹林は一つだったが、その中では四つの木鼓小屋の首の区別がつくように置かれていた。

〔木鼓を曳くときの歌を歌った〕

大意：「村では牛を何頭も用意してあなた（木鼓）を待ってますから、早く村に来てください」

・一九五九年のが最後の首狩りになったが、そのときのは買ってきた奴隷の首だった。ミャンマーの「岩城」という村（岳宋《ユエソン》村からの地図上の直線距離西に約九キロメートル）から奴隷を二人（男）買って来て、その首を狩ったことがある。

【『佤族社会歴史調査（二）』（一二八ページ）には、翁戛科《ウォンガーカー》村の龍坎《ロンカン》地区で、女性の奴隷一人をほかの村から買って来て首を狩った実例が報告されている。また同書（一六ページ）に、〝一九五六年に岳宋村で、艾随《アイスイ》という14、5歳の男の奴隷の首が切られた〟（要約）とある。このことを岩武氏に尋ねてみた。】

私（岩武《アイウー》氏）の記憶では、その男性（艾随）はこの村の奴隷だったが、外国（ミャンマー）に売られて、そこで首を狩られた。

・岳宋では、首狩りの首は男性ばかりだった。女性は家の中にいることが多いので、狩りにくい。

・岳宋から首狩りに行くのは、新廠郷《シンチャン》（岳宋《ソン》村からの地図上の直線距離東北に約二〇キロメートル）と莫蒿《モーウオ》郷（同地図上の直線距離東に約一五キロメートル）。この二つの村からこちらにも報復で首狩りに来た。

【『佤族社会歴史調査（二）』（二〇ページ）には、岳宋は、峨嚇拉《ウシャラー》（現在は蒿籠《ウオロン》と改称：岳宋村からの地図上の直線距離東に約二五キロメートル）という敵の村と互いに首狩りをしていた、とある。】

・岳宋にも環濠があった。

・この村では、陸稲が人差し指ほどに伸びたころ（旧暦四、五月）に首狩りに行った。

・一九五〇年代には、村には一千戸くらいがあり、それが姓の違う四つの組からなっていた。今はミャンマー（ビルマ）に移転した家もある。

〔岩武氏の経歴〕

・祖父・父共に、他人から穀物を借りて返せなかった。仕方なく、私（岩武氏）が13歳のときに奴隷として売られた。永龍《ヨンロン》（岳宋《ユエソン》村からの地図上の直線距離東に約一二キロメートルにある「永龍《ヨンロン》大寨」ではなく、岳宋からすぐ近くの村だったという）から売られて来た。主人（奴隷主）はとても良い人で、私が23歳のときに主人が相手を決めて結婚させてくれて独立した。そのときの妻とは離婚したが、一九五八年に人民解放軍がやって来て、軍の指示で自分は昆明に行くことになり、学校に入って勉強してから岳宋に戻って来た。そして、今度は自分で相手を決めて31歳で再婚した。その妻は、福建省の人だったが、一九九九年に私と子供たちを残して家を出て行ってしまった。

【『佤族社会歴史調査（二）』（一一ページ）によれば、一九五七年時の岳宋村では、総戸数四〇七戸のうちの四六戸、すなわち一一・三パーセント強が奴隷を保有する家だったという。また同書（一二ページ）によれば、〝男の奴隷が結婚して独立するときには、奴隷の主人はその奴隷を買ったときのお金を嫁の家からもらえない。しかし、女の奴隷の場合は、その女がよその家に嫁に行くと、その夫の側の家から買ったときのお金をもらえる〟（要約）とのことだ。】

・小さいときからモーパの儀式を見ていて、そのモーパが死んだあとは、私がモーパになった。

・奴隷になるということは、普通は穀物を借りて返せないときに起きる。ほかの村に売られるだけでなく、同じ村の中で売られることもあった。

・首狩りをする敵対関係の村の人と付き合うときは、こっそりと行なう。自分の村で誰も穀物を貸してくれないときなどに、敵の村に借りに行くこともある。

13：40〜14：10
岳宋村、岩怕氏《アイパー》、モーパ、79歳。

F〔岩怕氏の家譜〕（約30秒）

①ソ・パ（息子）②パ・リー（自分）③リー・タン（父）④タン・ソン ⑤ソン・トン ⑥トン・ラウン ⑦ラウン・オン ⑧オン・シャイ ⑨シャイ・コン ⑩コン・ション ⑪ション・チャイ ⑫チャイ・ディヌ ⑬ディヌ・プレイ ⑭プレイ・モー ⑮モー・ハン ⑯ハン・グー ⑰グー・クラン ⑱クラン・パッ ⑲パッ・モー ⑳モー・アン ㉑アン・プッ ㉒プッ・キアン（A〔岩聡氏《アイツォン》の家譜〕の、「㉔ゲン・ガン：司崗里《シガンリ》の「崗《ガン》」、人間の始まり」に対応するか）㉓キアン・リー（A〔岩聡氏の家譜〕の、「㉕ガン・リ：司崗里《スガンリ》の「崗里《ガンリ》」で、洞窟の中から出られないでいた

人間」に対応するか）
＊最後に、「リ、モ」（終わりの意の「リ、ウ（オイ）」という決まり文句か）で終了。
＊この系譜のなかでモーパは岩怕氏（②パ・リー）だけ。彼は、30歳くらいでモーパになった。
・私（岩怕氏）がモーパになったころ（一九五〇年代初頭）、鬼樹林に首狩りの頭蓋骨が六個あったことを覚えている。

〔鬼祓いの歌を歌った〕
大意：「人間が外に出かけたとき、山で、油断して鬼に出合ってしまったので病気になりました。謝りますから、鬼殿、どうぞ帰ってください」

〔水で溺れて死んだ人の鬼祓いの歌を歌った〕
・鬼祓いでは、鶏を殺す。また、芭蕉の幹の皮を広げて、紙（竹串に付けたもの）を刺して、呪文を唱える。
・創世神話「司崗里《スガンリ》」は歌えない。

16：25〜14：10
力所《リースオ》郷王牙《ワンヤー》（雅）村（ワ族の村、勐梭《モンスオ》からの地図上の直線距離西に約一二キロメートル、標高一〇五五メートル）で、岩攀氏《アイパン》（長老、80数歳）から聞き書き。

G〔岩攀氏の家譜〕（約38秒）

①メン・ビン（孫）②ビン・プレィ（息子）③プレィ・パン（自分）④パン・サン（父）⑤サン・シエン ⑥シエン・ワン ⑦ワン・リー ⑧リー・ソー ⑨ソー・マン ⑩マン・クィ ⑪クィ・プル ⑫プル・イン ⑬イン・ハン ⑭ハン・ガン ⑮ガン・パイ ⑯パイ・クィ ⑰クィ・チョ ⑱チョ・ワン ⑲ワン・バン ⑳バン・ガー ㉑ガー・アス ㉒アス・ガプ ㉓ガプ・ニュ ㉔ニュ・トウ ㉕トウ・クロー ㉖クロー・ウォ ㉗ウォ・ゲン ㉘ゲン・ガン（司崗里《スガンリ》の「崗《ガン》」、人間の始まり）㉙ガン・リ（司崗里《スガンリ》の「崗里《ガンリ》」で、洞窟の中から出られないでいた人間）

＊最後に、「リ、モ」（終わりの意の「リ、ウ（オイ）」という決まり文句か）で終了。

・この村には七つの姓があり、岩攀氏はかつてはそのすべての家譜を暗誦できたという。しかし、実際に唱え始めたら、「今はだいぶ忘れてしまった」ということなので、他家の家譜の取材は断念。

〔歌垣（対歌）の記憶〕

・ここで歌うと、山の向こうの娘がやって来ることもあった。

・私（岩攀氏）は歌垣で知り合った女性と結婚した。歌掛けができなければモテなかった。

●歌垣の一節を歌った。

大意：（男が女に）「私の歌を聞いて、心を一つにして私と一緒になりませんか」

（女が男に）「あなたの歌は本当に上手です、しかしあなたは私を騙すのではないかと心配しています」

・祭りや家の中などで大勢の人がいるときは、最初は冗談、遊びで歌う。しかし、真剣になると二人で山の中に入り、二人だけで歌を掛け合う。

〔首狩りについて岩攀氏《アイパン》からの聞き書き〕

・この村にもモーパはいる。

・刺《とげ》のある木を植えた環濠が昔はあった。村の門もあった。

・五年から十年に一回、生きている首を狩りに行った。陸稲の実りが良くなかったときには臨時に首狩りを行なった。首狩りはなかなか困難なので、首狩りに成功しなかった場合や普段の年は、ほかの村の埋葬された死体の頭を掘り出して儀式を行なった。首が無いときでも、穀物祭祀の儀式は毎年行なった。

・奴隷を買って来て首を狩るということはしなかった。敵対関係の村に復讐する形で、相手の首を狩った。

・首を狩りに行く地域は莫蒿郷《モーウオ》（王牙村《ワンヤー》からの地図上の直線距離北に約一一キロメートル：この郷は岳宋村から首狩りに行く村でもあった）あたりの村。

・首狩り時代には、一〇〇余戸（中規模）の村だった。

・莫蒿郷の永板村《ヨンパン》、モンメイ（漢字表記不明）村からは、この村によく首狩りに来た。こちらから襲う村でもあった。

・私（岩攀氏）自身は首を狩ったことはないが、見たことはある。

一九四六年に、私（岩攀氏）の妻の姉が、ミャンマー（ビルマ）からやって来たワ族に首を狩られた。そこで、こちらの村から追跡部隊が出た。岳宋村《ユエソン》（王牙村からの地図上の直線距離西北に約一七キロメートル）あたりで追いつき、一緒に行ったほかの村の人がミャンマーから来たワ族の首を一つ狩った。この首を村に持ち帰って、木鼓小屋での儀式に使った。これが、この村の最後の首狩りだった。

このときは銃を持って行ったので、これ以後はほかの村が恐がって、この村を襲って来なくなった。

・首狩りに行くときは、大勢で行った。二つの村の連合部隊だった。
・男性、女性など特にどういう頭がいいということはなかった。
・十一月、十二月（旧暦九、十月ごろ）に、陸稲を収穫したあとに首狩りに行くのが普通だった。
・死体の首を取りに行くこともあったが、その場合の村は、生きている首を狩った村と必ずしも同じでなくてもいい。
・首狩りに行く途中の道では歌は歌わないが、帰って来たあとは歌を歌い、踊りを踊って楽しんだ。しかし今は、この歌の歌詞は忘れてしまった。
・国民党軍と戦っていたころ、死んだ国民党の兵隊の首は狩らなかった。それは、彼らとは戦争はしていたが、彼らが首狩りに来たわけではないからだ。
・現在、村の西のほうの大きな木のある所に木鼓小屋があった。頭蓋骨を並べた鬼樹林の跡地には、今は小学校が建てられている。鬼樹林の跡地には、だれもが家を造るのをいやがったので小学校にしたり、私（この村の共産党書記）も家を建てた。私は、鬼樹林の跡地でも気にしない。鬼樹林を壊して埋めたのは一九七九年だ。

Q／首狩りをやっていた時代と、やらなくなった今とではどちらのほうがいいと感じているか。

A／もちろん、今のほうがいい。昔だったら、帰りが恐ろしいので暗くまで働くことはできなかった。早く作業を終えて家に帰る以外になかった。

Q／首狩りがなくなった原因は何か。

A／人民解放軍が入って来て禁止したからだ。

Q／それでは、毛沢東はワ族にとって神様のような人なのか。

A／毛沢東を崇拝している。毛沢東は普通の神様以上の偉大な神様だ。

Q／もし毛沢東、人民解放軍が来なかったら、ワ族は今でも首狩りを続けていたと思うか。

A／今でも首狩りを続けていたと思う。


【『佤族社会歴史調査（二）』の「佤族創世神話『司崗里』」には、「ガビチョウの神が毛主席（原文叙述者の解釈「毛主席のように優れた神」）に頼みに行くと、（神が言った）『あなたは知ったかぶりをしてはいけない、そういったことをするのはよくないことだ』」という歌詞がある。すなわち、創世神話に登場する至上神の中に、新たに「毛主席」が加わったのだが、これはワ族によって毛沢東が〝超越的存在〟として受けとめられたために、「毛主席」は、伝統的な創世神話の世界を壊すことなく、ごく自然に従来のワ族の神話的神々の位置に滑り込むことができたのであろう。

一般に少数民族社会は、閉鎖性に特徴を持つ。少数民族の中でも特に〝原型生存型民族〟（工藤隆『日本・起源の古代からよむ』勉誠出版、二〇〇七年、所収の「日本古代——神話・歌と〈国家〉の共存」参照）の場合には、①縄文・弥生期的な低生産力段階に留まっていること、②電気製品、化学製品、電話など近代文明の産物が無いこと、③言語表現は、基本的に無文字の音声言語表現であること、④自然と密着した精霊信仰（アニミズム）とそれを基盤にした原始呪術（シャーマニズム）が中心になっていること、⑤世界観はアニミズム・シャーマニズムを背景にした神話世界を中心に据えていること、⑥〈国家〉樹立を目指さないし、仮に〈国家〉らしきものを作っても弱小であること、などの特徴を持つ。こういった〝原型生存型民族〟は、一度できあがったシステムは、よほどのことがない限り内部からの自発的な力で変えることをしない。ワ族の場合、「毛沢東」という超越的な力を持った外来の「神」の力がなければ、首狩りという、同じ〈浪費〉でもあまりに無惨な〈浪費〉による共同体維持システムを捨てることができなかったということになる。

このように、外部からの超越的な力に頼らない限り改革をしない（改革ができない）という点は、日本国の場合にも非常によく似た性質が見られる。明治の近代化では、西欧列強からの圧力が必要であったし、一九四五年以後の民主化にはアメリカ占領軍の圧力が必要だった。日本古代国家はヤマト少数民族による〈少数民族国家〉として成立して、しかもそれ以後も少数民族文化的体質を継承し続けて現代に至っているために、近代国家となった現在でさえも、日本社会の基盤には、〝原型生存型民族〟に顕著な閉鎖性と改革嫌悪症が根強く生き続けているわけである。

ただし、この閉鎖性と改革嫌悪症は、西欧合理主義的視点から見れば〝劣っている〟ことになるが、一方で〝優れている〟面も持っている。それは、大胆な改革に伴う急激な犠牲と反発を極力減らし、破滅一歩前で〝空気〟が一気に変わってだれもが改革の必要を認めた段階で、外部からペリー（明治）、マッカーサー（敗戦後）、ゴーン（日産自動車）といった外来の超越的存在を迎えて改革に一丸となって取り組むというこの形も、なかなか巧みなやり方だとも言えるからである。】

Q／首狩りが行なわれていたころに、もし私のような外国人がこの地に来たら、首を狩られただろうか。

A／この村では、首狩りの敵対関係の村の人でなければ首は狩らなかったが、ほかの村でなら首を狩られる可能性はあった。

九月十一日（水）

9：05　勐梭《モンスオ》の龍潭大酒店を出て西盟に向かって走り、9：28　橋を右に渡り、9：45　中課郷《チョンカー》萵籠村《ウオロン》（ワ族の村、勐梭からの地図上の直線距離北に約二〇キロメートル、標高一〇四五メートル）着、さらに9：58　同村の1組地域（標高一一一〇メートル）に到着。

蒿籠村は三九八戸、一七八〇人。電気は一部入っていたが、トイレはない。

10：00～12：10

尼短《ニードゥアン》氏は民間の歌い手で、55歳（一九四七年生まれ）、もと村の共産党支部書記長。父はモーパだった。「尼《ニー》」は二番目の意（「岩《アイ》」は一番目の意で長男）、「短《ドゥアン》」が名前。取材には尼短氏の従兄弟《いとこ》（副郷長）も同伴した。

H〔尼短氏の家譜〕（約30秒）

①アイ・チェン（息子）②チェン・ドゥアン（自分）③ドゥアン・バラ（父、モーパ）④バラ・レイ⑤レイ・オン⑥オン・ツォエ ⑦ツォエ・スレイ⑧スレイ・オン⑨オン・ツァン ⑩ツァン・コン ⑪コン・リン ⑫リン・セイ⑬セイ・ベイ⑭ベイ・ラー ⑮ラー・ハン ⑯ハン・ティー ⑰ティー・トゥア ⑱トゥア・グア ⑲グア・スーガン（司崗里《スガンリ》の「崗《ガン》」、人間の始まり）⑳スー・ガンリ（司崗里の「崗里」で、洞窟の中から出られないでいた人間）

＊最後の、「リ、モ」（終わりの意の「リ、ウ〔オイ〕」という決まり文句か）なし。

＊〔岩翁《アイウォン》氏からの聞き書き〕（九月八日）によれば、「母親の名前の一部を前につけてから父親系の名前を付けるワ族の村の例」としてこの中課《ヂョンカー》地域が挙げられていたが、中課地域のこの蒿籠《ウオロン》村にはそのような事例は無いとのことだった。この地域では、入り婿で入った場合でも父系である。

＊この家譜のなかで特に偉大だと言える人はいないが、③ドゥアン・バラ（尼短氏の父、92歳で死去）だけはモーパだった。尼短氏もモーパになりたかったが、呪文が難しくて覚えきれないのでモーパにならなかったのだという。

〔尼短氏からの聞き書き〕

・私が歌える「司崗里」は約30分で終わる。

【ほかの資料によれば、実際には、「司崗里」はもっと遙かに長い。】

●「司崗里」の一節を歌った（九月八日に岩聡《アイツォン》氏が歌ったときと同じく、歌の旋律も、弦が一本しかない弦楽器の伴奏ももの悲しく、哀愁を帯びたメロディーと音色）。

歌の始めに、「ウ〜ン」と言うのは、司崗里という洞窟の中の人間の声であり、それを雀が聞きつけて穴をあけたのだ。

大意：「司崗里という洞窟を人間が出てから、いくつかの民族に分かれたので、今の私たちはどの民族も皆きょうだいだ。雀が洞窟に穴をあけたので、人間は外に出た。しかし、人間を食う虎（豹）の尾を鼠が噛んだので、痛がっているうちに人間がたくさん出て来た。人間の数が多くなったので、虎は恐くなって山に逃げてしまった。もし鼠の助けがなければ、人間は皆虎に食われてしまっただろう。司崗里から人間が出て、いろいろな民族に分かれたが、数も数えられず、文字も書けなかった。父親から勉強をしてくるようにと言われた息子たちは、長男（岩《アイ》）のワ族は文字を牛の皮に書いたが、お腹がすいてその牛の皮を食べてしまった。だからワ族には文字がないのだ。次男（尼《ニー》）はタイ（傣）族で、文字を葉に書いた。だからタイ族は、今でも葉に文字を書いているのだ。三男（三《サム》）は漢族で、文字を紙に書いた。だから漢族は、今でも紙に文字を書いているのだ。」

【以下の歌詞は、私たちを迎えて即興的に加えたもの。メロディーは同じ。】

「この三男の漢族がいなかったら、私たちワ族とあなたたち（訪問した私たち一行）はこのように会えなかったでしょう。私たちは一つの家族です。きょう皆さんがここに来てくれてとてもうれしいです。遙かかなたから皆さんがやって来て、私たちはとても喜んでいます。」
・年越し・家造り・牛殺しなど儀式の種類によって、歌う内容（歌詞）もメロディーも異なる。葬式の歌は、悲しいメロディーになる。

〔家造りの歌を歌った〕（やや明るいメロディー）
大意：「もしクモの教えがなければ人間は家造りができなかった。みんなで一緒に歌おう。新しい家を造ろう。クモの巣を真似て家を造る」
・この〔家造りの歌〕は「司崗里」のなかには入っていない。
【『佤族社会歴史調査（二）』の「佤族創世神話『司崗里』」では、「岩ツバメに家造りを教わった」と語られているので、ツバメとクモの違いはあるが、この〔家造りの歌〕ももともとは「司崗里」のなかに入っていたのであろう。また、創世神話とはいいながら、無文字の〝原型生存型民族〟の社会においては、『古事記』や『日本書紀』のように〈国家〉によって権威を与えられた〝正しい神話〟のようなものは存在しないので、地域や歌う人の違いによって、随所に変化が出る。ツバメとクモの違いも、そのような現象の一つと考えていい。】

〔結婚式で、花嫁を迎えに行って歌う歌を歌った〕（やや明るいメロディー）
・大意：（男側）「きょうの結婚式で、あなたは私の嫁になりました。私の家は貧しいので、あなたにあげるものは何もありません。すみません」
（女側）「私はまだ若くて、結婚の年齢にはなっていませんよ」

（男側）「私は何も持って来ませんでしたが、きょうはどうしてもあなたを連れて帰らなければなりません」

（女側）「それでは私はあなたに随《つ》いて行くことにします」（このように歌ったあとで花嫁は新郎側の迎えの男たちと一緒に新郎の家に向かう）

・これはワ族の歌垣（対歌）とは別のもの。

・歌詞はほとんどが七音だが、まれに八音もある。

〔歌垣（対歌）についての聞き書き〕

・たくさんの花が咲く春などに、川の向こう側とこちら側で歌を掛け合うことが多い。他郎村《ターラン》（萵籠村《ウォロン》からの地図上の直線距離西南西に約五キロメートル）の人と歌を掛け合うことが多かった。

・男が縦笛《たてぶえ》を奏《かな》でると、女がそれに気づいて歌垣が始まる。

・歌でまず姓を確認し、姓が違っていれば歌垣を始める（姓が同じ場合は結婚できないから歌垣はしない）。

姓が同じだとわかったときは、「あなたの心はわかりましたが、姓が同じなので、残念ですが終わりにします」と歌う。

●尼短《ニードゥアン》氏が男と女の両方を演じて歌ってくれた歌垣。

大意：（女）「どうぞ、私のそばに来てください」

（男）「あなたの歌を聞いて、とても喜んでいます。走ってあなたの所に行きます」

このように自分のほうに誘うのは、男からでも女からでもよい。

・歌詞は固定されたものでなく、その場に応じて即興的に作る。

・歌垣は長くても30分くらいだった。
・見物人は多いが、歌垣をしている人のそばまでは行かない。離れた所でこっそりと聞いている。
・歌垣で互いに気に入ったら、それぞれ家に帰って両親に知らせる。親は普通は反対しないが、親に強く反対されれば結婚はできない。
・結婚は親の決めるものが多かったが、自由恋愛のものもあった。

〔首狩りについての聞き書き〕
・通婚の範囲は、葛籠村《ウオロン》の入っている中課郷《ヂョンカー》内のほかに莫葛郷《モーウオ》（葛籠村からの地図上の直線距離西北西に約一二キロメートル）、他郎村《ターラン》（葛籠村からの地図上の直線距離西南西に約五キロメートル）、力所郷《リースオ》（葛籠村からの地図上の直線距離西南西に約一五キロメートル）、馬散村《マーサン》（葛籠村からの地図上の直線距離西北西に約一九キロメートル）など。これらの地域とは首狩りをしなかった。
・むかし首狩り関係にあったのは、勐梭郷《モンスオ》（葛籠村からの地図上の直線距離約二〇キロメートル）、岳宋村《ユエソン》（葛籠村からの地図上の直線距離南に約八キロメートル）だが、そのころは通婚できなかった。首狩りをしなくなった今は通婚できる。
・こちらは、勐梭郷、岳宋村に首を狩りに行くが、こちらには銃があって強かったので、あちら側は恐がって、首狩りに来なかった。
・村の周囲には環濠があり、濠の底には竹を削って立て、その先に毒を塗っておいた。
・この村には二〇〇人くらいの、武器を持った戦闘部隊があった。

・中国共産党の指導により、一九五七年を最後に首狩りはなくなった。
・岳宋村、勐梭郷やミャンマーの羊相などは大ワ族で強く、首狩りを盛んにやった。
・首狩りは毎年、陸稲の種まきの前（旧暦二月ごろ）に行なった。
・道のそばなどで襲うときは刀だけで、遠くにいる者を狙うときは銃で撃って倒し、刀で首を切った。
・首は男性のでも女性のでもいいが、男性の首がほとんどだった。普通は女性は村の環濠の内側にいるのに対し、男性は外側で働いていることが多いからだ。子供でもかまわない。ときには襲撃した村の中にまで入って行って、家族全員を殺して家を焼いてしまうこともあった。二、三人の偵察要員を送り、その村が油断しているとわかると、村の内側にまで入ることがあった。
・襲撃部隊は、多いときは二〇〇〜三〇〇人、少ないときは三人くらいだった。あまり少ない人数だと相手の村の人々に逆襲されるから、たくさんの人数で行くのが普通だった。
・首を狩って来ると、近くの山にいったん隠す。勇気のある男二人が、誰にもわからないように木の上の空洞の中、木の下の草の中などに隠す。殺す牛や、木鼓小屋の整備など、村の中の祭りの準備ができていないときには、一週間くらい隠すこともあった。それから村の木鼓小屋に運び、竹で編んだ目の粗い籠の中に首を入れる。酒を飲み、牛の肉を食べ、木鼓を叩き、歌を歌い、手を組んで踊りを踊る。これを三日間行なった。木鼓小屋は、首が盗まれることのないように、村の真ん中にあった。首載せ台は二つあったが、そのうちの一つだけに首を載せた。

●木鼓小屋での歌を歌ってくれた。
大意：「私たちは首を村に持って来ました。この首の守護によって、来年の作物が良く実るよう祈ります」

【これは「首を迎える歌」だが、張正軍「祭祀と犠牲――ワ族の首狩習俗と犠牲牛を中心に」（國學院大學日本文化研究所編『東アジアにみる食とこころ』おうふう、二〇〇四年）によれば、その歌詞は、以下のようなものである。なお、以下の歌詞と類似のものが、郭思九・尚仲豪『佤族文学簡史』（雲南民族出版社、一九九九年、一三二ページ）に、「迎頭歌」という曲名で記載されている。

私たちはあなたを村に招く。
あなたを村に迎える。
作った最初の酒をあなたに飲ませる。
最初のご飯をあなたに食べさせる。
私たちは踊りをしてみせる。
私たちは歌を歌って聞かせる。
私たちとずっと一緒にいてください。
私たちの無事息災を守ってください。
私たちを災いから守ってください。
私たちの蔵が米でいっぱいになりますように。（工藤隆訳）

この「木鼓小屋での歌」は、三日間断続的に歌い続ける長いもの。一人がリードしてみんなが声を合わせ、踊りながら歌った。

【『佤族社会歴史調査（二）』（四四ページ）によれば、〝中課《チョンカー》郷の中心地域の村人はかつて国民党軍の側について漢族の軍隊と戦い、敗れた漢族軍の捕虜を殺して首を狩り、穀物祭祀に使った〟（要約）とあるが、これは本当かという質問に対して、次のような答えがあった。】

・こちらの地域の村人の一部は、そのときに中課郷の中心地域に行って一緒に戦ったことがある。しかし、その

『佤族社会歴史調査（二）』に書いてあるようなことはなく、そのときに、捕虜の首をこの地域に持って来て祭りをしたことはない。

・私（尼短氏《ニードゥアン》）は一九五六年（9歳のとき）に一回だけ首狩り祭祀を目撃したことがある。莫髙郷《モーウォ》の人々に襲われて首を狩られたので、その復讐で莫髙郷を襲い、おじ（父の弟）が首を一つ狩って来た。このおじは今はここから二時間くらいの所に住んでいる。

・たくさんの首を狩って来たときには、一つだけはその年の祭りに使い、残りは翌年に備えて山に埋めておいた。

・中課郷では、ほかの村の死体を掘り出して首狩り祭祀に使ったことはない。

・この村では、死んだ人は家の前の野菜畑に埋めた。

・畑は環濠の外にもあったが、農作業のときは銃を持った人が警護に当たった。

・この村には姓が二つあったので木鼓小屋も二つあったが、あとで一つになった。鬼樹林も一つ山のほうにあった。一九五八年に鬼樹林を壊したときには、子供たちは古い頭蓋骨を棒で叩いたり蹴ったりして、遊び道具にしていた。鬼樹林の跡だからといって恐れるような人は、首狩りをしてきた勇敢な民族であるワ族にはいない。

・木鼓を新しくするために木鼓曳きをするのは二、三年に一回。旧暦一～二月に村人総出で木鼓を曳く。

14:38　戈要寨《ガーヤオ》（ワ族の村、勐梭《モンスオ》からの地図上の直線距離東北東に約四キロメートル、標高一〇三〇メートル）に到着。この村は、近くの村から分かれて移動して来た村。もとの村の人口が増えすぎたので移動して来た。最初は二戸だけだったが、少しずつ増えて現在のように中規模の村になった。

この村には、木鼓小屋、ウーロン小屋、環濠などを再現して一種の観光村にする計画があり、すでにウーロン（木鼓小屋の警護人）小屋は完成していた。このウーロン小屋は、岩兵氏《アイピン》（力所郷《リースオ》打落寨《ダールオ》出身、55歳、八人きょうだいの末子、一九九六年に取材した隋嘎《スイガ》氏の弟、隋嘎氏の「隋《スイ》」は四男の意）が管理していた。

14：50～15：10

Ⅰ〔岩兵氏の家譜〕（約40秒）

①ネン（自分）②ネン・カッ（父）③カッ・プル（祖父）④プル・クワッ ⑤クワッ・ソー ⑥ソー・ムラン ⑦ムラン・ソー ⑧ソー・コー ⑨コー・カッ ⑩カッ・レイ ⑪レイ・ムー ⑫ムー・フイ ⑬フイ・ライ ⑭ライ・オー ⑮オー・チョン ⑯チョン・タオ ⑰タオ・ガー（司崗里《スガンリ》の「崗《ガン》」、人間の始まり）⑱ガー・リ（「司崗里」の「崗里《ガンリ》」で、洞窟の中から出られないでいた人間）

＊最後は、終わりの意の「リ、ウ〔オイ〕」という決まり文句で終わった。

＊隋嘎氏ならもう少し詳しく語れるだろうとのことだった。

〔首狩りについての聞き書き〕

・力所郷打落寨（戈要寨《ガーヤオ》からの地図上の直線距離西に約一九キロメートル）での最後の首狩りは、私（岩兵氏）が6歳のとき（一九五三年）だった。

・互いに首狩りをするようになるのは、牛を盗まれてそれに復讐をしたりしているうちにそうなってしまうのだ。

・ミャンマー（ビルマ）の八戛底《バガディ》（ワ族の村、力所郷からの地図上の直線距離東に約一五キロメートル）の、30歳くらいの男がいろいろな村に行っては牛を盗んで売っていた。そこで、八戛底の村人によって力所郷打落寨に売られ、私の父が、今の私の腕ほどの長さの刀でその男の首を切った。この話は、兄の隋嘎のほうが詳しく知っている。
・馬散《マーサン》村の何百人かの首狩り部隊が、亜洛《ヤールオ》村（ワ族の村、勐梭《モンスオ》からの地図上の直線距離東北東に約七キロメートル）の北すぐの「クロンへ」（漢字表記不明）という小さな自然村（一〇〇余戸）を襲い、首を狩って壊滅状態にしたという話を聞いたことがある（何年に起きたことかは知らない）。

15：30〜16：08
同じ村で岩随《アイスイ》氏（81歳、長老）に取材。モーパではない。
・一九九九年に日本人が取材に来たことがある。

J〔岩随氏の家譜〕（約50秒）
①スイ（自分）②スイ・ケアム（父）③ケアム・サーン ④サーン・コン ⑤コン・コイ ⑥コイ・レム ⑦レム・シュアン ⑧シュアン・シャー ⑨シャー・チン ⑩チン・カイ ⑪カイ・プロー ⑫プロー・クルイ ⑬クルイ・ゴン ⑭ゴン・フラム ⑮フラム・リヨン ⑯リヨン・ウイ ⑰ウイ・ラム ⑱ラム・ラー ⑲ラー・ムー ⑳ムー・プイ ㉑プイ・ガン（司崗里《スガンリ》の「崗《ガン》」、人間の始まり）㉒ガン・リ（司崗里《スガンリ》の「崗里《ガンリ》」で、洞窟の中から出られないでいた人間）
＊最後は、終わりの意の「リ、ウ〔オイ〕」という決まり文句で終わった。
・この村には、新中国成立（一九四九年）以後に移って来たので、木鼓小屋や鬼樹林の跡はない。モーパもいない。

もとの村には木鼓小屋が一つあった。

・紛争の原因は知らないが、馬散村の何百人かの首狩り部隊が襲って引きあげた直後に、私は「クロンへ」に行った。男女二人ずつ計四人は、生きたまま連れて行かれた。狩った首は六四個で、その全部を持ち帰った。一九四八年のことだ。

・もとの村で、国民党軍の兵の首を切って祭りに使ったことはない。

・男性の頭を切るのが普通だった。

・中課郷《ヂョンカー》の永坪村《ヨンピン》（戈要寨《ガーヤオ》からの地図上の直線距離西北に約一〇キロメートル）、蒿籠村《ウオロン》（同約八キロメートル）とは、互いに首狩り関係にあった。一九五二年に蒿籠村の人たちに襲われて首を一個狩られたので、こちらからも報復に行って首を一個狩って来た。永坪村の人たちにも襲われて首を一個狩られたので、こちらからも報復に行って首を一個狩って来た。私の村は弱いほうの村だった（四十余戸）。

彼らが襲って来るのは旧暦四月ごろ【蒿籠村の尼短《ニードゥアン》氏からの聞き書きでは、襲うのは旧暦二月ということだったので、話す人によって記憶にズレのあることがわかる】で、自分たちが復讐で首狩りに行くのは旧暦六月だった。

・私は首狩りに行ったことはない。村人が首狩りをして帰って来たのは見たことがある。

・ほかの村と連合することはなかった。

・私の村は、首狩りはあまり好きでなく、記憶では鬼樹林に祀《まつ》られていた首は三個だけだった。

・首狩りを毎年はしなかった。

・一人の女性を、私の村の男性と別の村の男性が好きになって喧嘩になってしまい、私の村の男性が相手の首を狩って祀ったということもあった。

・私の父の②スイ・ケアムの時代（一九〇〇年代前半か）には、イギリス軍と戦ったことはあるが、日本軍と戦ったということは聞いていない。外国人の頭は要らないので、イギリス軍の兵の首を狩るということはなかった。
　このあたりには、かつて捕虜となったイギリス兵の子孫もいる。若い男性だったので、息子のいない家に入り婿として入った。
・歌垣は、私の世代にはもうあまり盛んでなかった。自分もやらなかった。

九月十二日（木）

9：00　勐梭《モンスオ》龍潭大酒店を出発（ワ族の岩詳氏とはここで別れた）。10：50　孟連《モンリエン》傣《タイ》族拉祜《ラフ》族佤《ワ》族自治県の県都孟連（標高九三〇メートル）に到着。孟連土地公寓六二〇二号室に入る。
以下の調査には、岩鵬《アイポン》氏（ワ族、孟連県民族宗教事務局）、張海珍《ヂャンハイヂェン》氏（タイ族、孟連県民族歴史博物館）が同行してくれることになった。
・張海珍氏（タイ族）の話：「海東《ハイドン》地区では、首狩りはかなり前からしなくなっていた。芭蕉の根を掘り出し、目・鼻・口などを彫って、人間の頭の形にして穀物祭祀を行なった。井戸でいくつかの芭蕉の根を洗って、一番良いものを選んで彫った。〝海東《ハイドン》〟は、ワ語で〝首を分配する所〟という意味だ。」
13：55　臘塁《ラーレイ》（標高九七〇メートル）経由で海東小寨（ワ族の村、孟連からの地図上の直線距離約一二キロメートル）に到着。
海東小寨は、ワ語では「ロン《渓流》・サイ《小さなカニ》」とも言う。

14：00〜15：36
アイ・ムルン氏（男）は、77歳、ほかの村からの入り婿で、妻イエ・レンさんは三年前に死去した。

〔アイ・ムルン氏からの聞き書き〕
・この地域では、入り婿が普通。
・しかし、生まれた子供は父の姓を名乗る。息子五人と娘四人が生まれた（各一名死去）。長男（アイ・イン）、次男（アイ・イー）、三男（アイ・ミー）、四男（アイ・クワー）はこの村でほかの家に婿入りし、五男（アイ・サイ）は死んだ。
長女（イエ・ノン）、二女（イエ・トン）は結婚して別居した。三女（イエ・ホン）は婿を取ってこの家におり、四女は生まれてすぐ死んだので名前がない。三女（イエ・ホン）の婿は班貫《バングァン》村（海東《ハイドン》小寨からの地図上の直線距離南に約三キロメートル）から来た。
・息子は一人は家に残ってもいい。娘がまったくいない場合には、息子に嫁を取ってもいい。
・末の娘が家に残り、財産を継承する。上の姉妹は、結婚して別の所に独立する。
・嫁に行く人、婿に行く人には鍋を持たせる。

Q／父子連名、あるいは母子連名はあるか。

A／ない。

Q／「司崗里」は知っているか。

A／洞窟から出て来たワ族は長男、タイ族は次男、漢族は三男で、そのほかの民族は木から生まれた、ということは知っている。しかし、自分たちの系譜をその洞窟まで遡ることはできない。

〔この家の系譜〕

イエ・レン（祖母）
ター・ワン（祖父、入り婿）
　イエ・ウェイ（母）
　ター・ンゴ（父、入り婿）
　　イエ・レン（アイ・ムルン氏の妻、死去）

＊アイ・ムルン氏夫妻には、五人の息子（うち一人死去）と四人の娘（同）がいる。
＊系譜はこれ以上は遡れないし、入り婿（アイ・ムルン氏）側の系譜はほとんどわからない。
＊「ター」は老人という意味、「イエ」は女という意味。

【系譜は、自分の子供の世代を含めても四代分しか把握できないので、一般にこの海東地区の入り婿制をとるワ族には、これ以上に長い歴史が存在しないことになる。】

〔神話を語ってくれた〕
「ワ族は長男なのになぜ山の上に住んでいるのか。それは、天の神が洪水で流されて沈んだときに、人間が良い心を持っているか、悪い心を持っているか試した。天の神が、〝沈んでいる私を助けてくれ〟と長男のワ族に頼んだところ、ワ族は〝いま陸稲の栽培で忙しい〟と断わった。次に次男のタイ族に頼んだところ、〝水田の仕事で忙しい〟と断わられた。そこで天の神は、ワ族には〝山の上で陸稲を作りなさい〟、タイ族には〝平地で水稲を作りなさい〟と命じた。そこで、最後に三男の漢族に頼んだら救ってくれたので、天の神は、漢族だけは労働しなくても食べられるようにしてやった。」

【これは〝自民族の劣っている点〟の原因を、自らの〝人格的欠陥〟に求める神話の範型に入る（工藤「〝負を語る神話モデル〟から見た海幸山幸神話」『大東文化大学紀要』43号、二〇〇五年三月、参照）。】

・モーパは昔はいたが、今は皆死んでしまって一人もいない。

・「司崗里」は葬式のときにしか歌ってはならないものだし、モーパが歌うものなので、今は部分的に歌える人が少しいるだけだ。

・昔は、病人が出たときは、モーパが雄鶏《おんどり》を殺して鬼祓いをした。今は病院に行く。

Q／この海東《ハイドン》小寨で最も偉大な人物は誰か。

A／昔は頭人（集落長）だったが、今は共産党の村幹部だ。

【この地域のワ族には長期的な歴史を語る伝承が欠如しているので、歴史上偉大な人物という存在も生じなかったのであろう。】

〔首狩りについて〕

・実際の首狩りは見たことがない。

・雨乞いのときに、海東大寨《ハイドン》に行って、湧き水で芭蕉の根を洗って人間の頭の形に彫って、鍋の底で髪の毛のように染めて、葉も刻んで白く磨き、木鼓を祭る。木鼓の神のおかげで雨が降る。

・芭蕉の根を頭代わりにして雨乞いをするのは、一九五三年から始まったこの村だけのやり方だ。しかし、これは一九五五年までで、それ以後はやらなくなった。そのころまでは、木鼓小屋はあったが、すでに壊れそうになっていた。

・野生の芭蕉の根は大きい割りに柔らかいので彫りやすく、入手しやすい。いくつか作って、人間の頭によく似た形に作れたものを選んで祭りに使う。これには人間の名前を付ける。（〝陸稲が芭蕉の実のように豊富に実るから〟というような観念があったかという質問に対して）そういう観念はない。

【このとき、アイ・ムルン氏が、同行の岡部の頭をじっと見つめながら指さして、「こういう頭が一番いい」と、やや興奮気味で話した。実際に作るときは、作る人たちが互いに相手の頭を見ながら作るのだという。】

・一九五三年の前までは人間の首狩りをやっていたが、あまり盛んではなかった。

・首狩りに行ったのは、瀾滄拉祜《ラフ》族自治県の芒井《マンジン》（海東《ハイドン》小寨からの地図上の直線距離東に約三八キロメートル）・芒洪《マンホン》（同）だった。ここには布朗《プーラン》族が居住していたので、プーラン族の首を狩った。

首狩りの時期になると、こちらの村は、トウガラシ三本、塩、茶、綿の花、タバコを包んでプーラン族の頭人（集落長）に渡し、「首狩りの時期に入りました、お許しください」と挨拶する。プーラン族の頭人は、村人に「首狩りの時期になったので注意するように」と伝える。村人が注意を怠って首を狩られたら、それは自分の責任だということになっていた。そのあとで、首狩りの行事をやめたときに、プーラン族の頭人に、「なぜ首狩りに来なかったのですか、あなたたちが来なかったからか今年は陸稲の実りが良くないです」と言われた。

【ワ族の首狩りは、穀物の豊作のための農耕儀礼でもある。したがって、人間の命を〈浪費〉する行為であると同時に、〈生産〉のための行為でもあることを、このプーラン族の頭人のことばはよく示している。また、外部の近代社会から見れば、首を狩られる人は〝被害者〟なのだが、彼らの主観内では必ずしも被害者意識ばかりではなく、社会の役に立つ行為として納得している部分のあることがわかる。】

・死体の首を掘り出して使うということはなかった。

・多くのワ族がミャンマーの景東勐養《ジンドンモンヤン》に移って行ったときに、一人の女性が出産することになって取り残され、ここ（海東《ハイドン》）に住み着くことになった。ヤーハンという老婆がいて、杖を突くとそこから泉が湧いたので、ここは良い所だとわかって、ここに住み着いた。

【日本にも、弘法大師が杖を突き刺した所から泉が湧き出たといった伝承が広範に存在している。】

・ここのワ族の特徴は、男もスカートをはいていることだ。

・私（アイ・ムルン氏）が若いころは、村の大事なことはすべて女性が決めた。杓子《しゃくし》を持つのも女性だから、自分の好きな人には肉をたくさんあげた。村の共有の土地で取れた米は、食料の少ない家に無料で与えた。雨乞いのような村の行事では、その共有地の穀物を食べる。上級の役所の幹部が来るときにも、その共有地の穀物をご馳走した。この公共の穀物は、老年の婦人が管理していた。

今でも家のなかのことは女主人が決め、お金も女主人が持っている。しかしこの家の場合は、役所の幹部もいるので、男が主になって切り盛りしている。

・英山《インシャン》（孟連からの地図上の直線距離西北に約八キロメートル）あたりのワ族の村でのこと。親が借金を残して死んだ家族で、頭人がその借金を返してやり、その家族を債務奴隷として売ろうとしたところ、長男は逃げた。次男は小さかったので、富岩《フーイエン》の北のあたりの英溝村《インゴウ》（ワ族の村、孟連からの地図上の直線距離西に約二〇キロメートル）に売られた。本人は自分の身の上に起きたことが理解できないでいたところ、村人は「いずれ首を狩られるのにそれも知らず、かわいそうに」と言っていた。しかし、あとで本人もそれを知って、英溝村から孟連のタイ族の村に逃げて来た。タイ族の村はこの次男の世話をした。あとでその次男が県都孟連に行ったときに見つかってしまい、もとの村に連れ戻されたが、そこからまた逃げた。しかし、人民解放軍によって解放され、のちに役所の幹部になった。

・岩鵬氏《アイポン》（ワ族、孟連県民俗宗教事務局）が出身地大芒糯村《ダーマンヌオ》（ワ族の村、孟連からの地図上の直線距離西北西に約二六キロメートル）で聞いた話：「首狩りに行く部隊は、何か物を置いていくなど道々印しを付ける。ある一人の漢族が商売で村に出入りしていて、村人とは仲がよかった。しかし、彼は首狩りの印しだということを知らないで、ある印しの物を足で蹴って、馬鹿にして悪口を言った。道の両側にワ族が身を隠していて、知り合いだがワ族の風俗・習慣を踏みにじったということで、やはり許すことはできないとその首を狩った」

・一九五八年にはこの村にはまだ木鼓小屋が残っていた。木鼓小屋の杭の上には頭が載っていた。

16：00〜16：52

同じ海東小寨《ハイドン》で、別の家の女戸主を訪問。

・この家の系譜については、大ワ族から出ていること以外は知らない。したがって、創世神話「司崗里《スガンリ》」のことも知らない。

・歌垣はあったが、私は歌垣はしなかった。外で働いているときに、互いに好きになって婿を決めた。彼はよく働く人だったので結婚した。今の若い人は学校に行っているので、歌垣はしなくなった。
・夫は今は亡くなった。この村はすべて入り婿制だ。

〔この家の系譜〕

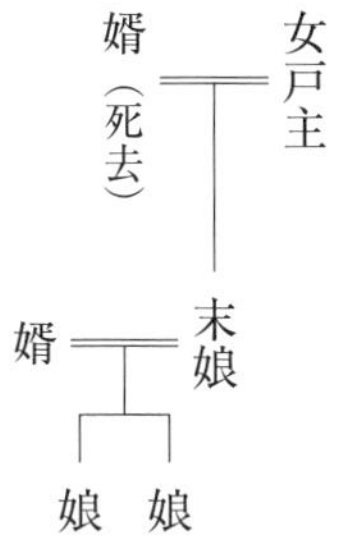

＊姉娘は同じこの村の男性と結婚し、独立して暮らしている。ほかの村の男性と結婚する場合でも、その男性は入り婿としてこの村に来るので、独立した娘は母系家族の分家になる。

・昔は、娘が機織りをしていると若者がやって来て、そばにいていろいろな会話をして交際した。
張海珍《ヂャンハイヂエン》氏（タイ族）の話：「タイ族の娘は、その若者が気に入ったらイスをすすめて座らせ、嫌いだったらイスを出さない。」

19：00～
〔夕食時の張海珍《ヂャンハイヂエン》氏（タイ族）の話〕
・芭蕉の根で作った頭は、ヤーハンという老婆の突いた杖の先から出たという伝承を持っている泉（「アイ・ムルン

高床式住居のテラスで聞き書きに答える女戸主。2002 年 9 月 12 日。撮影：工藤綾子

氏からの聞き書き〕参照、村に現存する）の水で洗う。おそらくは、首狩りを行なっていた時代には、狩って来た人間の頭を洗っていたのだろう。

・ミャンマー（ビルマ）のサントン（チャントン）というワ族の村は、一回の首狩りにたくさんの首を狩るのが普通だった（一般のワ族は、一回の首狩り祭祀に使う首は一個）。ミャンマーとの国境沿いにある勐啊《モンアー》（孟連からの地図上の直線距離西南西に約四三キロメートル）あたりのタイ族の村が三つ全滅させられたということを聞いた。一九四八年ごろのことだという。

このとき、穀物入れの籠に隠れていた子供が一人見つかってしまい、奴隷として売られたが、タイ族が六〇〇元で買い戻したという。この買い戻された人は、その後タイ族の村で暮らしていたが、最近亡くなった。

ワ族はケシを栽培し、タイ族はそれを買って麻薬に加工して高く売るので、ワ族よりタイ族のほうが稼ぎが大きい。そこでワ族は、そのことを恨んでタイ族の村を襲ったのであり、首狩り祭祀のためではなかったのだが、ついでに首も狩ったのだ。

この孟連を中心とする地域の土司はタイ族だったので、タイ族は普通はワ族に首を狩られない。

・別の村の例では、一人の娘が首を狩られそうになったときに、首狩りに来たほうの男性の一人が「この娘の首は狩らないことにしよう」と言ったところ、娘と一緒にその男性の首も狩られてしまった。娘の親は激怒し、一族で復讐に向かい、十数人いた相手の家に火をつけて燃やしてしまい、焼き殺した。逃げ出してきた男たちも殺してしまったという。

・ワ族は、〝人間は誰かが死ぬことで別の人が生まれる〟という考え方をしているので、首を狩ることにためらいを感じる意識はなかった。

【前出・張正軍「祭祀と犠牲――ワ族の首狩習俗と犠牲牛を中心に」によれば、次のような「犠牲者が首を切られる前に歌う歌」があるという（中国側の出典は今のところ不明）。

私の同族のみなさん、
私たちはみな同じ瓢箪から生まれたものだ。
もし人頭を神に供えないと、
来年はどうして生きられるだろう。
私の村も、
来年の豊作のために、
同じく首狩をしている。
ワ族のいずれの村も来年豊作になるため、

どうか私の頭を神に捧げてください。

すなわち、ワ族の農耕儀礼として首狩りが必要だという意識は、首を狩られる側に立たされてしまった人間にも共有されているので、首を狩る人／首を狩られる人の関係は必ずしも加害／被害という関係だけになるのではない。被害者もまた加害者であるという側面があることになる。】

・私がワ族から聞いたところでは、ワ族の木鼓の彫り込みは女性器の形で、何年か経って木が黒くなると、それは木鼓の神が年をとって出産できなくなったことを示すので、穀物の実りも悪くなるから新しい木鼓を作り直すのだという。

九月十三日（金）

9：10　孟連土地公寓（宿泊所）を出て間もなく未舗装の山道を走って、10：06　富岩《フーイエン》郷信崗《シンガン》村（孟連からの地図上の直線距離西南西に約一九キロメートル）の近くの新集落に到着。

10：15〜11：30

同行の岩鵬《アイポン》氏（ワ族、孟連県民俗宗教事務局）の父、岩西糯《アイシーヌオ》氏（「西《シー》」は四番目の意。息子の岩鵬《アイポン》氏も父が75〜80歳だという程度で正確な年齢はわからないようだが、岩西糯氏自身は100歳だと言っていた）からの聞き書き。しかし、記憶が曖昧になっていたので、家譜、首狩りの話など、ほとんど得るものがなかった。以下は、岩鵬氏や同席の村人の話しを合成したものである。

・稼業は鍛冶屋だった。

・父子連名はなく、家譜は、自分の父、祖父、父の妻、祖母くらいまでしか遡れない。
・私（岩西糯氏）の父は頭人（酋長）だったので、妻が三人いた。
・祖父も父も、ウーロン（木鼓小屋を守る人）だった。
・大芒糯村《ダーマンヌオ》（ワ族の村、孟連からの地図上の直線距離西北西約二六キロメートル）、英龍村《インロン》（同、同約二七キロメートル）のワ族が三六人の部隊で、勐馬《モンマー》（大芒糯村・英龍村からの地図上の直線距離南に約二五キロメートル、孟連からの地図上の直線距離西南西に約二四キロメートル）のタイ族の村を襲い、首を一個狩った。首を切った人は大芒糯村のアイ・ウーという人だ。二つの村に首が一個しかないので、顎《あご》の部分は英龍村に、頭の上の部分は大芒糯村に運び、それぞれ木鼓小屋に祀った。私（岩西糯氏）が、7、8歳ごろのことだ（一九四〇年代末か？）。
・九月十二日（木）に、岩鵬氏の、大芒糯村で、「首狩りに行く部隊は、何か物を置いていくなど道々印しを付ける。ある一人の漢族が商売で村に出入りしていて、村人とは仲がよかった。しかし、彼は首狩りの印しだということを知らないで、ある印しの物を足で蹴って、馬鹿にして悪口を言った。道の両側にワ族が身を隠していて、知り合いだがワ族の風俗・習慣を踏みにじったということで、やはり許すことはできないとその首を狩った」という話があったが、これは、この大芒糯村、英龍村連合の一九四〇年代末の首狩りから一〇年くらいあとのことだ。これが最後の首狩りだった。
・岩鵬氏の父岩西糯氏は、それからはずっと、古い首を飾ったままの木鼓小屋を管理していた。牛を殺す生け贄儀礼はずっと続けていたが、芭蕉の根などを代わりに使うということはしなかった。
・首狩りの首は、女性の首でも良いが、男性の首を狩るのが普通だった。髭《ひげ》の長い人は福をもたらすので、そういう人の首はとても良い。目が悪い、歯が欠けているなど身体に何か欠陥のある人の首は良くない。

・首狩りは、秋に穀物を収穫したあとか春の種まきのあとの、どちらか一回だった。
・収穫が順調な年には首狩りをしない。自然災害などが多かった年には首狩りをする。したがって、十数年に一回とか、二、三年に一回とかの違いがある。一度首狩り祭祀をしたあとに自然災害など不幸なことが起きたときには、その首が良くない首だったということになり、もう一度首狩りをし直すこともあった。
・南卡江《ナンカー》（ミャンマーとの国境沿いに流れている川）の上流の勐啊《モンアー》（孟連からの地図上の直線距離西南西に約四三キロメートル）あたりの村人の首は狩らない。もともと大芒糯《ダーマンヌオ》村・英龍《インロン》村のワ族の祖先はこの上流地域にいて、それがあとで下流（北）に向かって移動したからだ。

上流にいるワ族は、下流にいるワ族の首を狩ってもいいが、下流のワ族は祖先の地に近づく上流のワ族の首を狩ってはいけない。

大芒糯村には南卡江の上流の人が首狩りに来た。上流のワ族は大ワ族、下流のワ族は小ワ族という。

〔張海珍氏《ヂャンハイヂェン》（タイ族）の話〕
・孟連の土司はタイ族だったが、西盟の馬散《マーサン》地域のワ族の頭人（集落長）の娘と結婚した。牛と象を生け贄にし、腐ることのない牛の角と象の牙を、変わることのない誓いの象徴として、馬散のワ族は孟連地域のタイ族の首は狩らないと誓った。このようにして、ワ族の首狩りは基本的にはワ族社会の内側だけで行なうものとなった。

孟連の土司（タイ族）が新しい人に代わると、馬散の頭人（ワ族）は馬を牽く紐を一〇〇本進呈した。

元の時代には、馬散のワ族の頭人はワ族全体のなかで強大な力を持っていたが、孟連地域の盆地はタイ族に任せた。山地の焼き畑地域にはワ族が居住し、水田稲作の平地（盆地）はタイ族に任せることにした。

【鳥越憲三郎・若林弘子『弥生文化の源流考』（大修館書店、一九九八年）では、「水稲耕作をしていた彼らが高原盆地から追い出された」（一四一ページ）と、ワ族がタイ族に追われて山地に入り、焼き畑で陸稲を栽培する以外にない状態に追い込まれたと把握しているが、この張海珍《チャンハイヂェン》氏の説明では、ワ族自身が平地の水田稲作を好まず、山地の焼き畑農耕のほうを好んだので、自ら山地を選択したことになる。私も、いくつかのワ族の生活形態を見たかぎりでは、もともとワ族は、年間を通して手のかかる水田稲作よりも、粗放農耕の陸稲栽培と山地を好んでいたのではないかと感じた。ワ族のそのような閉鎖的で停滞的な（水田稲作という技術革新を受け入れない）社会のあり方を維持するのに、首狩り祭祀も〝貢献〟していたということなのではないか。】

・次のような伝承がある。

「玉勒《イウレー》（ミャンマー、孟連からの地図上の直線距離西北に約三六キロメートル）では、天と地は鉄の鎖で結びつけられていた。人間も動物もその鎖を切ろうとしたが切れなかった。一人の孤児がやって来て、鋭い刀でその鎖を切った。それで、玉勒は大地の臍《へそ》と言われている」。それで、（ワ族は）何年かに一度は玉勒の祭りに行く。

・大芒糯村《ダーマンヌオ》のワ族は、「空は大きな板だから、もし空が落ちて来たら人間はその下敷きになって死んでしまう。この板の上には天の神がいて、人間が悪いことをすると、天の神が人間にそこから罰を与える。人間界の豊かさや貧しさはすべてこの天の神が決めたことだ」と考えていた。

・ワ族は「西双版納《シーシュアンバンナー》の勐海《モンハイ》地域の勐《モン》マー（漢字表記不明）は大地の突き当たりで、そこから先に行くと崖から落ちてしまう」と考えていた。

・この地域では、ワ族とタイ族が通婚することがあった。

・大芒糯村や海東のワ族には次のような伝承がある。

「最初は赤ん坊を産むのは男の仕事だった。膝のところが割れて赤ん坊が生まれた。しかし、この赤ん坊は人間ではなく、イナゴだった。このイナゴが穀物を見守っていたが、そのうちに鶏に食われてしまった。それを見ていた女が、やはり赤ん坊は自分が産むのがいいと考えて、男の血を飲んで妊娠し、鶏に食われない普通の人間が産まれた。」

・大芒糯村のワ族には次のような伝承がある。

「司崗里《スガンリ》から出たばかりのころ、人間はとても弱々しく、立てなかった。最初に出たワ族は、芭蕉の幹にしがみついてやっと立った。しかし、あとから出た漢族とタイ族には芭蕉の幹が一本もなかったので、焼き畑に焼け残っている木の下のほうにしがみついた。そのときワ族は、漢族とタイ族に〝なぜあなたたちは黒いのか〟と尋ね、漢族とタイ族は〝私たちは焼き畑で燃えた木にしがみついたからだ〟と答えた。そこでワ族は真似をして、燃えた木の煤《すす》を体につけたところ、最初にしがみついていたときに付いた芭蕉の幹の汁と煤が一緒になって、そのまずっと黒いままになったので、ワ族は今でも色が黒い。漢族とタイ族の煤は、洗えば落ちたので、色が白い。」

【これは〝自民族の劣っている点〟の原因を、自らの〝知恵の無さ〟に求める神話の範型に入る（工藤隆「〝負を語る神話モデル〟から見た海幸山幸神話」参照）。】

・大芒糯村のワ族には次のような伝承がある。

「天の神が人間に文字を教えに来た。ワ族の村では、木の梢に雨が吹き込まない立派な鳥の巣ができていた。天の神が、これは誰が作ったのかと尋ねると、本当は鳥が作ったのに、ワ族は自分たちが作ったと答えた。また、干したヘチマをご飯を蒸す桶の下に敷いていたが、そのヘチマの繊維が編み目のような形に見えたので、天の神がこれは誰が編んだのかと尋ねると、本当は自然にできたものなのに、ワ族は自分たちが作ったと答えた。天の神は、ワ族は本当に賢い、自分が教えることは何もないと言って、文字を教えるのは漢族やほかの民族だけにした。だからワ族は文字を知らないのだ。」

【これは〝自民族の劣っている点〟の原因を、自らの〝人格的欠陥〟に求める神話の範型に入る（工藤隆「〝負を語る神話モデル〟から見た海幸山幸神話」参照）。】

14：27、海東《ハイドン》大寨（ワ族の村、孟連からの地図上の直線距離南南東に約一二キロメートル、標高一三〇〇メートル）に到着。この村から四つの自然村が分かれてできたので、正確な戸数、人口の把握が難しい。中心地域は、三〇戸、一六〇人くらいか。

〔イエ・ミー氏からの聞き書き〕

ヤ（イエ）・ヨー（母）
＝
イ・サン（父）

＊どちらも早く死去したが、どちらが先だったかの記憶はない

イエ・ミー（自分）
＝
夫（早くに死去）

息子四人：すべて入り婿で他家へ

＊夫は同じ村の人で、歌垣（対歌）ではなく、労働（農作業）で知り合って結婚した

〔途中から会話に加わった男性（アイ・ウェン氏）の記憶〕（妻の側の系譜のことは何も知らないとのこと）

ヤ（イエ）・ウイ（母）
＝
タ・ガラ（父）
　└アイ・ウェン（自分、六十歳くらい）

＊班貫《バングアン》村（ワ族の村、海東《ハイドン》大寨からの地図上の直線距離で南に約三キロメートル）の出身で、この村の女性と入り婿として結婚していたが、その妻が死んだので三人の子供を連れていったん班貫村に戻った。28歳（一九五八年）のときに再びこの村の入り婿になり、その再婚で四人の子供が生まれ、そのなかの一人がアイ・ウェン氏。家は一番下の娘（アイ・ウェン氏の妹）が継いでいる。ほかの子供三人は（アイ・ウェン氏を含めて）それぞれ他家の入り婿になっている。しかし、これ以上の系譜は知らないとのことだった。

・夫は同じ村の人で、歌垣（対歌）ではなく、労働（農作業）で知り合って結婚した。

【九月十二日（木）の海東《ハイドン》小寨の女戸主の家での聞き書き（16：00〜16：52）に、「昔は、娘が機織りをしていると若者がやって来て、そばにいていろいろな会話をして交際した」とあったが、ここでもそれと同じ形式の交際のし方が行なわれていたという。これは、張海珍《チャンハイチェン》氏の説明にもあったタイ族の風習と似ている。この地域では、言葉の面でもワ語にタイ語が入り混じっているという。】

＊「班《バン》」はワ語で平ら、「貫《グアン》」は「棺桶」という意味。班貫《バングアン》村は大きな木材が取れる地域なので、棺桶を作って売る村になったのだという。

〔男性（アイ・ウェン氏）の記憶〕

・部屋の入り口のほうにある囲炉裏は死霊（鬼）の囲炉裏で、奥の囲炉裏はふだんの生活のときの囲炉裏。

・死者が出ると、入って左奥の壁面のほうに死体を置き、棺桶に入れたあとには死霊（鬼）の囲炉裏の近くの壁の前にワ族暦の三月まで置いておく。埋葬まで何か月間か待つこともあるが、臭いと言ってはならない。三月に日を選んで棺桶の前の壁（死者の出口）を外《はず》して棺桶を外に出す。

・家の外で死ぬのは良くなく、家の中で死ぬのが良い。村の右側の地域の人のは右側の森に埋葬し、左側の地域の人のは左側の森に埋葬する。

この村は、首狩りをするワ族の村（たとえばミャンマーのサントン村）からは遠かったので環濠はない。埋葬した死体の首を取られることもなかったので、森に埋めた。

・入り婿の遺体は実家に運んで棺桶に納め、葬儀も実家で行なう。両親が死んでいれば、親戚が葬儀を行なう。

・人が死んだら、その家の女性が毎食、ご飯を一人前供える。

・葬儀の際には、男女各一人が、死者の一生のこと、死者の行くべき所（入り婿の場合の実家など）などについて歌の掛け合いをする。

・歌の掛け合いは、葬儀、家の新築のときにはあるが、結婚式ではやらない。

・病気治療は、モーパが行なう。モーパが占いで、体《からだ》に付いている鬼がどういう性質の鬼かを判断し、鬼祓い儀礼をする。

現在この村にはモーパはいない。現在は病気になると、病院に行く。

〔死者の霊魂について〕

・遺体が家の中にあるときは、死者の霊魂は家の中にいる。遺体が家の外に出されたあとは、その霊魂がどこに行くのかは知らない。家の中に、〝祖先棚〟のようなものはない。霊魂がどこに行くのか考えたことはない。

・人間がなぜ死ぬのかについての神話や物語はワ族にはない。

〔イレズミについて〕

・（アイ・ウェン氏）この地域（孟連か）で彫ってもらった。（イレズミの）この文字はタイ語の言葉だ。

・（一緒にこの場にいた別の男性）ミャンマーに遊びに行ったとき彫ってもらった。この文字もタイ語の言葉だ。

〔首狩りについての聞き書き〕

・首狩りは見たことがない。

・子供のころに、芭蕉の根で人間の頭を作り、雨乞いをしたのは見たことがある。

・雨乞いは、水飢饉のときだけやり、毎年ではなかった。

芭蕉の根で頭ができあがると、木鼓を叩いたり、空に向かってドラを鳴らしたりして、雨乞いをした。牛を生け贄にした記憶はない。

・芭蕉の根の雨乞いは、新中国成立のあと、自然になくなった。

・張海珍《ヂャンハイヂェン》氏（タイ族）の話：ある資料【未確認】によると、首を狩られることになった人が歌った歌が残されていて、それは「私の村も首を狩ろうと首を探しています、あなたの村も穀物の成長のためには首狩り祭祀が必要です、私たちはみんな司崗里《スガンリ》から出てきたきょうだいで、みんなが穀物成長のための首狩りが必要なのですから、私は喜んで首を狩られます」という内容のものだった【これは、先に引用した張正軍「祭祀と犠牲——ワ族の首狩習俗と犠牲牛を中心に」の「犠牲者が首を切られる前に歌う歌」とほぼ同趣旨である】。首を狩るために捕まえられたら、それは運命だと受け入れる。したがって、首を狩られた人が恨んでいるという観念はないし、首を狩られた人の霊の祟りを恐れる観念もない。

【先祖観念がほとんどないので、ワ族としての歴史という把握も生じない。霊魂観念もあまり強くなさそうなので、死霊を恐れる観念も強くないし、首を狩られた人間の死霊の祟りという恐怖感もないのであろう。】

村を離れるときに、「ヤーハンという老婆が杖を突いたところから泉が湧いた」（九月十二日の〔アイ・ムルン氏からの聞き書き〕参照）という伝承を持つ泉が、この村の、巨大な聖樹の根本に井戸として実在していることを知ったので、その場所を訪ねた。頭の形にした芭蕉の根は、必ずこの井戸で洗ったという。

九月十四日（土）

9：10　孟連土地公寓を出て、11：25　瀾滄《ランツァン》（瀾滄拉祜《ラフ》族自治県の県都、標高九八五メートル）着。瀾滄県民族委員会の徐涛氏の出迎えを受け、昼食。徐涛氏の話しでは、瀾滄近辺のラフ族の村は、キリスト教を受け入れた村が多いという。12：20　瀾滄を出て、15：26　思茅《スーマオ》に帰着し、初日（九月六日）と同じく緑都大酒店に宿泊。夜は、劉志剛氏（弁公室主任）と、運転を担当してくれた林成紅氏（思茅地区民族宗教事務局）と共に、九月六日と同じく陽光風情園（傣《タイ》族料理）で夕食。

九月十五日（日）

思茅《スーマオ》空港　18：30（40分遅れで離陸）→19：05　昆明空港

九月十六日（月）

10：00～11：30

雲南省社会科学院（昆明市環城西路）訪問。

郭大烈氏（ナシ族研究）、饒昆氏（景東県出身、ラフ族、もと西盟県と瀾滄県の副県長）の話しを、喬享瑞氏（社会学研究）の通訳で聞くことができた。

〔饒昆氏からの聞き書き〕

・瀾滄あたりのラフ族の20～30パーセントがキリスト教（天主教を含む）。

・糯福郷、竹塘郷、富邦郷、謙六郷に、比較的原始性を残したラフ族がいる。

・かつての佤山地区の住民は、そのほとんどがワ族とラフ族だった。ラフ族のほうがワ族よりも地位が少し高かった。

・金平近くのラフ族は原始性を残している。焼き畑など、移動性が高い。

・男女の歌垣（対歌）は、私は、東回付近で一九九六、七年ごろに目撃した。祭り、祝い事の席で行なわれていた。

・呪的専門家は「モパ」と称される【ワ族では「モーパ」だから、ほとんど同じ】。昔は「創世紀（記）」を歌ったが、今のモパはほとんど歌えない。

・ワ族は、あとから佤山地区に入って来たタイ族から水田稲作を学んだ【すなわちワ族は、もともとは焼き畑の陸稲栽培しか知らなかったことになる】。

・ラフ族は母系と父系の双系制だ。

・母系は、双江地域に顕著。ここでは、姓がなく、名前だけ。

【ワ族文化の把握には、やはりラフ族文化との比較が重要であることを再認識した。】

引用・参照文献（登場順）

雲南省編輯委員会編『佤族社会歴史調査（二）』（雲南人民出版社、一九八三年）

鄧啓耀『鼓霊』（江西教育出版社・海天出版社、二〇〇〇年）

森田勇造『秘境ナガ高地探検記』（東京新聞出版局、一九八四年）

鳥越憲三郎『稲作儀礼と首狩り』（雄山閣、一九九五年）

黄堯『世紀木鼓』（雲南人民出版社、一九九八年）

工藤隆『演劇とはなにか——演ずる人間・演技する文学』（三一書房、一九八九年）

張正軍「祭祀と犠牲——ワ族の首狩習俗と犠牲牛を中心に」（國學院大學日本文化研究所編『東アジアにみる食とこころ』おうふう、二〇〇四年）

郭思九・尚仲豪『佤族文学簡史』（雲南民族出版社、一九九九年）

工藤隆「〃負を語る神話モデル〃から見た海幸山幸神話」（『大東文化大学紀要』43号、二〇〇五年三月、工藤隆『日本・起源の古代からよむ』勉誠出版、二〇〇七年、所収）
鳥越憲三郎・若林弘子『弥生文化の源流考』（大修館書店、一九九八年）

長江流域文化圏の中のヤマト・オキナワ文化

私の研究歴は普通の国文学研究者とはまったく違う道筋だった。そもそも、大学では経済学部経済学科を卒業したのだし、そのうえ大学院では文学研究科の芸術学専攻（演劇専修）であった。この大学院では演劇や祭りの研究に没頭し、特に演劇の源を探るために、近代から、近世（主として歌舞伎・浄瑠璃）、中世（主として能楽）、そして平安・奈良時代へと遡るなかで、日本最古の本格的書記物である『古事記』に出会うことになった。

経済学（当時の経済学部ではマルクス経済学が主流）を学んだことで、社会の仕組みや経済の動き、そして〈国家〉のあり方などを把握する、社会科学的視点が身についた。ムラ段階社会のヤマトの言語表現文化が『古事記』『万葉集』の中に継承されるには、〈国家〉の成立が必要だったという結論に私が至るのには、この社会科学的視点が作用した。

一方、演劇研究から学んだことは、人間の文化世界には、文字言語で綴られた文章世界以外に、現に生きている生《なま》身《み》の身体行動が生み出す〈動きつつある観念〉とも呼ぶべき観念世界があり、それは集団的行動として〈場の共同性〉を実現している世界だという認識である（工藤隆『演劇とはなにか——演ずる人間・演技する文学』三一書房、一九八九年）。この視点が、『古事記』以前の、無文字文化時代の言語表現文化への遡及に挑むという、私の研究行動に作用した。

『古事記』は七一二年の成立である。〈古代〉には、縄文・弥生・古墳時代までの一万数千年間の〈古代の古代〉と、それ以後の、〈古代なりの近代化〉が進行した六〇〇年代、七〇〇年代の〈古代の近代〉とがある。後者の〈古代の近代〉を特徴づけるものは、大陸先進国家、特に唐の文化の急激な流入である。これは、西欧文化が流入した明治の文明開化の激動にも匹敵するものだったので、私はこれを〈第一の文明開化〉と呼んでいる。この〈第一の文明開化〉では、ムラ段階の〈クニ〉より高度に整備された〈国家〉が成立し、上層社会への漢字文化の浸透、法律（律令など）による支配の進行、宮廷文化・都市文化の成立、徴税制度・軍隊制度の整備、擬似科学としての道教の導入などが実現した。

『古事記』は、〈古代の近代〉の、日本古代国家の成立に伴って誕生した。オキナワの『中山世鑑《ちゅうざんせいかん》』（一六五〇年）、『琉球国由来記』（一七一三年）も、琉球国の成立（十四あるいは十五世紀ごろ）に伴って誕生した。

『古事記』以前の〈古代の古代〉のヤマトの言語表現文化については、無文字文化時代だったので、援用すべき日本列島民族自前の文献史料が無い。その結果、伝統的な国文学研究の大勢は、基本的には、『古事記』以前にまでは踏み込まないという立場に立った。

『古事記』以前に迫るには、漢字表記の『古事記』の内側にとどまる態度を修正し、縄文・弥生・古墳時代の、無文字が基本だった時代の文化を視野に入れなければならない。

そこで私は、日本全国の祭りや民俗芸能を見て歩いた。一九八〇年前後からは、さらに原型性を残すものとして、沖縄県の祭り・民俗芸能を見る機会が多くなった。私を含めて古代文学研究者のあいだに生まれていたオキナワ文化を視界に入れようとする動きは、古橋信孝《ふるはしのぶよし》編『日本文芸史第一巻・古代Ⅰ』（河出書房新社、一九八六年）として結晶した。同書は、オキナワ民族およびアイヌ民族の「文芸」（文学）を「日本文芸」の発生の想定のためのモデルとして位置づけた。

しかし、この動きのほとんどは、オキナワ文化までで止まってしまった。『古事記』研究の大勢は、本居宣長『古事記伝』（一七九八年完成）以来の、日本国の国境の内側に籠もる国内主義的思考と、文字世界の内側に籠もる閉鎖性から脱出できなかった。『古事記伝』は、訓詁注釈的には高度な精密度に達していたが、国境の外の世界を知らぬがゆえに、「（日本国は）先祖の神である天照大御神から発している国なので、最も優れた国なのである。（世界中の）国で、天照大御神の恵みを受けていない国はないのである」（現代語訳）と述べて、その誇大妄想的思想を表現している。

しかし私は、オキナワ文化までで止まることに飽きたらなかったので、一九九四年から本格的に、中国雲南省を中心とする長江流域少数民族社会の文化探索に足を踏み入れた。

国文学研究の大先達の中に、おそらくはこのような行動をとりたかったにちがいないと推測される人がいた。それは折口《おりくち》信夫《しのぶ》（一八八七〜一九五三年）である。折口は、『かぶき讃』（創元社、一九五三年）でも知られるように、演劇・芸能の世界に通じていた。また、新野《にいの》の雪まつり、三河（愛知県東部）・信濃（長野県）・遠江《とおとうみ》（静岡県西部）の花祭りそのほか、本土の民俗芸能・民俗行事探訪も続けた。彼は、〈動きつつある観念〉の世界にもなじんでいた。さらに彼は、本土の演劇・民俗芸能・祭り以上のものを求めて、一九二一（大正十）年、一九二三（大正十二）年、一九三五（昭和十）年の計三回、オキナワ調査を行なった。一九二三年のオキナワ調査の際には台湾（当時は日本領）にも行った。

折口は、柳田国男との対談で「私などの対象になるものは、時代がさかのぼっていくことが多いので、エスノロジーと協力しなければならぬ」（第二柳田国男対談集『民俗学について』筑摩書房、一九六五年）と述べている。日本古代文学を発生・源流の側から把握するには「エスノロジー」（民族学、文化人類学）との交流が不可欠だと認識していたのである。しかし、一九九〇年代後半から私を含む何人かの古代文学研究者が推進しているような長江流域少数民族社会の現地調査は、国際情勢、交通・通信網の未発達そのほかさまざまな時代の制約ゆえに、折口には実現できなかった。しかし、これらの制約から解放されたはずの折口以後の古代文学研究者の多くが、折口理論の、国境を越えられなかったがゆえの弱点の克服に踏み出せないでいるのは、知的停滞といわれても仕方あるまい。

『古事記』には、神話の書、文学の書、神道の教典の書、天皇神格化のための政治の書という四つの顔がある（工藤隆『古事記の起源――新しい古代像をもとめて』中公新書、二〇〇六年）。このうちの特に天皇神格化のための政治の書の側面を相対化するには、国境の外側からの視線と、無文字文化時代からの視線が不可欠である。日本的なるものの起源を、研究方法自体が国粋主義的な伝統的国文学の『古事記』像に求めているかぎり、『古事記』の天皇神格化思想から脱しきれない。〈古代の古代〉の日本列島文化は、自然との共生と節度ある欲望に特徴づけられるアニミズム系文化主体の長江流域文化圏に属していた。『古事記』『日本書紀』の初期天皇系譜は、そのムラ段階の神話的系譜が、歴史的事実を装って〈国家〉段階にまで継承されたものなのである。

長江流域少数民族文化と同質の文化は、長江流域から日本本土の少なくとも関東圏まで及んでいる。その共通性は、まず照葉樹林として現われる。照葉樹とは、カシ、シイ、クスノキ、タブ、ツバキ、サザンカ、サカキ、ヒイラギなど、葉に厚みとつやがある濃い常緑の樹木のことである。またその地域の民俗・風習・植生などには多くの共通性がある。茶、絹、ウルシ、柑橘類、シソ、ワラビ、コンニャク、ヤマノイモ、カイコ、ムクロジ、ヤマモモ、ビワ、ほかにも、焼き畑、水田稲作、もち米、麹酒、納豆、なれずし、高床式建築、身体尺、鵜飼、独楽《こま》回し、闘牛、相撲、下駄など、日本とも共通の多くの文化習俗が見られる。

さらに近年、照葉樹林の共通性を上回る重要な視点として、長江流域少数民族文化には、歌垣《うたがき》文化圏（工藤隆『歌垣の世界――歌垣文化圏の中の日本』勉誠出版、二〇一五年）や兄妹《けいまい》始祖神話圏が重なり合っていたことが明らかになってきた。配偶者を求めて即興の歌を交わし合う歌垣の文化と、洪水などから生き残った実の兄と妹が結婚して集落が存続していく兄妹始祖神話は、『古事記』『万葉集』などの基層をなしている文化資質である。この文化資質は、オキナワ地域にも濃厚である。

発生論的立場に立つときには、長江流域アニミズム系文化圏の中のヤマト文化・オキナワ文化という視点を持つことが、『古事記』論や琉球文学論を、国内主義そしてその延長線上に現れる国粋主義的思考から解放し、国際的普遍性のなかに位置づけ直す有力な手段となる。ヤマト文化・オキナワ文化の地域性を、偏狭なナショナリズムの方向に向かわせずに、普遍性へと解き放つことが重要なのである。

アニミズム系社会の言語表現文化が〈文学大系〉にまで上昇した

かつて、古橋信孝編『日本文芸史第一巻・古代Ⅰ』（河出書房新社、一九八六年）は、「オキナワとアイヌの文芸」という独立の章を設けた。これは、「日本文芸」（日本文学）の発生を想定するためのモデルをオキナワ民族およびアイヌ民族の「文芸」（文学）に求めたという意味で、画期的なことであった。

オキナワという語の初見は、『唐大和上東征伝《とうだいわじょうとうせいでん》』（七七九年、淡海三船）にみえる「阿児奈波島」（アコナハ島）とされる。この呼称は、今の沖縄本島を中心とする地域を指しているものと思われ、この地域が地元の発音では「アコナハ」だったのだろう。

一方で「琉球」は、『隋書』（六〇〇年代）の「東夷列伝」が「琉求国」と表記して以来のものであり、『沖縄大百科事典』（沖縄タイムス社）によれば、「〈琉球〉とは中国人によって命名された名称であるが、国際的にもその名で知られている」ものである。「国際的」とは、前近代までの極東地域においては、大陸の中国国家から〈国家〉として認められることが前提であった。琉球文学の成立は琉球国の成立と不可分であった。本大系は、〝オキナワ文学大系〟ではなく「琉球文学大系」でなければならなかったのである。

ところで私は、私の単行本『歌垣と神話をさかのぼる』（新典社、一九九九年）に「少数民族文化としての日本古代文学」という副題を付けた。私の把握では、六〇〇、七〇〇年代の日本列島民族（ヤマト族）は、大陸の先進国家である唐から見れば「蛮夷」、現代の用語でいえば「少数民族」であった。私は、「少数民族」を次のように定義している。

少数民族とは、中央集権的国家が形成されている状態において、国家権力を掌握している民族の側から見て、①相対的に人口が少なく、②国家権力の中心的な担い手ではなく、③国家の側にくらべて経済や先進文化の摂取という点で遅れている傾向があるが、④国家の側の文化に対して文化的独自性を強く保持していて、⑤もともとはその地域の先住民族であったが、のちに移住して来た他民族が多数あるいは優勢民族となり、結果として劣勢民族に転化したという歴史を持っているものが多く、⑥独自の国家を形成しないか、形成しても弱小国家である。

（『深層日本論――ヤマト少数民族という視座』新潮新書、二〇一九年）

すなわち、少数民族は一般には国家を作れないし、仮に作っても優勢国家の侵略を受けて早期に滅亡してしまうのだが、古代ヤマト族は、大陸との間の海の障壁という地政学的幸運もあって少数民族国家を形成できて、長期間維持できたのである。唐からの武力侵略なしに、国家運営に必要な実利的技術・方法は唐から移入して、日本古代国家〈少数民族国家〉を樹立することができた。その日本国が、近世以降にその内部に、アイヌ民族・オキナワ民族という新たな少数民族を持った。ただし、このうちのオキナワ民族は、古代ヤマト族と同じく、大陸およびヤマト本土との間の海の障壁という地政学的利益を活用して、琉球国（十四あるいは十五世紀ごろ〜一八七九年）という少数民族国家を形成できた。

古代ヤマト族と地理的・文化的に共通文化圏に属していたと思われ、かつ現在まで存続している中国長江流域少数民族は、独自の言語文化を持っている。実の兄と妹の結婚に共同体の起源を求める兄妹始祖神話や、不特定多数の男女が即興の歌を掛け合って配偶者や恋人を求める歌垣文化はその代表的なものである。しかし、彼らは〈国家〉を形成できなかったので、それらを〈文学〉にまで上昇させることはできなかった。ただし、雲南省のペー（白）族は、七三八年ごろに南詔国を、九三七年には大理国を建設したが、のちにモンゴル（蒙古）族の元に襲われて一二五三年に滅んだ。現在のペー族には、歌垣など豊富な歌文化が継承されているが、〝ペー文学〟という段階にまでは進めなかった。

日本国の場合は、古代国家形成以後、国家成立以前からの無文字文化時代の言語表現文化を、宮廷および都市文化の中で文学（文芸）として成熟させ、ヤマト語文学だけでなく、漢文学を含むさまざまなジャンルの言語作品を登場させて〝日本文学大系〟を作り上げた。同じように琉球国もまた、オキナワ語にヤマト語と漢語を混在させたさまざまな言語作品を登場させた。その集大成がこの「琉球文学大系」である。

オキナワ民族は、漢字、中国語文章体に加えて、日本語の平仮名・片仮名も活用できた。「琉球語」は弥生時代末期ごろまでは「日本語」と同根であったとされ（安本美典『新説：日本人の起源』ＪＩＣＣ出版局、一九九〇年）、ヤマト語と語順、単語など共通性が多かったので、日本文学の『古事記』『日本書紀』に対応する散文体では『中山世鑑《ちゅうざんせいかん》』（一六五〇年、漢文体と漢字・片仮名交じり和文体）、『琉球国由来記』（一七一三年、同）などを残し、日本文学の『万葉集』に対応する韻文の歌謡記録としては、主として平仮名でオキナワ語音を表記した歌集『おもろさうし』（一五三一年〜一六〇〇年代）を残すことができた。

ところで、先の「少数民族」の定義で、④「文化的独自性を強く保持」としたその「文化的独自性」の中心部分は、日本文学と「琉球文学」の両者に共通するアニミズム系文化的性格である。自然界のあらゆるものに超越的・霊的なものの存在を感じ取る観念・信仰であるアニミズム文化と、そのアニミズムと神話的観念にもとづく呪術体系であるシャーマニズムとの合体した文化特性である。このアニミズム系文化は、自然との共生および節度ある欲望に特徴を持つ。教祖・経典・教義・布教活動などを備え、偏狭かつ排他的な方向に向かいがちな〈宗教〉になる以前の、人間生存の原型性に根づいた、寛容かつ異世界に対する許容度の高い土俗文化の性格が強い。また、歌垣文化を基盤に持つ恋歌文化に示されるように、愛を重んじる優しさと、柔らかな感性に満ちた心性も持つ。また、定義の⑥「独自の国家を形成しない」を裏返していえば、敵国と対抗して国家を存続させるための実利重視のリアリズム的精神性に完全に支配されることがなかったために、ムラ段階社会のアニミズム系文化や恋歌文化を、琉球国、日本国ともに、〈国家〉の存続と並行して継承することができたと言えるのである。

二十一世紀の地球では、自然破壊と、市場経済の節度無き欲望が広がりつつある。自然との共生と節度ある欲望に特徴を持つアニミズム系社会の言語表現文化が、琉球文学や日本文学として残存できた奇跡の意味を、二十一世紀の世界は深く受け止め直すべきであろう。

琉球独立論をめぐって

報道によれば、沖縄県国頭村の米軍ヘリコプター離着陸帯建設工事をめぐって、大阪府警の20代男性機動隊員が、工事に反対する人々に、「どこつかんどるんじゃ、ぼけ、土人が」などと罵ったという（二〇一六年十月十八日）。現場での両者のぶつかり合いの中で、売り言葉に買い言葉のようにして発せられたのかもしれないが、この「土人」という語は、保守系だけでなく、革新系やリベラルな人も含めて、本土日本人（ヤマトンチュ）の多くが、「少数民族」オキナワ民族に対して意識下で持っている差別意識を露呈させた。

少数民族という語を、私は次のように定義している（工藤『歌垣と神話をさかのぼる――少数民族文化としての日本古代文学』新典社、一九九九年）。

《少数民族とは、中央集権的国家（たとえば、中華人民共和国、日本国、タイ国その他）が形成されている状態において、国家権力を掌握している民族の側から見て、①相対的に人口が少なく、②国家権力の中心的な担い手ではなく、③〈国家〉の側にくらべて経済や先進文化の摂取という点で遅れている傾向があるが、④〈国家〉の側の文化に対して文化的独自性を強く保持している民族のことである。》

このうちの、③「経済や先進文化の摂取という点で遅れている」という点が、優勢民族の側からの差別意識の発生源である。機動隊員は、「土人」という用語を使えば、自分は進んでいる側の人間だと優越性を感じることができたのであろう。

また機動隊員は、第二次安倍晋三内閣（二〇一二年発足）が、普天間基地の辺野古移転問題において沖縄県・県民に対して強圧的かつ侮蔑的態度を露骨に示してきたこと、また首相みずからが国会での答弁一般で、批判側に対する排除意識丸出しの、ヘイトスピーチまがいの異様な敵対表現を口汚く投げつけているのを見習ったということもできる。

安倍政権のオキナワ民族に対する強権的、抑圧的、侮蔑的政治姿勢は、中国で漢族中心の共産党政府がチベット族に対してとり続けている抑圧的態度に通じるものがある。チベット族（六〇〇余万人）は十六世紀ごろからチベット国（前身は、七世紀初めに建国された吐蕃国）を形成していたが、一九五一年以後、新中国によって武力支配され、多くの犠牲者を出しながらも今でも抵抗運動を続けている。オキナワ民族もかつては琉球王国（十五世紀ごろ～）という独立国だったが、明治維新のときの「琉球処分」（一八七九年）によって日本国に強制併合されて以後、ヤマトンチュ中心の日本国の中では、アイヌ民族と共に少数民族の位置に置かれることになった。

つまり、ヤマトンチュの明治政府は、琉球王国という独立国家に対して、中国政府がチベット国に対して犯したのと同じ罪を犯したのであるが、この罪を意識化している本土日本人（ヤマトンチュ）はほとんどいない。

報道によれば、去る二〇一五年十二月二日、福岡高裁那覇支部での、普天間基地移設問題を巡る法廷闘争の弁論において、翁長沖縄県知事が次のような意見陳述をしたという（その冒頭部）。


歴史的にも現在も沖縄県民は自由、平等、人権、自己決定権をないがしろにされてきた。私はこのことを「魂の飢餓感」と表現する。政府がこれを理解しなければ課題の解決は大変困難だ。

日本政府は一八七九年、軍隊を伴って琉球王国を日本に併合した。沖縄戦では、県民約10万人を含む約20万人が犠牲になった。戦後はほとんどの県民が収容所に入れられ、「銃剣とブルドーザー」で土地も強制的に接収され、米軍基地に変わった。

一九五二年のサンフランシスコ講和条約発効による日本の独立と引き換えに、沖縄は米軍施政権下に置かれ、日本国憲法の適用もなかった。しかし政府は二〇一三年、条約発行日の四月二十八日を「主権回復の日」として式典を開き、万歳三唱をした。沖縄にとっては悲しい式典。全く別々の人生を歩んできたようだ。（以下略）

ここには、オキナワ民族のアイデンティティーについての最も重要な部分が凝縮されている。特に、明治政府が「軍隊を伴って琉球王国を日本に併合した」という言及は、沖縄問題は、優勢民族・ヤマトンチュによる少数民族・オキナワ民族の吸収・支配に出発点があることを、ヤマトンチュに思い出させようとしたのである。

このような併合の歴史から見れば、チベット族と同じくオキナワ民族にもまた、独立を目指す「琉球独立論」が登場する必然性と正当性がある。事実、二〇一〇年に「琉球自治共和国連邦独立宣言」（松島泰勝氏らによる）が発表され、二〇一三年五月には「琉球民族独立総合研究学会」が発足するなど、その動きは確実に強まりつつある。

ところで、先の『歌垣と神話をさかのぼる』の副題を「少数民族文化としての日本古代文学」としたように、私の把握では、六〇〇、七〇〇年代の日本列島民族（ヤマト族）もまた、大陸の先進国家唐から見れば「蛮夷」であり少数民族であった。少数民族は、一般には国家を作れないのだが、ヤマト族は、大陸との間の海の障壁という地政学的幸運もあって少数民族国家を形成できた。やがてその少数民族国家が内部に、アイヌ民族・オキナワ民族という新たな少数民族を持ったのである。

漢族的な実利性・現実性重視の中国共産党政府の考え方は、アニミズム系チベット仏教のチベット族とは文化的に共通する部分をほとんど持たないので、中国政府によるチベット族への抑圧・弾圧は苛烈である。一方で、ヤマト族とオキナワ民族の場合は、少数民族定義の④「文化的独自性」で共通するものが多い。両者は共に無文字民族だったし、自然との共生と節度ある欲望に特徴を持つアニミズム系文化と、一神教に向かわないシャーマニズム文化が両者の基層文化である。まず優勢民族の側が武力併合の罪を自覚して謙虚さを持てば、こういった文化資質の共通性を頼りにした折り合いの付け方が見えてくるのではないか。しかも、十九世紀・二十世紀（前半）的な、列強諸国による領土拡張主義を二十一世紀の今に再現しようとしている巨大ファシズム型国家が近くに存在している以上、いま独立しても新オキナワ国はその国に呑み込もれてしまう可能性が高いことも両者は考慮すべきである。チベット独立闘争の悲劇的進行を知るにつけ、ヤマトンチュとオキナワ民族は、悲劇を避けるための最良の知恵を模索すべきであろう。

天皇論の再構築を

平成の天皇の即位礼・大嘗祭（一九九〇年）のころの『日本文学』は、頻繁に天皇制特集を組んでいた。しかし、令和の天皇の即位礼・大嘗祭（二〇一九年）のときには、そのような動きはまったく見られなかった。日本文学研究者の意識の中で、この三十年間に、天皇論、その延長線上にある日本論、さらには日本人のアイデンティティー論において、空白・停滞・断念、つまりは思考停止が生じつつあるのではないか。この思考停止は、日本人にとっては、自己の存在の最も深い基層に対して死角を抱え込んでいることを意味する。

天皇論では、まず天皇存在の、どの時代の、どのような性格を前提にしているかを明示することが必要である。

①縄文・弥生時代など非常に古い段階の〈源流〉としてのあり方
②まだ「天皇」という名称はなく、〈国家〉体制の整備も進んでいなかった大王（族長）時代（古墳時代）のあり方
③六〇〇年代後半に〈国家〉体制の整備が進み、公式に「天皇」号が用いられるようになった天武・持統天皇の時期のあり方
④藤原氏が政治的実権を握っていた時代のあり方（平安時代）
⑤武士政権（鎌倉・室町・江戸）が登場し、天皇氏族が政治的実権をほぼ完全に失った時代のあり方
⑥明治の近代国家成立時に、近代化と反する古代天皇制へ復帰したあり方
⑦敗戦後に民主主義社会に転じたあとの象徴天皇としてのあり方

このうちの①縄文・弥生時代、②古墳時代までの日本列島は基本的に無文字文化だったので、まとまった文献記録が無い。そこで、考古学資料や中国古典籍の記載などを参考にしながらも、最終的には文化人類学的資料によるモデル理論的想定に頼る以外にない。私は、『女系天皇——天皇系譜の源流』（朝日新書、二〇二一年）で次のように述べた。

無文字文化主流の時代の大王・族長の系譜について、文献史料的に確実なことが言えないという点に対する態度は、①史料が無いのだからこの部分については言及しない（棚上げにする）、②数少ない文献史料と文化人類学的報告（たとえばのちに紹介する母系に発する中国少数民族ワ族の系譜の調査報告など）や民俗学資料および縄文・弥生・古墳時代の考古学的資料を組み合わせて、できる範囲で客観的な推定をする、③確かな根拠を示すことなく恣意的な像を描く、という方向性の違いがある。

現在の日本古代史および日本古代文学の学界の基本的態度は、①の「棚上げにする」である。戦前の皇国史観思想では、③の「恣意的な像を描く」であった。それに対して私は、②の「できる範囲で客観的な推定をする」という立場である。

次に、天皇存在の本質部分とそれ以外の部分とを分けることが重要になる。

A　これを失うと天皇ではなくなるという部分（最も本質的な部分なので変わってはならない部分）
B　その時代の社会体制に合わせて変わってもかまわない部分
C　その時代の社会体制に合わせて変わらなければ天皇制が存続できなくなる部分

「A　最も本質的な部分」の旧来の代表的なものは、大日本帝国憲法（明治22年〔一八八九〕）の「第一章　天皇」の第一条「大日本帝国ハ万世一系ノ天皇之ヲ統治ス」の「万世一系」である。しかし実は、天皇の本質は、系譜とは別次元にあると私は考えている。以下に、『女系天皇――天皇系譜の源流』からそのまま引用する。

私は、天皇存在は、「縄文・弥生時代以来の、アニミズム・シャーマニズム・神話世界性といった特性を、神話・祭祀・儀礼などの形で継承し続けている」すなわち「超一級の無形民俗文化財」であることに、根源的な根拠があると述べた。自然との共生と節度ある欲望に特徴を持つアニミズム系文化は、自然の生態系重視のエコロジー思想と基盤を共有しているのであり、世界的普遍性を持っている。そのようなアニミズム系文化を体現している超一級の無形民俗文化財としてこそ、天皇は存在の根拠を持つという風に、日本国民は意識を切り替えるべきなのである。

大日本帝国憲法で「皇位ハ皇室典範ノ定ムル所ニ依リ皇男子孫之ヲ継承ス」と規定し、敗戦後の新皇室典範もそれを継承したことにより二十一世紀の皇位継承に危機が迫っている状況は、「C　変わらなければ天皇制が存続できなくなる部分」にあたる。私は、『大嘗祭――天皇制と日本文化の源流』（中公新書、二〇一七年）で次のように述べた。

要するに、皇位継承問題でも、今や、天皇制の、時代に合わせて変わらねば存続できなくなるという事態への目配りが求められ始めたのに、彼らの意識は戦前の指導層と同じく、〝神国日本幻想〟の中にとどまっていて、現実を冷静に見つめることができないのであろう。

逆に、軍国主義ファシズムと結びついた天皇制を極度に忌み嫌う旧左翼系の人たち（天皇文化と政治としての天皇制を区別する視点を持たない人たち）にもまた同じような発想が存在している。つまり、かつてのように〝天皇制打倒〟と明確な形で叫ばなくても、現状の綱渡りの皇位継承状態を放置すれば、いずれ天皇制は維持できなくなって結局は打倒されたのと同じことになるという考え方である。

私は、天皇存在の分析には、現実社会的威力の面と文化・精神的威力の面を分離する把握が必要だと考えている。

甲　行政王・武力王・財政王など現実社会的威力の面

乙　神話王（神話世界的神聖性）や呪術王（アニミズム系の呪術・祭祀を主宰する）など文化・精神的威力の面

近代日本は、大日本帝国憲法が「天皇ハ国ノ元首ニシテ統治権ヲ総攬シ」（第四条）と規定して、行政王・武力王・財政王と神話王・呪術王を兼ねた天皇制を選択した。しかし、敗戦後の象徴天皇制では文化・精神的威力の面だけに特化したので、天皇存在の「超一級の無形民俗文化財」としての価値を再評価してその存続をはかるべきだという立場が登場できることになった。天皇存在の源流への学問的遡及と、文化・精神的威力の象徴としての再評価によって、敗戦後七十年余を経た今、天皇論の再構築に向かうことのできる条件が整ったのである。

あとがき

1

日本とは何かを源から論じるときには、『古事記』にまでさかのぼれば、参照すべき文献は押さえたと感じる人が多いようです。

しかし、問題はそれほど単純なものではありません。『古事記』には、神話の書、文学の書、神道の教典の書、天皇神格化のための政治の書という四つの顔があります（工藤『古事記の起源――新しい古代像をもとめて』中公新書、二〇〇六年）。このうちの、文学の書としての『古事記』の基礎作業的な研究は、本居宣長《もとおりのりなが》『古事記伝』（一七九八年完成、引用は『本居宣長全集』筑摩書房、一九六八年、による）に代表される江戸期の国学の訓詁注釈的な伝統を継承して、すでに敗戦前までにかなりの水準に達していて、敗戦後現在にいたる『古事記』研究も基本的にその延長線上にあります。

しかし、神話の書としての側面では、宣長の時代には、ムラ段階社会の生活と密着し、声で歌われ、あるいは唱えられていた生きている神話の実態を示す資料がほとんど得られなかったので、残された文字文献資料だけではたどり着けない領域が手つかずで残されたのです。古事記神話は、ムラ段階社会とのつながりを失い、また声の表現も失って文字世界に固定された、いわば〝死んだ神話〟の集積体なのです。

また、天皇神格化のための政治の書という側面については、それを相対化する視点を『古事記伝』はまったく持つことができませんでした。宣長は、『古事記』に〝純粋無垢なヤマト心〟を見ると同時に、次のようにも述べています。

皇大御国《スメラオホミクニ》は、掛《カケ》まくも可畏《カシコ》き神御祖《カムミオヤ》天照大御神《アマテラスオホミカミ》の、御生坐《ミアレマセ》る大御国《オホミクニ》にして、万《ヨロヅノ》国に勝《スグ》れたる所由《ユヱ》は、先《マツ》ここにいちじるし。国といふ国に、此大御神の大御徳《オホミメグミ》かがふらぬ国なし。

〔（日本国は）天皇が全体を治めている「皇大御国」であり、それは先祖の神である（高天原の）天照大御神から発している（神聖な）国なので、（世界中で）最も優れた国なのである。（世界中の）国で、天照大御神の恵みを受けていない国はないのである。〕

高天の原もアマテラスもすべて物語の中の存在でしかないのにそれを実在だと信じる人々のいる国、すなわち日本国の、その内側でしか通用しない論理を根拠にして、日本国を世界中で最も優れた国だとする、ほとんど誇大妄想の論理です。

もちろん、鎖国時代の日本の内側しか知らない宣長の場合には、これはこれで仕方ない面もありました。しかし、明治期にすでにそれなりの近代化を導入していたはずの一九〇〇年代の日本社会が、皇国史観のような誇大妄想の物語を心の糧《かて》にして他国に軍事侵攻して行ったのは、日本とは何かの認識に、大きな欠落が存在していたからだと思われます。

それは、『古事記』が発する情念・情緒の部分の、反リアリズム的性質にありました。神話世界的観念の特徴は、視野が内向きに固定されていることです。神話は、自分が暮らす領域の外を知らぬがゆえに作り出された物語世界です。

本居宣長によって描かれた『古事記』像の欠陥は、簡潔にいえば、国境の内側に自閉していること、そして、文字文献登場以前の日本列島文化への想像力の欠如、この二つです。そして、この二つの欠陥は、敗戦後の国文学の世界の、日本古代文学の研究方法にほとんどそのままに継承されました。『古事記』への接近が、国境の内側主義と、無文字文化時代の言語表現への接近の忌避に特徴づけられるのが、敗戦以後現在までの古代文学研究学界の大勢です。言い換えれば、二十一世紀の現在でも『古事記』研究は、研究方法自体が国粋主義的なので、『古事記』の天皇神格化のための政治の書の側面から派生する国粋主義的性格を相対化できないのです。

2

一般知識人が日本とは何かを源から把握しようとするとき、日本最古の本格的書記物である『古事記』に依拠するのは仕方ないことです。しかし、そのときに古代研究者から提示される『古事記』像は、国境の内側に閉じた思考と、無文字文化時代のヤマトの言語表現文化への接近の欠如が生み出した歪んだ像なのです。

伊東裕吏《ゆうじ》『丸山眞男の敗北』(講談社選書メチエ、二〇一六年)が、丸山真男《まさお》という、最も冷静に日本とは何かを分析した知識人でさえもが、日本文化の「古層」に迫ろうとすると、「国粋主義者たち」と同じ日本像になってしまったことを指摘して、次のように述べています。

実は、【丸山真男の】古層論文が指摘した、記紀神話に見られる「なる」に規定された発想や、宣命《せんみょう》(天皇の命令を和文で記した文書)の「中今《なかいま》」という言葉にあらわれた日本特有の「永遠の今」という無窮性の観念は、なにも丸山が発見したものではない。それどころか、それらはまさに、大東亜戦争の最中に、国粋主義者たちによって日本精神の本質として謳《うた》われていたものであった。

（略）

つまり、この点について言えば、丸山の「古層」論と、戦中の皇国史観に基づいた日本精神論とは、内容自体にまったく変わりない。　（（　）内原文）

しかし、これは丸山真男ひとりに限ったことではなく、現在でも、知識人を含む日本人の多くが、日本とは何かについて抱いている歪みの共通像だと私は考えています。「丸山眞男の敗北」は、実は〝現代日本のほとんどの知識人の敗北〟でもあるのです。

現代日本の多くの知識人たちよ、あなたたちは日本文化の「古層」について、丸山真男以上のことを述べることができますか？　あなたが日本人であることとの最も深い根拠を、丸山以上の思索で述べようと努力していますか？　実は、日本文化の「古層」について考えること自体を棚上げにして、思考停止しているのではありませんか？

現代日本社会は、明治の文明開化以来流入してきた欧米の合理主義的な近代文明の表層と、江戸時代までにできあがっていた縄文・弥生時代にまでさかのぼる、反（あるいは非）リアリズム的なアニミズム系文化およびムラ社会性・島国文化性を主成分とする基層との、同時存在によって形成されています（工藤『深層日本論――ヤマト少数民族という視座』新潮新書、二〇一九年）。これらアニミズム系文化とムラ社会性・島国文化性の基層部分は、プラス面とマイナス面を両方備えたうえで、日本人の潜在意識の部分に深く食い込んで、現代日本人の行動を「空気」（山本七平《やまもとしちへい》『「空気」の研究』文藝春秋、一九七七年）のように動かしているのです。

ところが、日本の知識人の多くは、表層の欧米的な合理主義の部分は積極的に学習するが、日本文化の基層の部分に対する認識がいちじるしく弱いだけでなく、軽視さえしているのです。

日本の知識人一般のこのような傾向は、日本の明治以後の近代化のあり方にその源があると考えられます。そのわかりやすい事例として、渡辺京二『逝きし世の面影』（葦書房、一九九八年）が紹介している、明治六年（一八七三）に来日したイギリス人チェンバレン（一八五〇～一九三五）の、「日本知識人」についての論を以下に引用します（チェンバレンの言葉の部分は、チェンバレン『日本事物誌1』平凡社東洋文庫、一九六九年、英文原著は一八九〇年、による）。

チェンバレンによれば、欧米人にとって「古い日本は妖精の住む小さくてかわいらしい不思議の国であった」。今日の日本知識人はこういうことばを聞くと、反射的に憤激するか冷笑するように条件付けられている。なぜなら、それは古い日本への誤った賛美であって、事実として誤っているばかりか、それ以前に反動的役割を果しかねないからである。チェンバレン自身、そのような日本人の心的機制についてはよく知っていた。彼は書いている。「新しい教育を受けた日本人のいるところで、諸君に心から感嘆の念を起させるような、古い奇妙な、美しい事物について、詳しく説いてはいけない。……一般的に言って、教育ある日本人は彼らの過去を捨ててしまっている。彼らは過去の日本人とは別の人間、別のものになろうとしている」。

彼はその好例として、英国の詩人エドウィン・アーノルド（Edwin Arnold 1832～1904）が一八八九（明治二十二）年に来日したとき、歓迎晩餐会で行ったスピーチが、日本の主要新聞の論説でこっぴどく叩かれた話を紹介している。アーノルドは日本を「地上で天国あるいは極楽にもっとも近づいている国だ」と賞賛し、「その景色は妖精のように優美で、その美術は絶妙であり、その神のようにやさしい性質はさらに美しく、その魅力的な態度、その礼儀正しさは、謙譲ではあるが卑屈に堕することなく、精巧であるが飾ることもない。これこそ日本を、人生を生甲斐あらしめるほとんどすべてのことにおいて、あらゆる他国より一段と高い地位に置くものである」と述べたのだが、翌朝の各紙の論説は、アーノルドが産業、政治、軍備における日本の進歩にいささかも触れず、もっぱら美術、風景、人々のやさしさと礼儀などを賞めあげたのは、日本に対する一種の軽視であり侮蔑であると憤慨したのである。（（　）内原文）

このうちの、「その景色は妖精のように優美で、その美術は絶妙であり、その神のようにやさしい性質はさらに美しく、その魅力的な態度、その礼儀正しさは、謙譲ではあるが卑屈に堕することなく、（略）、あらゆる他国より一段と高い地位に置くものである」という部分は、私が先に述べた日本文化の「アニミズム系文化およびムラ社会性・島国文化性を主成分とする基層」に発する部分のプラス面に当たる資質であり、その貴重な資質の痕跡は、二十一世紀の現在でも、日本人の潜在意識や民間習俗の中に、弱まったとはいえまだ残存しています。

一方で、「一般的に言って、教育ある日本人は彼らの過去を捨ててしまっている」（チェンバレン）という部分の「彼らの過去」とは、明治の近代化で取り入れている西欧文化とは逆方向の、古代以来の日本文化の伝統のことであり、私の言葉では日本文化の「基層」、丸山真男の用語でいえば「古層」に発する文化現象のことです。この「基層」「古層」に対する認識の弱さ、軽視は、明治維新から百五十年以上を経た現代日本の知識人においても、基本的には変わっていないのです。

それだけではなく、日本の知識人の多くは、大学教育で欧米的な近代合理主義の知性をたっぷりと身につける過程で、日本社会の合理的でないところを、ただ〝遅れている〟〝劣っている〟と感じるようになりがちです。

精神分析学の岸田秀《しゅう》は、次のように述べています。

また、ヨーロッパが経済的、工業的、軍事的に格段の進歩を遂げてその勢力を他大陸へと拡大していったこともヨーロッパ人の人種差別的優越感を高めた。それとともにというか、それにつられてというか、人種差別を正当化する思想家が続々と現れた。ジョン・ロック、デイビッド・ヒューム、モンテスキュー、ルソー、マルクス、マックス・ウェーバー、など。それぞれが同じことを言ったわけではないが、アフリカやアメリカの原住民は土地を耕さず、活用していないから、奪っていいのだとか、アフリカは文明が成立し得ない暗黒大陸だとか、アジア人は倫理を欠き信用できないとか、アジアは停滞しているとか、いろいろヨーロッパ中心主義的なことを言い始めた。彼らの説く基本的人権、自由、平等、民主などの近代思想は白人以外は対象外で、どこかで人種差別思想とつながっていた。進歩史観が広く信じられ、ヨーロッパ人の抱く世界像のなかでは、つねに先端を切って進歩するヨーロッパ人と未開にとどまる非ヨーロッパ人とが鮮やかな対比を成していた。（岸田秀『嘘だらけのヨーロッパ製世界史』新書館、二〇〇七年）

ここに挙げられた「ジョン・ロック、デイビッド・ヒューム、モンテスキュー、ルソー、マルクス、マックス・ウェーバー、など」の著書からは、私たち日本人は、近代化に必要な理論・思想の多くを学ぶことができました。しかし同時に、彼らの理論・思想に根づく、アジア・アフリカ・アメリカ大陸などは植民地化されても仕方がない〝劣等人種〟の居住地域だとする姿勢もまた、日本の知識人の意識の中に滑り込んだのです。

3

とはいいながら、日本とは何かを考えるときには、どうしても日本の過去像の把握が必要になりますので、そのとき、考古学資料とは別に、文字で書かれた最古の本格的書記物にも手がかりを求めようとして、『古事記』にたどり着くことになります。ところが、古代文学研究者の多くが提示する『古事記』像は、国境の内側に自閉し、無文字文化時代の日本列島文化への想像力の欠如によってできあがった像です。したがって、丸山真男のように、移入した近代文明的な表層の知識・知性には人一倍詳しい人でも、「古層」を論じようとすると、基層部分の、縄文時代にまで届く数千年の反〈あるいは非〉リアリズム的なアニミズム系文化などの分厚い伝統に迫る手段を持っていないので、〈古代なりの近代化〉の中で形成された、古代としてはかなり新しい日本像を「古層」だと誤認してしまうのです。たとえば、皇位継承の男系重視への著しい傾斜は、六〇〇、七〇〇年代に、唐の皇帝制度の男系男子絶対主義のうちの男系部分だけの模倣が強化されたことによって始まったものでしかないのに、それを「古層」以来の伝統だと誤認するように。

ではどうすればよいのか。それは、『古事記』を相対化できる新たな分析手法を取り入れることです。

『古事記』を月に喩《たと》えれば、地球上から肉眼や望遠鏡で見た月面の模様を、地上にとどまったままでさまざまに解釈して論理を組み立ててきたのが、宣長以来現在までの『古事記』論の大勢なのです。しかし、私が提唱するモデル理論では、これを逆転させて、宇宙船で月に降り立って月の現実を観察しながら月の実態を把握するのです。もちろん『古事記』研究の場合、『古事記』の深層にある無文字文化時代の縄文・弥生・古墳時代の文化そのものに着陸することはできませんが、モデル理論としてはある程度可能でしょう。特に縄文・弥生時代の日本列島文化と共通性の多い、中国大陸長江流域を中心としたアジア全域の、アニミズム系文化の社会の実態をモデルとして、いわば『古事記』以前からの視線で、古事記を読み直すのです。この方法を、私はモデル理論と称しています。

このモデル理論を用いて、旧来の『古事記』像と旧来の日本像から抜け出し始めたと私自身が感じられるようになったのは、『古事記の起源――新しい古代像をもとめて』（二〇〇六年）を執筆したころからです。また、その延長線上で、『深層日本論――ヤマト少数民族という視座』（二〇一九年）も執筆しました。「目利き45人が選ぶ2019年私のオススメ新書」（『中央公論』二〇二〇年三月号）で、日本思想史の先﨑彰容《せんざきあきなか》がこの『深層日本論』を「オススメ」第一位に推し、「（略）文化人類学を導入した斬新な古代古典学を確立してきた著者が、これまでの工藤古代学をわかりやすく、ダイジェストにした古代史入門書。天皇等をめぐり変に思想的偏向がないのが、清々しく読みやすい。」と評しました。日本の現代知識人の中に、少数とはいえ、「文化人類学を導入した斬新な古代古典学」を許容すれば等身大の日本像に迫れるかもしれないと感じる人たちが、登場しつつあると感じました。

話を元に戻せば、このモデル理論を使えば、『古事記』を、ある程度までは相対化できるのです（完全には無理ですが）。そうすれば、『古事記』の天皇神格化のための政治の書の側面を、ムラ段階社会の神話的要素と、国家段階の天皇権力美化の要素とに分別して論じることができるようになるでしょう。

従来の訓詁注釈的研究手法以外のものを認めようとしない人たちは、このモデル理論を導入すると、自分たちの閉じた共同体が崩れるように感じて、排除するか、黙殺するか、知らないふりをするか、とにかく関わらないようにするのが安全無難だと思っているのかもしれません。しかし、本居『古事記伝』以来蓄積されてきた訓詁注釈的研究手法の成果はそれはそれとして貴重な知的財産なのですから、それらを継承したうえで、このモデル理論的手法を組み合わせればよいのです。二〇〇〇年代に入ってようやく、日本の古代文学研究が、伝統的な訓詁注釈的研究手法と新たなモデル理論的研究方法の両方を組み合わせて、より高度なレベルで研究水準を高められる段階に進化したのです。

しかし、現在のように、『古事記』研究の主流が、天皇神格化のための政治の書の側面を相対化できぬままで停滞しているかぎり、『古事記』の皇国史観的匂いを制御できないでいるということになりますので、『古事記』が学校教育の中に正当な地位を与えられることは難しいでしょう。しかし『古事記』には、縄文・弥生時代に発する、自然との共生と節度ある欲望、および、国家を目指さないがゆえの領土への執着の希薄さ、垂直的支配被支配関係を好まない気質などに特徴づけられるアニミズム系文化の精神が塗り込められています。そして、そのアニミズム系文化の精神こそが、西欧的近代化思想に対して日本的なるものに独自の位置を与える根源のものなのです。

長江流域を中心とするアジア全域のアニミズム系文化圏の中の古代日本という視点を持つことが、『古事記』像や日本像を、偏狭な国粋主義的思考から解放し、国際的普遍性の中に位置づけ直す有力な手段となるのです。

以上のような問題意識を受け止めて、三弥井書店は、『歌の起源を探る・歌垣』（岡部隆志・手塚恵子・真下厚編、二〇一一年）、『古事記の起源を探る・創世神話』（工藤隆・真下厚・百田弥栄子編、二〇一三年）、『神話と自然宗教――中国雲南省少数民族の精神世界』（岡部隆志、二〇一三年）、『アジア「歌垣」論』（同、二〇一八年）、および私の『古代研究の新地平――始原からのアプローチ』（二〇一三年）を刊行しました。本書『アジアの中の伊勢神宮』は、前著『古代研究の新地平』をさらにアジア全域の視野へと展開したものです。吉田智恵氏の継続的な支えに感謝いたします。

二〇二三年九月二十日

工藤　隆

初出一覧

アジア基層文化からみた記紀天皇系譜――女性・女系天皇と皇位継承
『アジア民族文化研究21』（アジア民族文化学会、二〇二二年三月）

アジア基層文化と古代日本
山田直巳編『歌・呪術・儀礼の東アジア』（新典社研究叢書344、二〇二一年）

大嘗祭と天皇制
『大嘗祭・隠された古層』（工藤隆・岡部隆志・遠藤耕太郎編、勉誠出版、二〇二一年）

アジアの中の伊勢神宮――聖化された穀物倉庫
『アジア民族文化研究13』（アジア民族文化学会、二〇一四年三月）

中国雲南省ワ（佤）族文化調査報告
『アジア民族文化研究4』（アジア民族文化学会、二〇〇五年三月）

（補論）

長江流域文化圏の中のヤマト・オキナワ文化
ゆまに書房『琉球文学大系』月報4（二〇二三年四月）

アニミズム系社会の言語表現文化が〈文学大系〉にまで上昇した
書評『琉球文学大系』（図書新聞、二〇二二年八月六日）

琉球独立論をめぐって　『日本文学』二〇一七年二月号

天皇論の再構築を　『日本文学』二〇二二年五月号

引用・参照の書物・論文・人名索引

【あ行】

【か行】

【さ行】

【た行】

【な行】

【は行】

【ま行】

【や行】

【ら行】

【わ行】

著者略歴

工藤　隆（くどう　たかし）

1942年、栃木県宇都宮市に生まれる。
1966年東京大学経済学部経済学科卒業、1968年早稲田大学大学院文学研究科（演劇専修）修士課程修了、1978年同博士課程単位取得退学。
1987年より大東文化大学文学部専任講師、助教授、教授を歴任。1995年、中国雲南省雲南民族学院・雲南省民族研究所客員研究員、現在、大東文化大学名誉教授・一般社団法人アジア民族文化学会理事。専攻は日本古代文学。

［主著］
『日本芸能の始原的研究』（三一書房、1981年）
『大嘗祭の始原――日本文化にとって天皇とはなにか』（三一書房、1990年）
『古事記の生成』（笠間書院、1996年）
『ヤマト少数民族文化論』（大修館書店、1999年）
『歌垣と神話をさかのぼる――少数民族文化としての日本古代文学』（新典社、1999年）
『中国少数民族歌垣調査全記録1998』（岡部隆志と共著、大修館書店、2000年）
『中国少数民族と日本文化――古代文学の古層を探る』（勉誠出版、2002年）
『四川省大涼山イ族創世神話調査記録』（大修館書店、2003年）
『日本・神話と歌の国家』（勉誠出版、2003年）
『雲南省ペー族歌垣と日本古代文学』（勉誠出版、2006年）
『古事記の起源――新しい古代像をもとめて』（中公新書、2006年）
『日本・起源の古代からよむ』（勉誠出版、2007年）
『古事記以前』（大修館書店、2011年）
『古事記誕生――「日本像」の源流を探る』（中公新書、2012年）
『古代研究の新地平――始原からのアプローチ』（三弥井書店、2013年）
『歌垣の世界――歌垣文化圏の中の日本』（勉誠出版、2015年）
『大嘗祭――天皇制と日本文化の源流』（中公新書、2017年）
『深層日本論――ヤマト少数民族という視座』（新潮新書、2019年）
『女系天皇――天皇系譜の源流』（朝日新書、2021年）

アジアの中の伊勢神宮―アニミズム系文化圏の日本

2023年10月27日　初版発行

定価はカバーに表示してあります。

発行者　吉田敬弥
発行所　株式会社 三弥井書店
〒108－0073東京都港区三田3－2－39
電話03－3452－8069
振替00190－8－21125

ISBN978-4-8382-3411-0 C0020　整版・印刷　亜細亜印刷